要説
発達・学習・
教育臨床の心理学

内田照彦・増田公男
編著

北大路書房

執筆者一覧（執筆順）

編集／内田照彦・増田公男

内藤　　徹	（名古屋産業大学）	序章，9章
大久保義美	（愛知みずほ大学短期大学部）	1章
加知ひろ子	（九州女子短期大学）	2章
皆川　直凡	（鳴門教育大学）	3章，4章6節
山本　利和	（大阪教育大学）	4章1－5節
増田　公男	（金城学院大学）	5章，7章1節3の(2)，別章-1
石橋　尚子	（椙山女学園大学）	6章
大木　祐治	（四国学院大学）	7章1節1・2・3の(1)・2節，別章-2
龍　　祐吉	（東海学園大学）	8章
小泉　令三	（福岡教育大学）	10章
池上　知子	（大阪市立大学）	11章
内田　照彦	（岐阜女子大学名誉教授）	12章，14章
木澤　光子	（岐阜女子大学）	13章
坂井　　誠	（中京大学）	15章

はしがき

　本書は，教育職員を志す学生諸氏が履修しなければならない「教職に関する科目」である「幼児，児童及び生徒の心身の発達及び学習の過程（障害のある幼児，児童及び生徒の心身の発達及び学習の過程を含む）」，「教育の方法及び技術（情報機器及び教材の活用を含む）」や「生徒指導及び教育相談（カウンセリングに関する基礎的な知識を含む）の理論及び方法」のテキストとして執筆されたものである。この編集においては，これまでの教育心理学，児童・青年心理学，臨床心理学などにおける知見や技術を「発達」，「学習」及び「教育臨床」心理学の3部に分けて構成し，子ども（障害児を含む）の発達過程，学習指導のあり方と生徒指導のあり方の理解を中心にまとめたのである。こうした教職の心理学は，教育の実践的機能の中で，心理的領域を明らかにするために，単に本書の内容に関連する発達心理学，学習心理学，臨床心理学などの基礎知識と技術の寄せ木細工的な蓄積にとどまるべきではない。究極的には，教職の心理学は，教育機能との積極的なかかわりの中で，そうした基礎知識と技術とが統合されて，現代教育の諸問題を解決するといった教育の合理化や技術化に貢献することを目指すものでなくてはならないといえよう。

　本書は，1983年に出版された成田錠一編著『児童・生徒教育心理学』，その改訂版である1990年に出版された内藤徹・成田錠一編著『要説教育心理学』を受け継ぐ形で企画されたものである。われわれは，かって両版で分担執筆をさせていただいた関係から，先の版の全面的な改訂版ということで，成田・内藤先生の仕事を継承することになり，編集を担当させていただくことになったのである。また，新たに執筆者として第一線で活躍している多くの心理学者に加わっていただいたのである。前版の出版後も教育職員免許法が改正されるなど教師教育をめぐる環境条件が大きく変化してきているので，最新の免許法を念頭に置き，本書の構成と内容を一新することにしたのである。しかしながら，これまでに蓄積されてきた心理学的な知見や技術を整理・統合し，将来のより高い水準への学習の土台となるという観点から，前版の内容も必要な箇所はできるだけ活用するようにした。また，採択した研究資料もできるだけ多くの諸家に受け入れられている安定したものを中心にした。したがって，最近の研究については，各部各章の内

容の理解を深めるために各章末に付した用語解説と参考図書を役立てていただきたい。

　その他本書の執筆に際しては，図・表をできるだけ有効に用い，簡潔に論述することに留意した。そうして，教育機能に対して，積極的な役割をはたすことを願って，教育の基礎と応用の理解に関する最新の研究成果を内容に取り入れるよう著者一同が心がけたつもりである。将来，教職につく学生諸氏にあっては，現代の子どもたちのおかれている厳しい状況，その中での子どもたちの真の実態について，人間への暖かい視点と同時に，客観的・科学的視点から全体的に把握・理解することに本書や，その授業から学んだ成果が役立つことを大いに期待したい。

　わが国の学校教育は，社会教育と同じく意図的教育であり，学校教育法に規定された，それぞれの学校種の教育目標達成のために行なわれているのである。学生諸氏は，志望する学校種の教育目標をその他の学校種のそれと比べてよく理解し，その目標に応じて，本書の内容の理解を深めていただきたい。そうすれば，今日の教育現場で教師に切望されている高度な専門性や確かな実践性を身につけることができるであろう。

　このような本書執筆の意図がはたして十分に生かされたかどうか，心もとないところで，編者の力不足を痛感している。読者諸氏から，厳しいご批判，ご教示を賜ることを俟つしだいである。

　最後に，本書をまとめるに際して，これまでに出版された内外多数の諸家の書物を大いに参考にさせていただいたことに感謝するとともに，本書の出版を熱心にすすめていただき，終始きめこまかな編集の仕事にたずさわれた北大路書房の西村泰一氏と薄木敏之氏に心から感謝を申しあげるしだいである。

2000年10月

編著者　内田照彦
増田公男

「要説　発達・学習・教育臨床の心理学」もくじ

はしがき

序章　教育における心理学 … 2
1節　教育における心理学の貢献　2
　1．心理学は教育から何が求められているか　2
　2．生活する子どもの理解の大切さ　3
　3．子ども理解の方略　4
　4．現代社会における子どもの生活　7
2節　教育と関連した心理学の歩み　9

≪第Ⅰ部　発達の心理学≫

1章　発達の概念 … 12
1節　発達の意味　12
2節　発達の原理　12
　1．発達の方向性と順序性　12
　2．発達の相互関連性　13
　3．発達の個人差　13
　4．発達の要因　13
3節　成熟と学習　14
　1．レディネス　15
　2．初期経験　15
　3．発達と教育　16
4節　発達の理論　18
　1．行動主義の発達理論　18
　2．フロイトの精神・性的発達理論（精神分析理論）　18
　3．ピアジェの認知発達理論　20

2章　発達過程 … 22
1節　発達段階と発達課題　22
　1．発達段階　22
　2．発達段階の区分　22
　3．発達課題　24
2節　発達の様相　25
　1．胎生（胎児）期　25
　2．乳児期　25
　3．幼児期　26
　4．児童期　26
　5．青年期　27
　6．成人期（壮年期）　27
　7．老年期　28
3節　ピアジェの思考の発達理論（認知的発達理論）　28
4節　エリクソンの心理社会的発達理論　33

3章　知覚と記憶の発達 …… 43

1節　乳児期の知覚　43
1．嗅覚，味覚および触覚の芽ばえ　43
2．聴覚の芽ばえ　43
3．視覚　44
4．複数の機能の連携の発達　46

2節　幼児期・児童期の知覚　46
1．幼児の相貌的知覚　46
2．大きさの知覚　47
3．知覚の恒常性　47
4．部分と全体の未統合　47
5．方向知覚　48

3節　記憶の発達　48
1．慣れ　48
2．対象の永続性　49
3．想起方法の発達的変化　49
4．記憶方略の発達　50
5．作業記憶　51
6．メタ記憶　52

4章　知能とことばの発達 …… 53

1節　知能の定義　53
2節　知能検査　56
3節　知能の発達　58
4節　老化と知能　59
5節　遺伝と環境　60
6節　言語の発達　62
1．コミュニケーションの手段としての言語とその発達　62
2．思考の手段としての言語とその発達　65
3．行動調整の手段としての言語とその発達　66
4．ことばの発達要因　66

5章　パーソナリティの発達 …… 68

1節　パーソナリティの理論と形成　68
1．パーソナリティの意義　68
2．パーソナリティ理論　68
3．その他のパーソナリティ理論　76

2節　パーソナリティの発達　76
1．遺伝要因　76
2．環境要因　77
3．パーソナリティの恒常性　80

3節　パーソナリティの理解　81
1．パーソナリティ検査法　81

2．パーソナリティ検査法の比較　82

6章　社会性の発達 …………………………………………………………………85
　1節　社会的に発達するとは　85
　2節　対人関係の発達　86
　　1．母子関係と愛着　86
　　2．父親・きょうだい・祖父母との関係　87
　　3．仲間関係の発達　89
　3節　社会的コンピテンスの発達　89
　　1．自己の理解の発達　90
　　2．道徳性の発達　91
　　3．向社会的行動の発達　91
　　4．性役割の発達　92
　　5．コミュニケーション能力の発達　92
　4節　社会性の発達のために　93

≪第Ⅱ部　学習の心理学≫

7章　学習の成立と理論 ……………………………………………………………96
　1節　学習とは何か　96
　　1．学習の定義と意義　96
　　2．学習の内容　97
　　3．学習の成立の型とそれらの理論　98
　2節　学習の方法　105
　　1．学習に関係する諸要因　105
　　2．動機づけ　106
　　3．学習の能率と方法　109

8章　学習指導 ………………………………………………………………………114
　1節　学習指導と教育観　114
　2節　学習目標の明確化　115
　3節　さまざまな学習指導法　116
　　1．プログラム学習　116
　　2．発見学習　117
　　3．有意味受容学習　118
　　4．完全習得学習（マスタリーラーニング）　119
　　5．オープンプラン　120
　4節　学習の最適化（適性処遇交互作用）　121

9章　教育工学と情報教育 …………………………………………………………124
　1節　教育工学とは　124
　2節　教育工学と授業改善　124
　3節　コンピュータを利用した学習　125
　4節　メディアを利用した学習　127

1．視聴覚教育と教育メディア利用教育　127
2．メディア利用の長所と短所　129
3．メディア利用の留意点　129

10章　学習の評価と測定　131
1節　教育評価の歴史と機能　131
1．教育評価の歴史　131
2．教育評価の機能　132
2節　教育評価の方法　133
1．目標設定　133
2．教育評価の分類　136
3．学力の測定　139
4．測定用具・方法の条件　140
5．学力の表示　141
6．評価結果の利用　142
3節　教育評価の最近の動向と問題点　145
1．ポートフォリオ評価　145
2．教育評価における留意点　147

11章　学習環境としての学級集団　149
1節　学級集団の特質と機能　149
1．学級の特質　149
2．学級の教育機能　149
2節　学級集団の理解　150
1．学級集団の発達過程　150
2．学級集団のダイナミクス　150
3．学級集団の構造　152
3節　学級集団の指導　154
1．教師の指導性　154
2．集団学習の技法　155
3．学級のなかの問題行動と対応　156

≪第Ⅲ部　教育臨床の心理学≫

12章　学校教育相談　162
1節　教育相談の意義と役割　162
1．教育相談の意義　162
2．教育相談の役割　163
3．教師のカウンセリング・マインド　164
2節　教育相談の組織と方法　165
1．教育相談の組織　165
2．教育相談の方法　167
3節　教育相談のための診断と処遇　169
1．子どもの不適応行動の心理学的診断　169

  2．子どもの不適応行動の心理的処遇　173

13章　教育臨床 …………………………………………………………………………178
 1節　教育臨床と教育相談の関係　178
  1．学校の現状とスクールカウンセラーの必要性　178
  2．教育臨床の意味　180
  3．教育臨床と教育相談の関係　181
  4．スクールカウンセラーの専門性　182
 2節　スクールカウンセラーの活動内容　184
  1．心理・教育アセスメント　185
  2．児童・生徒への援助　185
  3．教師・保護者への援助　186
  4．学校組織への援助　186
 3節　教育臨床の実際　187
  1．発達段階によるスクールカウンセラーのかかわりの違い　187
  2．グループを通しての不登校生徒の成長への援助　188

14章　適応障害の理解と対応 …………………………………………………………191
 1節　適応のしくみ　191
  1．適応の意義　191
  2．不適応行動（適応障害）発現の心理的誘因　191
  3．フラストレーションとコンフリクト　192
  4．適応機制　193
  5．適応と心の健康　194
 2節　適応障害のタイプ　196
  1．身体的問題　196
  2．情緒的問題　197
  3．集団生活への不適応問題　199
  4．精神障害の問題　199
 3節　適応障害発現の要因とその対応　200
  1．適応障害発現の要因　200
  2．適応障害の予防的対応　201
  3．適応障害の指導・治療的対応　202

15章　心身障害の理解と対応 …………………………………………………………205
 1節　心身障害と教育　205
  1．心身障害とは　205
  2．教育機関　205
  3．障害の多次元的な理解　206
  4．発達の保障とQOL　207
  5．統合教育と分離教育　207
  6．介護等体験　208
 2節　身体的な障害　208

1．視覚障害　208
　　2．聴覚障害　209
　　3．肢体不自由　210
　　4．病弱　211
　3節　知的・情緒的な障害と言語障害　211
　　1．知的障害　211
　　2．情緒障害　212
　　3．言語障害　213

≪別章　子ども理解の方法≫

1　研究方法 ·· 218
　1節　資料の収集方法　218
　　1．観察法　218
　　2．実験法　221
　　3．調査法　221
　　4．作品法　222
　　5．事例研究法　223
　2節　資料収集時期　223
　　1．横断的研究　223
　　2．縦断的研究　223
　　3．時代差法　224
　　4．研究と教育現場　225

2　教育統計 ·· 227
　1節　基礎的な統計学　227
　　1．測定と尺度　227
　　2．度数分布および代表値と散布度　227
　　3．正規分布　228
　　4．相関関係と相関係数　229
　　5．統計的推定と検定の方法　229
　2節　パソコンによる分析（Excelを用いて）　231
　　1．Excelの概要　231
　　2．データファイルの作成　232
　　3．データの編集・加工　232
　　4．基礎的統計処理　233
　　5．グラフ作成　235

引用・参考文献　**238**
人名索引　**246**
事項索引　**248**

註：本書に登場する商品名，会社名などの固有名詞は各社の商標または登録商標である。

要説　発達・学習・教育臨床の心理学

 # 教育における心理学

1節 教育における心理学の貢献

1. 心理学は教育から何が求められているか

　教育において心理学が貢献できる分野としては，①子ども（被教育者）の発達理解，②効果的学習と教育評価，③不適応児等への支援の3分野があげられよう。

(1) 子どもの発達理解

　教育の対象になる子ども（幼児・児童・青年を含む）は，それぞれに一個のよりよい人間形成を目指して発達していく途上にあり，それぞれの発達段階に即した教育的指導が，その教育目標達成のために行なわれねばならない。

　さらに，教育目標の設定に当っても，子どもの発達的理解が反映される必要がある。というのは，子どもの理解なくしては適切な教育目標が設定できないからである。

　心理学は言うまでもなく人間の「こころ」の理解をめざす学問である。したがって，心理学は教育対象としての子どもの「こころ」の理解にも貢献することが期待されている。

　さらに言えば被教育者としての子どもは，人格的存在でもある。教育は単に知識や技術を伝えることに止まらず，このパーソナリティの形成にかかわるものである。したがって，教師は子どものパーソナリティをよく理解し，その独自性を認識してそれを伸ばすようにしなければならない。学習の場面においても，また，将来の進路を決定するような場合でも，学力や知能のみを重視するようなことはあってはならず，被教育者の要求や，興味・関心なども考慮に入れるべきである。一方，パーソナリティの適応にも配慮することが大切である。このようなことから，パーソナリティの基礎理論，パーソナリティ検査の方法についての理解が必要である。

(2) 効果的学習と教育評価

　これまで心理学は子どもに対して，どのように学習させれば効果的かについて，多くの情報を提供してきた。

　学習とはいったいどのようなものであるのか，学習成立の一般的法則や原理と

はどのようなものであるのか，さらに，これらの学習の基本的原理をふまえて，各教科の指導が実際にどのように行なわれなければならないのかといった問題とともに，教室において被教育者に対して学習意欲を起こさせる学習活動をよりよい形にもっていくには，どのような強化方法を用いればよいのかといった問題について心理学は貢献してきた。さらに，最近ではこの面における教育工学の貢献も大きい。

　この分野には，その他，教育が行なわれる場としての学級集団の構造と機能に関する事柄を含んでいる。なぜなら学校教育の大部分は学級の中で行なわれるからである。パーソナリティ形成にとっていちばん重要な時期が学校・学級という集団の中で過ごされるといっても過言ではない。また，よりよい学級集団の形成は，それなりの教育効果をもたらし，子どもの発達に影響すると考えられる。

　それとともに，教育評価の問題がある。教育や学習がいかに効果的に行なわれているのか，つまりあらかじめ立てられた目標にそって運ばれているかどうかを知る必要がある。

(3) 不適応児等への支援

　心理学の教育への時代的要請の第3は，不適応児等への支援である。

　不登校，学校内暴力や家庭内暴力に代表されるような学校や社会環境への不適応児の指導についても学んでおくことが望まれる。さらに，これらについての理論的究明が必要である。すなわち，適応機制，欲求不満あるいは葛藤などについての理解が必要である。また，不適応児についての各種の検査も場合によって必要となる。それによって，継続的に不適応児の追跡が行なわれねばならない。

　被教育者は必ずしも全員が心身ともに健常であるとは限らない。いろいろな原因により，心身に重大な障害をもち，教育を受けていく上で種々のハンディキャップを背負う者も少なくない。したがって，教育者はこれらの障害児の特質を十分に理解することが必要である。

　以上，3つの貢献分野があるように思われる。そこで次に，これらのうち，特に子どもの理解についての問題点について述べたい。

2．生活する子どもの理解の大切さ

　今日学校教育の現場においては，受験体制の中で知育偏重の傾向にあり，そのことからさまざまな問題が起こっているように思われる。多くの場合教師は，特定の教科をどれだけどのように教えるかという教授者としての視点が強くなりが

ちである。また，学校における学級内での子どもは把握していても，それ以外での理解は必ずしも重視されていない。さらに，子ども自身の将来についての期待や夢などについては理解されていないことが多い。われわれは子どもを単に学習者としてだけ見るのでなく，現在に生きて生活しているものとして総合的にとらえることが大切である。

3．子ども理解の方略

それでは生活している子どもの理解はどのようになされるべきであろうか。それは要するに，「子どもはその発達の一時期に特定の環境との間で適応を維持するために相互作用を営んでいる存在」として理解していくことが有効であろう。そこでこのことについて順次説明していこう。

(1)発達過程の理解

まず，「発達の一時期に」ということについて述べよう。いま理解しようとしている子どもには過去があり，さまざまな経験を経て今日にいたっている。子どもが発達する過程は一般的にはほぼ同じ経過を辿るものであるから，こうした一般的な発達の標準に照らして，いま理解しようとしている子どもがどうなのかを知ることができる。このように人を時間軸上から見るということは有効なことで，それは言い換えれば，そうした発達の流れの中で問題にしている子どもの「今」を位置づけることである。また，問題にしている子どもが過去においてどのような経験を経て今日にいたっているのかを知ることは，その子どもの「今」を理解する上で重要である。

一方，時間軸から理解する場合，その子どもの過去ばかりなく，その子どもが将来どのような方向に進もうとしているのか，すなわち，その子どもの将来に対する期待や夢を理解することも必要であろう。たとえば，鉄棒に熱心な子どもはひょっとすると将来体操のオリンピック選手になりたいからそうしているのかもしれない。さらには，その子どもの教育目標，あるいは発達目標に照らして，その方向に向かって順調に進んでいるのかどうかを知ることも大切である。

(2)発達の概念

「発達」という概念はさまざまに考えられてきている。学問によっては今でも発達は成熟期までのこととして考えられている。発達心理学においても成熟期までに限るという意見もあった。たしかに生物学的側面においては成熟期以後の発達は見られない。しかし，心理面においては，一生発達しつづける側面があるこ

とも忘れてはならない。したがって、発達とは「人間が個体として発生した瞬間から死に至るまでの間に生じるさまざまな変化」と考えられるようになった。生涯発達心理学の立場では、それぞれの現象を一生涯のスパンでとらえることの必要性を求めている。ごんた坊主が大きくなって立派な社会人になるというような例にもみられるように、ある特定の時期の状態だけで人間を判断するべきではない。

(3) 子どもの環境の理解

次に「特定の環境」ということについて述べよう。子どもは孤立して生きているわけではなく、必ず何らかの環境の中で生活している。そして、子どもはその環境からのさまざまの影響を受けて育つ。したがって、その子どもがどのような環境の中で生きているのかを知ることは重要である。これは、先の時間軸に対して空間軸から理解するということである。

環境といってもさまざまな環境がある。まず、自然的・物理的環境がある。自然の豊かなそして静かな環境に住んでいるのか、都会の喧騒な遊び場もない環境に住んでいるのかは子どもに影響するであろう。同時に、社会的環境の中でも生きている。住宅地区か工業地区か、商業地区か文化地区か、さらには、どのような家庭に生きているのか、仲間関係はどうかも知る必要があろう。

ところで、ブロンフェンブレンナー（Bronfenbrenner, U., 1979）は図0-1のように子どもがその環境から受ける影響を理解するために、人間発達の生態学的研究の立場から、次のような生態学的理解の枠組みを示している。彼は、生態学的環境を入れ子構造（同心円）をなす4つの水準からなるシステムとしてとらえた。それらは、その中心から外に向けて、マイクロ・システム、メゾ・システム、エクソ・システム、マクロ・システムとよばれている。マイクロ・システムは、家庭や学校や職場における活動・役割・人間関係など子どもに直接相互作用するシステムであり、メゾ・システムは

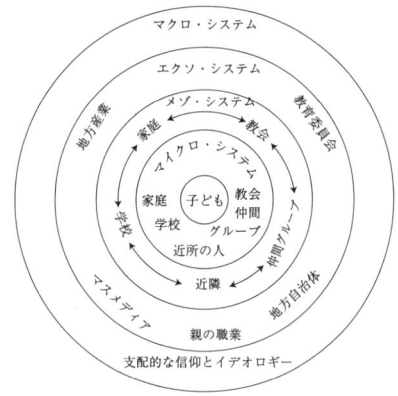

図0-1 子どもをとりまく生態学的要因の構造的解説（Bronfenbrenner, U., 1979；Liebert et al., 1986；村田, 1990の筆者による一部修正より）

表 0-1　保育環境のカテゴリーの具体例（大場，1983）

ブロンフェンブレンナーの分類 \ 石毛直道による環境要因	社会環境サブシステム	自然環境サブシステム	物質文化環境サブシステム	情報環境サブシステム
マイクロ・システム（子どもが活動し，なじんでいるような，日常生活の場や人間関係）	家庭，園，近隣，地域など　親，保育者，きょうだい，仲間集団	遊びのスペース（自然物の豊かさ）	園の施設・設備　遊園地　玩具，遊具	本，童話，テレビ，新聞，ラジオ，パソコン
メゾ・システム（個の生活の場の相互関連の系）	園と家庭の連携　園と関連施設の連携　幼小関連など	身近な素材の活用　園外保育	交通の便	子どもたちの発表形式の集まり　保育者研修会
エクソ・システム（個人の生育環境，個人を取り巻く環境条件）	共働き，出稼ぎ，単身赴任，片親，核家族，拡大家族，一人っ子，生活保護，団らん，家庭不和など	四季の変化　冷害，水害，雪害，公害　騒音	家庭や園の冷暖房装置などの人工環境化　電化　オートメ化　育児用品の多彩さ	流行，世論，デマ，パニック
マクロ・システム（価値観，信念，イデオロギー）	社会的常識，偏見・差別，知育偏重，スパルタ主義，世間体，マンネリズム，社会観	季節感，自然観，生命観	合理主義　能率主義　育児の簡易化	イメージ

子どもをとりまく家庭や学校や地域社会の間の相互作用システムで，いわばマイクロ・システムのシステムである。エクソ・システムは以上2つのシステムの外側にあって，間接的に作用するシステムで，マス・メディアや行政機関などをあげることができる。いちばん外側のシステムはマクロ・システムで，ある社会において一貫して存在するイデオロギーとか，信念や信仰，あるいは文化などである。たとえば，日本では学歴主義とか消費文化をあげることができる。子どもはこうしたシステム（エコシステム：生態系）の一員として生活し発達しつつあるということができる。このシステムに対して，具体的な保育の場をめぐる事柄を当てはめる試みが表0-1に示されている。図0-1においてブロンフェンブレンナーはマスメディアを，エクソ・システムに入れているが，表0-1ではそれらのテレビやラジオなどはマイクロ・システムに入れられている。今日テレビなどは子どもに対してより直接的な影響を及ぼすようになっているためと考えられる。

⑷子どもの生活行動とは

　続いて「環境との間で適応を維持するために相互作用を営む」ということについて述べよう。日ごろ子どもが示すさまざまな生活（行動）は，適応を維持するために特定の環境との間で相互作用を営むことの現われであるといえよう。

　もともと生活ということばは，日常的で曖昧な概念である。しかし，学問的に定義づける試みがなされるようになった。たとえば，生活とは，「一言でいえば生命活動であり，生物が生体を機能させて，環境に適応しながら活動することである」（今津，1987）とされている。このように，子どもはその環境との間に相互作用を営みながら適応しており，その現われが生活，または生活行動（生命活動といってもよい）であるといえよう。

　適応という場合に，子どもは環境からの働きかけに対して受け身的に反応し適応しているように思われがちであるが，それだけではなく，自分の要求などを満たすために積極的に環境に働きかけていく側面もあることを忘れてはならない。したがって，子どもはその環境との間でいわばキャッチボールをしているといえるので，「相互作用を営む」という表現が用いられるのである。

　子どもが非行にはしったり，不登校を起こすのも，その子なりの環境に対する適応の現われであり，不適応な適応を示してしまっていると考えることができるかもしれない。

　これまで「子どもをどう理解すればよいのか」ということについていろいろ述べてきたが，それは要するに「子どもはその発達の一時期に特定の環境との間で適応を維持するために相互作用を営んでいる存在である」という視点に立って，その発達過程，その環境，そして，その生活行動がどのようなものであるかを理解すればよいということであろう。

4．現代社会における子どもの生活

　これまで子どもの理解は環境との相互作用の過程を理解することによって得られること，また，環境の影響はブロンフェンブレンナーの示した4つのエコシステムに分類できることなどを述べてきた。そして，このシステムのうち，マクロ・システムの影響は特に注目されている。

　麻生（1982）は日本の社会の中で，家庭，学校，企業を貫いている原理は，学歴の原理と消費文化であると述べている。このうちの学歴主義は，受験教育を過熱化させ，学校現場での教育の荒廃，教師への不信，不登校，校内暴力，いじめ，

管理教育などをもたらし，家庭でも塾通いや早期教育などへと向わせている。

一方，文化の発展に伴う都市化の現象や情報化社会の出現は，子どもの生活環境に影響した。すなわち，遊び場の喪失やインドア化をもたらし，マスメディアの影響により，暴力・性などに関する問題をいっそう深刻にした。また，玩具やテレビゲーム，コンピュータなど新しいメディアとのかかわりも出てきている。

また，こうした現代という歴史の枠組みのなかで，われわれの文明社会を織りなしているすべての要因の統合体（刺激複合）に対する適応過程の現われとして，発達加速現象を生じさせている。その結果，子どもの体格は向上したが，心臓疾患，疲労感，高血圧，頭痛などを引き起こしている。

さらに，家庭や家族のさまざまな問題を起こさせている。単身赴任や別居・離婚家庭の増加，既婚女性の就労の増加，少子化傾向，核家族化に伴う育児の稚拙化と育児産業の繁栄など，子どもをめぐる問題は，数えあげれば切りがない。

このようなさまざまな問題は子ども自身というよりは，大人やわれわれの社会・文化そのものが原因であるのかもしれない。しかも，それらの影響は，1つひとつが単独に影響するのではなく，全体的に刺激複合を形成していると考えられる。

以上，教育における心理学の貢献について述べてきたが，教育実践に役立つ心理学を教育心理学とよぶことができよう。

教育心理学は教育過程に関する心理学的事実や法則を明らかにし，教育のいとなみを効果的に推進するのに役立つ心理学的知見と技術を提供しようとする学問である。具体的には，教育心理学は，教育哲学によって教育目標が設定されると，その目標達成のための具体的方法を示すという課題が与えられている。すなわち，教育の業において，教育哲学は「なに」と「なぜ」の問題を扱うのに対して，教育心理学は「いかに」と「いつ」の問題に答える学問であるといえる。

教育心理学は，一般的には，応用心理学の一部門として心理学のなかに位置づけられている。しかしながら，教育への単なる心理学の応用の学ではなく，独自の方法と理論とをもつ学問であるといわれている。そのことはたとえば，教育の業は生きた具体的人間を扱うきわめて実践的なものであり，また，価値の世界にも関係しているから，教育心理学と心理学とでは，学問的関心においておのずから異なっていることを考えれば明らかであろう。

2節　教育と関連した心理学の歩み

　ヘルバルト（Herbart, J.F., 1776-1841）は教育学の確立にあたって，教育の目標を倫理学に，その方法を心理学に求めた。ヴント（Wundt, W., 1832-1920）の弟子モイマン（Meumann, E., 1862-1915）はヴントのもとで新しい心理学を学び，「実験教育学入門講義」（1907）を著わして教育学への実験的方法を導入する役割をはたした。モイマンはまた，「実験教育学雑誌」（1905，後に「教育心理学青少年雑誌」と改名）を発刊して，ドイツの教育心理学の成立に寄与した。同じくヴントの弟子であったホール（Hall, G.S., 1844-1924）は，質問紙法を用いて，子ども期，青年期の研究を行ない「子どもの心の内容」（1883），「青年期」（1904）を著わし，「子ども研究運動」を展開し，アメリカにおける教育心理学の成立に貢献した。

　ソーンダイク（Thorndike, E.L., 1874-1949）も20世紀の初期，アメリカにおける教育心理学の研究に寄与した学者の1人である。彼は，学習，教科などに関する研究を進め，「教育心理学」（1903）などを著わし，教育心理学の基礎を築いた。また，知能などの研究を行ない，特に，教育的事象の客観的な測定を意図し，教育測定運動の父ともいわれた。

　同じころ，ヨーロッパにおいては，イギリスのゴールトン（Galton, F., 1822-1911）が，個人差の研究を行ない，一方，フランスのビネー（Binet, A., 1857-1911）は，知能の研究を行なったことで教育心理学に大きな影響を与えた。

　1950年代になってアメリカではスキナー（Skinner, B.F., 1904-1990）が，ワトソン（Watson, J.B., 1878-1958）の提唱した行動主義心理学の流れをくむ新行動主義の立場から，従来のレスポンデント条件づけに対してオペラント条件づけの原理を示した。そして，このオペラント行動の研究を教育に応用したのが，ティーチング・マシンによるプログラム学習である。また，この原理に基づいて行動変容技術の研究がなされるようになった。

　アメリカでは，スキナーのほかにハント（Hunt, J.M., 1906-）が，知能の発達における経験の重要性を強調し，内発的動機づけを重視した理論を示した。この理論がもとで，1965年には，ヘッドスタート計画が実施された。しかし，その成果に疑問が起こり，ジェンセン（Jensen, A.R., 1968）が知能生得説を強調すると，人種間の知能差をめぐって激しい議論が起こった。

また，バンデューラ（Bandura, A., 1925-）は社会的学習理論の代表者の1人で，モデリングや代理強化による観察学習の理論をうちたてた。

　行動主義の理論は，刺激と反応の成立過程に注目し，生活体の内部過程はブラック・ボックスとして扱わないか，内的状態を仮定して論理的構成概念を用いるにすぎない。これに対して，認知理論では，生活体の内部過程について，たとえば，与えられた刺激の認知，その意味づけ，刺激間の関係づけといったような認知過程を問題とする。

　ブルーナー（Bruner, J.S., 1915-）は行動主義者の，たとえば，外発的動機づけといった概念を用いてはいるが，認知理論の立場に立っている。そして，学習すべき材料の重要な部分は，最初から学習者に最終的な形態では与えられないで，学習者がそれを発見しなければならないという発見学習を提唱した。

　また，彼は子どもの認識の構造を理解し，これに合う知識体系を選択し適切な教授法を開発すれば効果的に教えることができると主張した。こうして，教授理論の上でも大きな貢献をした。

　教授理論にはいま述べたブルーナーの発見学習のほかに，ソ連のガリペリン（Galperin, P.Y., 1902-）の知的行為の多段階形成説や，アメリカのオースベル（Ausubel, D.P., 1918-）の有意味受容学習説などがある。

　スイスでは，認知理論家としてピアジェ（Piaget, J., 1896-1981）をあげることができる。彼は，人間の知性は環境への適応と進化の所産であり，固有の認知構造が環境との相互作用によって同化と調節の過程をくり返し，高次の均衡に達するという見地から，認識の発生の研究を行ない発生的認識論をうちたてた。

　行動主義的学習心理学の傾向と対照的なのは，精神分析学の祖であるフロイト（Freud, S., 1856-1939）以来のカウンセリング心理学の流れである。第2次世界大戦後アメリカでは従来の行動主義に加えて精神分析学やゲシュタルト心理学が教育心理学に著しい影響を与えた。臨床心理学やカウンセリング心理学にはさまざまな立場があり必ずしも精神分析学の流れをくむとは限らないが，これらの立場の多くは，内部からの制御力を考える点で共通している。たとえば，ロジャーズ（Rogers, C.R., 1902-1987）の非指示的カウンセリングでは，カウンセラーはクライエント（来談者）に対してできるだけ指示や助言を与えないようにしている。

◆◆◆第Ⅰ部　発達の心理学◆◆◆◆

1章　発達の概念
2章　発達過程
3章　知覚と記憶の発達
4章　知能とことばの発達
5章　パーソナリティの発達
6章　社会性の発達

　すべての教育的な営みを実践するにあたって，その対象である子どもの発達的理解が重要であることはいうまでもない。第Ⅰ部では発達段階・領域別に人間の発達を把握することをおもな目的としている。
　まず発達の基本的な概念，すなわち発達の原理や遺伝的側面と環境的側面がどのように発達に関与するのか，発達と教育はどのように関係するのかといった課題や主要な発達理論について述べる。そして，人間発達の様相を胎児期・乳児期から老年期にいたる発達段階に分け，おもに身体的観点から概観する。さらに，発達研究に多大な功績を残した2人の発達論，すなわち認知的発達理論を展開したピアジェと心理社会的発達理論を唱えたエリクソンを取り上げ，人間の発達過程を紹介する。
　次にこれまでに行なわれた研究成果を紹介しながら，知覚，記憶や知能などの認知発達とパーソナリティや社会性の発達について述べていく。まず，視覚や聴覚などの各段階での知覚発達の特徴，記憶能力や記憶方略の発達，知能の概念，検査法や知能・言語の発達などの認知面をみていく。続いて，パーソナリティの理論や形成に関与する要因を発達の過程にそって概観するするとともに，パーソナリティ検査を中心に理解の方法を紹介する。また，社会性の発達について，家族や仲間などの対人関係や道徳性，性役割などを社会的コンピテンスとの関係から，その重要性について指摘する。
　子どもたちはそれぞれの領域が独立して発達するわけではなく，相互に関連し影響しあいながら発達することに留意することが必要である。また，各領域の発達を分離してとらえることでは十分とはいえず，統合してとらえることを怠ると子どもの全体像を見失うことになりかねない。さらに，それぞれの子どもによって遅速や領域ごとの優劣などの特徴があり，個別的に理解することが求められる。また，現在の時点でのみ考えるのではなく，それまでの経緯との関係，将来とのつながりといった生涯発達の中で今を問う必要がある。

 # 発達の概念

1節　発達の意味

　発達（development）とは，人間が受精により個体として発生した瞬間からおよそ80数年の年月を経て死にいたるまでの間に，環境の影響を受けながら，心身の構造・機能などが変化していく過程である。発達は，ひとり人間だけにみられるものではない。他の動物にも，心身の構造・機能などに明らかに年齢差がみられるのである。人間も他の動物もともに動物である以上，その発達の姿に共通点も多いが，大きく違うのは人間の発達は「社会的なかかわり」からきわめて大きな影響を受けるという点であろう。人間は，生物学的な「ヒト」として生まれ，「社会的なかかわり」によって「人」となり，やがて自己を見つめ，さまざまな経験を積む中で，より統合された自己へと生涯にわたって発達しつづけるのである。この「社会的なかかわり」の中に「教育」が含まれているのはいうまでもない。

　ところで，受精卵が子どもとして生まれ，しだいに大人になっていく間にみられる進歩（上昇）的変化だけを「発達」とよび，中高年期に現われる心身の衰退（下降）的変化を「老化」とよんで区別する立場もある。しかし，1970年前後から，中高年期は本当に一方的な衰退の時期なのかという疑問が投げかけられるようになり，人間は自己実現に向かって生涯発達し続ける存在であることが明らかにされてきた（Erikson et al., 1986 ; Baltes, P.B., 1987, 他）。その結果，最近では，人間の発達を生涯を通して終わることのない過程であると考える「生涯発達（life-span development）」の立場が一般的となってきている。

2節　発達の原理

　人間はそれぞれ，さまざまな発達の過程をたどるが，その多様性の中にも，共通に認められるいくつかの特徴がある。これを「発達の原理（principle of development）」という。

1．発達の方向性と順序性

　一般に，発達は一定の方向に向かって一定の順序をふんで進む。これを，発達

の方向性と順序性という。たとえば、幼児期の身体と運動機能の発達は「頭部から脚部へ」、「中心から末端へ」という方向で進行し、全身運動の発達では、はう→立つ→歩くという順序があり、個々人の発達の速さに違いがあったとしても、この方向と順序が変わることはない。また、思考の発達は「具体から抽象へ」という方向へ向い、ことばの発達では喃語（babbling）の後で初語（first word）があらわれる、というように一定の順序をふんで進む。

しかし、発達の方向性と順序性は絶対的なものではないと考える立場もある。たとえば、後述の行動主義の理論では経験によって発達の順序が変わりうることを主張し、また、比較文化的研究（たとえば、Cole, M. et al., 1974；東ら、1981）からも「知的発達の方向と順序は、環境・経験・文化によって変わりうる（文化的相対性）」ことが指摘されている。このように発達の方向性と順序性をめぐって議論が分かれるのは、発達の何をどのように見るか、すなわち発達の視点の相違によるといえよう。

2．発達の相互関連性

心身のすべての領域は、たがいに密接に関連しあって発達する。これを発達の相互関連性という。たとえば、歩行の開始によって探索範囲が広がり、認知能力が飛躍的に増大する。また歩行によって生活空間は家庭外にまで広がり、新しい人間関係を経験することによって、対人関係の発達や言語の発達が促進される。

3．発達の個人差

発達には2種の個人差がある。1つは個人間差異である。発達が一定の方向に向かって一定の順序で進むとしても、すべての個体が同じ速さで発達するわけではない。たとえば、生後10か月で歩き始める子どももいれば、2歳近くになってようやく歩き始める子どももいる。もう1つの個人差は、個人内差異である。たとえば、ある子どもは数的能力やことばの発達の面では同年齢の子どもより進んでいるが、運動の発達は平均的であり、対人関係の発達は遅れ気味である、など。これら2種の個人差が相まって「その人らしさ」を作り出しているといえよう。

4．発達の要因

発達や発達にあらわれる個人差を規定する要因としては、遺伝と環境が問題にされてきた。今日では、遺伝という個体要因だけでなく、また環境という外部要因だけでもなく、遺伝と環境の両者が相互作用的に働いて発達を規定すると考えられている。この考え方を「相互作用説」という。たとえば、作曲家の父とソプ

ラノ歌手の母を両親として生まれた子どもが優れた演奏家になったとすると、これは両親から受け継いだ遺伝的素質と音楽的刺激の多い家庭環境との相互作用によるといえる。

古くは、この問題は、発達の要因として遺伝的要素を重視する「生得説」と環境の影響が決定的であるとする「経験説」とに分かれ、「遺伝か環境か」という二者択一論議として争われてきた。この両説はいずれも極端すぎると否定したシュテルン（Stern, W.）は、遺伝の影響と環境の影響が輻輳して発達に現われるとする「輻輳説」を唱えた。彼の説は、「遺伝か環境か」ではなく、「遺伝も環境も」と考えた点に意義がある。しかし、輻輳（＝物が方々から集まること）ということばが示すように、輻輳説には加算的発想があり、この加算的発想が批判されてしだいに受け入れられなくなった。今日では、遺伝と環境は分離すべきものではなく、その両者が相互作用的に発達に働くとする相互作用説（interactionism）が一般的となっている。

代表的な相互作用説に、ジェンセン（Jensen, A.R., 1968）の「環境閾値説」がある（図1-1）。彼は、さまざまな心身の機能が現実化していくためには、それに必要な環境要因の質や量は異なり、それぞれに固有な、いわば閾値としての一定の水準があると考えた。たとえば、心身の発達など（特性A）は遺伝による規定がかなり強く、よほど悪い環境条件でない限り素質はその可能性をほぼ完全に顕在化する。これに対して、絶対音感など（特性D）は環境に強く規定されており、最適の環境条件に恵まれ、さらに一定の訓練を受けてはじめて学習される。これらの中間に、知能検査の成績など（特性B）や学習成績など（特性C）がある。

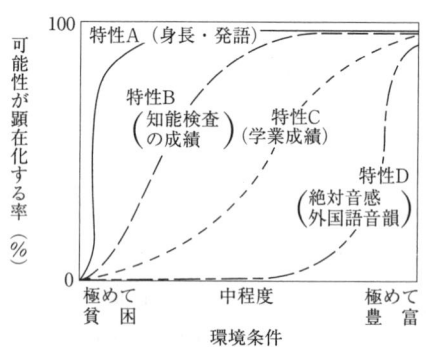

図1-1 遺伝的可能性が顕在化する程度と環境の質との関係（Jensen, A. R., 1968：東, 1969 より）

3節　成熟と学習

発達的変化は、成熟（maturation）と学習（learning）という2つの基本的な過程の結果である。成熟とは、主として遺伝的に決定され、環境や経験に左右さ

れることの少ない発達の側面である。身長や体重の増加，歯牙の発生，神経組織の充実，歩行の開始，第二次性徴の発現などは，特別に教育や訓練を受けなくても起こるので，成熟による発達と考えられる。これに対して，学習とは，特定の経験や活動あるいは訓練などによって新しい行動を獲得していく発達の側面である。ことばや運動技能の習得などは，学習による発達といえる。

現実の発達の姿を見ると，成熟と学習とは複雑に影響しあっていて，それぞれがどれだけ発達に影響しているかを定めることは困難である。成熟と無関係に学習は起こらないし，また，環境の支えをまったく必要としない成熟もありえないことは容易に理解できよう。すでに述べたように，発達はまさに遺伝と環境の相互作用なのである。

1．レディネス

あることを最も能率的に効果的に学習するためには，それに必要な心身の能力が十分に発達していなければならない。ある学習をするのに必要な心身の準備が整った状態をレディネス（readiness）という。

まず，ゲゼルら（Gesell, A.L. et al., 1929）の実験から，学習とレディネスの関係について考えてみよう。生後46週の一卵性双生児の1人Tに，階段登りの訓練を毎日10分ずつ6週間連続して行なったところ，26秒で上れるようになったが，その間訓練しなかったCは45秒かかった。しかし，その後の2週間の訓練で，Cは10秒前後で上ることができるようになった。つまり，成熟に達したときの2週間の訓練のほうが成熟に達していないときの6週間の訓練よりも効率的であるということになる。この結果からゲゼルは，「レディネス」に達していない場合には，訓練は効果をあげることができないと主張した。

ゲゼルらの成熟優位の考え方は，発達を促進するという面での訓練や教育の積極的な役割の否定につながる。そして，「子どもの心身の自然な発達を待って，それに合った学習経験をもたせるのが最も効果的な指導である」とするレディネス重視の教育観を引き出し，後に待機主義の教育として批判されることとなった。

2．初期経験

成熟優位の立場に対して，発達初期の学習や経験が発達過程に重大な影響力をもつという事実も報告されている。その典型例の1つが「刻印づけ（imprinting）」である。ローレンツ（Lorenz, K., 1935）は，大型鳥類のヒナが親鳥を追従する行動が孵化後のごく短い時間すなわち臨界期（critical period）の間にの

み生じ，その時期に人間やゆっくりと動くものなど本当の親でない対象の後を追うように刻印づけられてしまうと（図1-2），その後で親鳥と対面しても追従する行動は生じないことを明らかにした。

人間の場合には他の動物にみられるようなごく短期間でしかも決定的な臨界期は存在しないが，その期間をはずすと形成が困難になるような時期，またはその期間の経験が最大の効果をもたらすような時期として学習最適期（敏感期）があることは，ホスピタリズム（hospitalism）や野生児の研究からもうかがえる。たとえば，ホスピタリズムについてみると，劣悪な環境で過ごした期間が同じであっても，それがいつかによって影響は異なり，特に2～3歳までの経験の影響が大きいといわれている。

図1-2　刻印づけ（Lorenz, K., 1957）

このように，人間にとっても発達初期の経験は重要である。しかし学習最適期に適切な経験ができなかったとしても，そのことを過大視し，もはやとりかえせないと考えるのは早計である。なぜなら，人間は生涯にわたって発達可能性に満ちた存在だからである。劣悪な環境で5，6歳まで過ごしても，その後十分に発達の遅れを取り戻すことができたという報告もされている（藤永ら，1987；椎名，1993）。また，成人期，老年期という遅い時期からの学習であっても，主体の意欲的な課題への取り組みと適切な指導があれば十分な成果があげられることは，多くの中高年者が実感するところであろう。

3．発達と教育

教育は発達への意図的な働きかけであり，発達を規定する最も重要な環境条件といえる。確かに，教育は，発達に即して行なわれるべきであるが，同時に，教育によって発達が促進される面を忘れてはならない。成熟するのをただ待つだけではなく，積極的な働きかけ（教育）によって新しい発達の可能性を開いていくことが大切である。

たとえば，ここに知能年齢がともに8歳のA児とB児がいるとしよう。彼らに教示やヒント，誘導的質問を与えて，さらにむずかしい問題を解かせてみると，

A児は12歳の問題まで解けるのに，B児はやっと9歳の問題しか解けない，ということがある。このA児とB児の差はいったい何であろうか。ここに注目したのが，ヴィゴツキー（Vygotsky, L.S., 1934）である。彼は，発達を2つの水準に分けて考察し，A児とB児とでは，確かに「すでに到達している現在の発達水準（独力でできる水準）」は同じであるが，もう1つの，「現在発達しつつある水準（教師や子どもどうしの教示や誘導的質問，補助，共同，あるいは模倣や観察によって達しうる水準）」が異なっているのだと主張し，後者を「発達の最近接領域（zone of proximal development）」（図1-3）とよんだ。

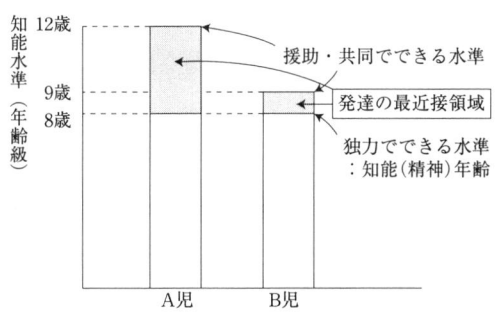

（A児とB児は知能年齢は等しいが，発達の最近接領域は
A児のほうがB児より大きい。）

図1-3 ヴィゴツキーの「発達の最近接領域」とその個人差（ヴィゴツキー自身の例示による）

個々人の発達状況は，先の例のように，現在の発達水準だけで決定されるのではなく，発達の最近接領域を考慮しなければならない。また，教育の可能性は，発達の最近接領域によって決定され，教育は，現在の発達水準だけではなく，発達の最近接領域に基づいて行なわれなければならないとする彼の主張は，発達をうながす教育の役割を強調する教育観といえよう。

このように考えると，レディネスは，成熟と経験に基づく累積的な産物といえる。従来のようにレディネスを待つのではなく，環境条件を整えたり，適切な指導を行なうことによってレディネスをより積極的に形成しようとする試みが現われてきた。ブルーナーは，その著書「教育の過程（The process of education, 1960）」の中で，子どもの認知構造に応じた適切な教授方法を採用することにより，原則的には無制限にレディネスを創り出すことができると考え，「どの教科でも，知的性格をそのままに保って，発達のどの段階の子どもにも効果的に教えることができる」と指摘している。

4節　発達の理論

　代表的な発達理論としては，行動主義の発達理論，フロイト（Freud, S.）の精神・性的発達理論，ピアジェ（Piaget, J.）の認知発達理論があげられる。これらの理論は，いずれも現代の発達観や教育観に大きな影響を与えている。

1．行動主義の発達理論

　行動主義（behaviorism）とは，客観的に測定可能な「行動」を研究対象とし，環境からの刺激と生活体側の反応との結合によって心理現象をとらえようとする客観的心理学をいう。1912年にワトソン（Watson, J.B.）が提唱して以来，トールマン，ハル，スキナーらによって，その色合いを少しずつ変えながら発展してきた。

　行動主義の理論は学習と深く結びついた理論であり，その発達理論も学習を中心において展開されている。行動主義の発達理論は，多くの研究者によってさまざまな方向へ発展しているが，その基本的な考え方は次の通りである。第1に，たいていの行動は学習によって獲得されると考える。したがって，第2に，能力や気質といった遺伝的特性の存在を認めない。これらの考え方は，ワトソンの次のことばに端的に表わされている。「わたしに健康な乳児を与えるならば，その祖先の才能や職業に関係なく，乳児を医者にでも，芸術家にでも，あるいはどろぼうにでも望みどおりに育ててみせよう」（Watson, J.B., 1930）。すなわち，人間は，何ら遺伝的特性ももたず，いわば白紙の状態で生まれ，生後の経験や教育によってさまざまな行動を学習し身につけていく存在であり，方法さえ適切ならば教育によってどのような行動も学習させうる，と考えるのである。第3に，発達段階（2章1節参照）を否定する。すなわち，行動の発達段階は，必ずしも一定の順序と段階を経て生じるものではない，と考えるのである。なぜなら，たいていの行動は経験と教育によって獲得されるとみなすからである。

　行動主義の理論は，発達における学習の重要性に目を向けさせる上で，大きな役割をはたしてきた。しかし，発達には経験だけでは説明できない多くの側面があることが指摘されており，はたして学習が発達のもっとも強力な要因といえるのか論議されている。

2．フロイトの精神・性的発達理論（精神分析理論）

　精神分析学の創始者であるフロイトの発達理論は，性欲動を人が生きる基本的

原動ととらえ，これを中心に展開している。フロイトは，人は究極的には動物的本能に動かされる存在であると考えており，本能の中でも特に性欲動をリビドーとよんで重視した。フロイトの発達理論が「精神・性的発達（psycho sexual development）」と名づけられているのは，人間の精神発達は性欲動の発達に支えられており，この2つが一体化して進んでいく，という発達観があるからである。

　フロイトは，子どもにも性欲がある（幼児性欲）と考える。ただし，子どもの性欲は，性器による異性との性交渉を求める大人の性欲とは異なり，相手を求めず自分のからだの感覚だけを求める自体愛である。生後1年目までは口や唇で母親の乳房を吸うことが快感の中心となり，1歳から3歳までは便をためたり出したりする肛門の感覚が，3歳から6歳ごろまではペニスあるいはクリトリスをこすることや排尿が快感の中心となる。フロイトは，これらの段階をおのおの，「口唇期」，「肛門期」，「男根期」とよんだ。子どもの性欲は男根期で終わりを告げ，「潜伏期」を経て，12歳ごろから大人の「性器期」に入る。

　一般に，子どもは1つの段階で性欲が満たされると次の段階へと順次進み，すべてが十分満たされることによって最終的には円満な人格をもつ大人に成長する。しかし，口唇期は離乳の，肛門期は排泄の，また男根期は性器をいじったり露出したりすることを禁止するしつけの行なわれる時期でもある。しつけが適度なものであればよいが，あまりにしつけが厳しいと子どもはその段階の性欲が満たせず，欲求不満に陥る。このようにある段階で欲求不満を経験したり，逆に過度に満たされる経験をすると，その段階に固着し，円満な人格発達ができなくなる。フロイトは，口唇期に固着した場合には甘え・依存心・嫉妬心などが強い性格が形成され，肛門期に固着すると几帳面・節約家・頑固などの性格が形成され，男根期に固着すると虚栄心・攻撃的・消極的などの性格が形成される，としている。

　フロイトの発達理論に対しては，性的な

注）：幼児性欲説は，子どもとは聖母子像に描かれているように清純無垢な存在だと信じる人々から強い非難を受けたが，フロイトは自説の正しさを主張した。

図1-4　ラファエロの「小椅子の聖母」

テーマを強調しすぎるという批判や，実証することができないという批判もある。しかし，乳幼児期の経験が人間形成に重要な役割をはたすというフロイトの考え方は，今日の発達観に大きな影響を与えている。

3．ピアジェの認知発達理論

ピアジェは，子どもとの対話と独創的な実験，そしてすぐれた洞察によって認知発達（cogintive development）に理論を生み出した。

ピアジェは，認識や思考の発達，すなわち認知の発達は，4つの質的に異なる段階を経ながら進むとしている。

①感覚―運動期（生後2年目まで）：感覚と運動を協応させながら外界の事物を認知する段階。初期には物が隠されてしまうとその物がこの世界に存在しなくなったかのように振るまうが，「物の永続性」をしだいに理解するようになる。

②前操作期（2-7・8歳）：ことばを獲得しシンボルによる思考が可能になる段階。「いま，ここ」にない仮説的世界についても考えることができる。しかし，思考は自己中心的である。

③具体的操作期（7・8-11・12歳）：具体的場面でなら論理的に思考できる段階。物の見かけが変わっても足したり引いたりしない限りその数や量は変わらないということ，すなわち「保存」の概念を獲得する。

④形式的操作期（11・12歳―）：具体的場面を離れても論理的思考が可能になる段階。

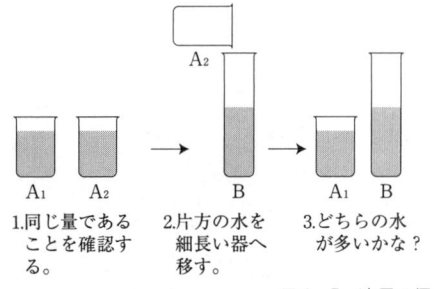

1. 同じ量であることを確認する。
2. 片方の水を細長い器へ移す。
3. どちらの水が多いかな？

注）：「保存」の概念を獲得していない前操作期の子どもに「3．どちらの水が多いかな？」とたずねると「Bの方が多い！」と答える。

図1-5　液量の保存実験

ピアジェは，段階から段階への移行を「シェマ（図式；schema）」という概念を用いて説明している。シェマとは，すでに自分のものになっている行動様式をいう。この既存のシェマを新しい状況にあてはめようとしても（同化；assimilation），それがうまくいかない時には，自分自身の反応を修正して外界にシェ

マをあわせていこうとする働き（調節；accommodation）が生じる。この同化と調整を通して，より安定したシェマを求めていく（均衡化）ことで，認知発達が進んでいくのである。

ピアジェの理論は，学習優位というよりも，むしろ成熟優位の立場に立つものである。しかし，主体が環境へ働きかけることによって認知発達が進むと考えている点で，さきに述べたゲゼルの成熟優位説とは趣を異にしている。

【用語解説】

刻印づけ（imprinting）：刷り込み，インプリンティングともよぶ。鳥類のヒナが孵化後初めて見た動くものを，たとえそれが親鳥でなくともまるで親鳥の後を追うように，けんめいに追従する現象をいう。ローレンツはこの現象が，コインの刻印のように，いったん成立すると容易に消えない（非可逆性）ことから刻印づけとよんだ。この現象は孵化後一定の期間（臨界期）内にのみ生じ，この期間をすぎると生じなくなる。刻印づけは発達における初期経験の重要性を示唆するものである。

ホスピタリズム（hospitalism）：子どもが家庭を離れて，養護施設・病院などで養育される時に生じる心身の発達障害のことをいう。施設症ともよぶ。初めは施設児の死亡率の高さや発育の悪さなど身体的発育障害が問題にされたが，施設の改善によって減少し，現在では無表情・無感動・好奇心の欠如など情緒面での障害が注目されている。ホスピタリズムの原因は，母親（またはその代理者）の愛情のこもった養育が受けられないこと，すなわちマターナル・デプリベーション（母性剥奪）にあるとされている。

自己中心性（egocentrism）：幼児特有の心性をあらわすピアジェのことば。幼児は自分の視点からのみ物を見たり考えたりし，他者の視点に立つことができないことをいう。したがって，目前にある2つの積木のうち自分からは右に見えるものが反対側の人からは左に見えることが理解できなかったり，友達が自分の母親を「おばちゃん」と呼ぶと「違うよ，お母さんだよ」といったりする。他者との交流を積み重ねることによって，幼児後期頃から次第に自己中心性から脱却する（脱中心化）。

[理解を深めるための参考図書]

会田元明・内野康人之・横山明子　1996　子どもとむかいあうための教育心理学概論　ミネルヴァ書房
東洋　1989　教育の心理学　有斐閣
宮原和子・宮原英種　1996　乳幼児心理学を愉しむ　ナカニシヤ出版
高橋恵子・波多野誼余夫　1990　生涯発達の心理学　＜岩波新書＞岩波書店
田中平八（編）　1988　現代心理学用語事典　垣内出版株式会社

# 発達過程

1節　発達段階と発達課題

1．発達段階

わたしたちの心身は生涯にわたり，切れ目なくかつ一定の順序にしたがって変化し続けるが，この過程で，前後の時期とは異なった独自の特徴をもった時期が現われる。このような量的・質的変化のさまざまな特徴をてがかりに，人間の一生を区分したのが「発達段階（develop mental stage）」である。

(1)発達段階設定の意義

発達段階を設定する意義としては，①各発達段階の特徴的な姿を把握しやすい，②各発達段階で達成すべき発達上の課題や目安がわかる，③生涯にわたる発達の全貌を把握し，見通しをもつことによって，各段階の発達上の意義や関連性がより明確になる，といったことがあげられる。

(2)発達段階を理解するうえでの留意点

また，同様に発達段階を理解するうえで，①発達段階の方向性と順序性は不変であるが，各段階の年齢はおよその目安であって，固定的なものではなく，時代や社会によって変動するものである，②ある段階から次の段階への移行は，連続的に変化していくので，段階間に明瞭な区切りはない，③発達の遅速の目安としては参考になるが，個人差を無視して各個人を年齢によって一律に特定の段階にあてはめるのは危険である，ということに留意する必要がある。

2．発達段階の区分

発達段階の区分は，発達のどのような側面に着目するか，何を基準にするかにより次の4つに大別される（図2-1）。

(1)社会的習慣や制度による区分

多くの社会には，その社会特有の文化や慣習によって承認されている区分がある。たとえば，わが国でもかつて元服（15歳），年寄（42歳），隠居（61歳）などが使われていた。この例でもわかるように，この区分は科学的に設定されたものではなく，むしろ社会的，実用的な必要から生まれたものである。その代表的なものは教育制度による区分である。図2-1の一般的区分は，教育的立場を加

2章 発達過程　23

基準	人名	年齢																									
		受精 0	1	2	3	4	5	6	7	8	9	10	11	12	13	14	15	16	17	18	19	20	21	22	23	24 25
社会的慣習・制度	(学校制度)						幼稚園時代			小学校時代				中学校時代			高校時代			大学時代							
	(一般的)	胎生期	新生児期	乳児期		幼児期				児童(学童)期					青　年　期										成人期		
身体的発達	シュトラッツ, C. H.			乳児期			第一充実期			第一伸長期		男	第二充実期		第二伸長期		第三充実期			成熟期							
											女	第二充実期			第二伸長期		第三充実期			成熟期							
精神機能の発達	ピアジェ, J.	感覚運動期				前操作期				具体的操作期				形式的操作期													
						前概念的思考期	直観的思考期																				
	坂本一郎						昔話期	寓話期		童話期		物語期			思春期												
															文学期												
精神構造の変化	ビューラー, C.	客　観				客観→主観			主観→客観			客観→主観			主観→客観												
	牛島義友	身辺生活時代					空想生活時代			知識生活時代				精神生活時代					社会生活時代								
	フロイト, S.	口唇期		肛門期		男根期		潜伏期					性　器　期														

図2-1　主な発達段階の区分

味した総合的区分で最も一般的に用いられている。今日では生涯発達が重視されるようになり青年期のあと，成人期（壮年期），老年期という区分がなされている。本章2節でも，この区分に基づいて各段階の発達の姿を概観する。

(2)**身体的発達による区分**

　身長や体重の増加，性的成熟，骨格の発達状態など，身体的な発達に着目して区分されたものである。よく知られた例に，シュトラッツ（Stratz, C.H.）の区分がある。彼は，成長過程において，体重の増加が著しい充実期と身長の伸びが著しい伸長期とが交代するという事実に基づいて，図2-1のような区分をしている。

(3)**特定の精神機能の発達による区分**

　特定の精神機能，またはその指標としての行動に基づいて区分されたものである。言語の発達，思考様式の発達，社会性の発達，描画の発達，読書興味の発達など，多種多数な段階区分が試みられている。ピアジェ（Piaget, J., 1936）の思考の発達の区分は代表的な例である（図2-1）。

(4)**全体的な精神機能の変化による区分**

　個々の機能の変化ではなく，全体としての精神構造（全体的行動）の変化，すなわち個体と環境とのかかわり方の変化を中心として区分したものである。たと

えば，ビューラー（Bühler, C.）は自我の主観化と客観化の交替現象によって区分し，牛島（1954）は，ビューラーの考えを発展させ，主観化と客観化が生活の中でどのように展開していくかを中心に区分している（図2-1）。また，精神分析の立場から，フロイトはリビドーの発達に基づく区分をし，さらに，最近では生涯発達の視点と社会的・対人的問題に重点を置いたエリクソン（Erikson, E. H.）の区分（表2-2）がよく知られている。

3．発達課題

人が，その社会のなかで健全に幸せな人生を送るためには，それぞれの発達段階に応じて，達成しなければならない課題があると考えられる。これを「発達課題（developmental task）」として，体系的に論じたのがハヴィガースト（Havighurst, R.J., 1953）である。

人は，ある発達段階でその課題を失敗しながらも首尾よく達成することができると，自己を肯定的に受け入れることができ，また社会的承認も受けるので，自信をもって幸福感に満ちた生活ができ，後に続く諸課題も達成しやすくなる。ところが逆に，達成できない場合には，その個人は劣等感や不全感をもちやすく，また社会に認められないあるいはそう思い込むと，ますます後の課題達成が困難となりかねない。つまり，人間が社会に適応し，しかも自分を生かしながら望ましい発達をなし遂げるには，各段階の発達課題を着実に，その順序に従って達成していくことが必要なのである。

この意味で，発達課題は各発達段階の教育の具体的な目標とみることもできる。ハヴィガーストは，その内容として，単に①身体の成熟のみならず，②社会の要求や期待，③個人の価値観や期待など，から生じる課題を取りあげている。彼の発達課題には，一般的・普遍的な課題だけではなく，1930年代のアメリカの中流階級の民主主義思想に基づく課題も含まれていた。このように特定の時代・社会・文化を反映した課題であるからこそ，その当時の教育実践に有益であったともいえよう。

たとえば，①の要因からは，歩行，中年期の女性の閉経に対する適応など，②の要因からは，読み書きの学習，市民としての社会的学習など，③の要因からは，職業への準備や選択など，の課題が生じてくる。しかし，実際にはこれらの要因の相互作用から生じる発達課題もある。

2節　発達の様相

　身体・運動機能の発達を中心に，各発達段階の特徴を概観しながら人間の一生の全体像をみていこう。

1．胎生（胎児）期

　受精から出産までの約40週を「胎生期」という。厳密にいうと，胎児期とは胎児の形態を成してからをさすが，胎生期の意味で使われていることもある。この時期は一生のうちで最も急速に発達が進む。直径 0.2 mm の受精卵は細胞分裂を続けて，第3週には神経系の基礎ができ始め，心臓の鼓動も始まり，8週目には人間の形態ができる（胎芽期：受精後3週目〜8週目）。胎児になる（胎児期）と肥大成長も盛んになり，10週では頭臀長約 4 cm，体重 15 g 程だったものが，出生時には身長約 50 cm，体重約 3 kg にもなる。胎内環境の異常は胎児の形態や機能に決定的な影響を及ぼすことも多く，心身両面での母体の健康，薬物や放射能などの影響（荒井，1989）に十分配慮する必要がある。

2．乳児期

　出生から，歩き始め，ことばが出るようになり，離乳がほぼ完了するまでの1歳ないし1歳半を「乳児期」という。生後約1か月は，母胎内から胎外へという激しい環境の変化に対して，生命を維持するのに最小限必要な植物的機能を調整する時期で特に「新生児期」という。この時期は，胎生期に次ぐめざましい成長・発達を遂げる乳児期のなかでも助走の時期といえる。

　新生児の運動，たとえば，ほほえみや顔をしかめるなどの自発的運動は養育者をひきつけ，育児の実感や喜びを増大させ，また，口唇探索反射や吸いつき反射は母乳を吸うこと，モロー反射，把握反射は支えにしがみつくことの基礎となっている。このように自発的運動や原始反射は，無防御な状態を自動的に守っているが，大脳皮質などの成熟により数か月のうちに消失し，しだいに環境に適応した随意運動に切り替わっていく。こうして乳児は少しずつ身体を自分でコントロールしながらより複雑な運動ができるようになり，また養育者との情緒的な絆も形成される。

　乳児期はことばや道具の使用をはじめ他の動物にはみられない人間らしい発達を遂げる基礎固めの時期である。ヒトは「生理的早産」（Portmann, A., 1951）によって，きわめて早い時期から人間として育つのに必要なさまざまな刺激を豊

かに受けることができる。こうしてはじめて生得的に組み込まれている潜在的な可能性が発現され、いろいろな環境にも適応できるようになるのである。

3．幼児期

最も人間らしい行動である直立歩行と言語の開始、および離乳の完了する1歳ないし1歳半ごろから、小学校就学前までを「幼児期」という。

この時期は、身長よりも体重の増加が著しく、5歳で身長は出生時の約2.2倍、体重は約5.7倍となる。また、神経系、骨格、平衡感覚などの発達が著しく、2歳になれば、自由に走りまわり、跳ぶ、ぶら下がる、投げる、バランスをとるなど基本的な全身運動がほぼ完成する。手先の運動もしだいに器用さを増す。こうした運動機能の発達に伴って、幼児は日常生活に必要な能力を身につけるようになり、社会の側からもその年齢にふさわしい自立能力の獲得を期待される。すなわち基本的生活習慣の形成は自立の基礎であり、社会化への重要な過程でもある。これらのしつけにあたっては、養育者は、まずレディネスを考慮し、幼児のやろうとする気持ちを大切にし、たえず励ますこと、また同時に自分自身も行動の「モデル」として幼児に影響を与えていることを忘れてはならない。

4．児童期

小学校入学のころから第二次性徴が現われる前までの期間で、6，7歳から11，12歳までを「児童期」という。

児童期に入ると、身体の発達は比較的ゆるやかになり安定してくる。しかし、この期の後半から再び発達が著しくなる。とりわけ、小学校高学年から中学生にかけて一時的に女子の身長、体重、胸囲などが男子を上回る。これは、身体発達に性差があること、しかも女子が男子に比べて早熟であることを示している。

児童期は、疾病に対する抵抗力も増し、一般に死亡率が低く、健康面でも安定している時期ではあるが、近年、肥満、脊柱の側彎症など、児童の身体発達の歪みを示す症状が増加しており、適度な栄養と運動、十分な睡眠の必要性が指摘されている。

また、神経系の発達により運動の速度、正確さ、安定性、協応性などが培われ、ぎごちなかった幼児期に比べ、より洗練されたなめらかな運動ができるようになる。高学年になると筋力や持久力の強さを除いて、運動機能はほぼ成人と同程度にまで達する。

この時期には、日常生活に必要なさまざまな技能も習得できるようになるが、

これらの習得には，経験が必要である。最近では，ナイフや包丁の使えない子，雑巾の絞れない子も増えており，自立的な生活能力の低下が目立つ。生活者としての基本的能力を養うことはこの時期の重大な課題でもある。

5. 青年期

子どもから大人への過渡期で，第二次性徴の発現する11, 12歳ごろから24, 25歳までを「青年期」という。

小学校高学年から中学生ごろにかけて，急激に身体が発育し，また生理的変化も著しく第二次性徴が現われ，男女それぞれに特有な身体的特徴をもたらし，性的意識や異性への関心も高まる。こうした変化によって生じた戸惑いや不安が，青年前期にみられる感情や情緒の起伏の激しさに現われる。

青年期に入ると，筋力の増大により運動能力はさらに顕著に発達するが，性差も明らかになる。男子は一生のうちで最大の能力を発揮できるようになり，一方，女子の発達速度は緩やかになり，後半は停滞または低下を示す。

近年，先進国に共通にみられる傾向は，青年期の延長・長期化である。思春期といわれる青年前期は，発達加速現象によって低年齢化している。これに対して，青年後期は，社会生活の複雑化，高学歴化などによって大人になるのに時間がかかり，さらに長引く傾向にある。

6. 成人期（壮年期）

20代後半から60代前半くらいまでを「成人期（壮年期）」とすることが多い。一生の半分程の期間を占めるにもかかわらず，発達的変化を遂げた"大人"とみなされ，成人期以降の発達を問題にすることはほとんどなかった。しかし，最近では生涯発達の視点，高齢化社会の到来，社会情勢の変化によって，成人期は老年期と同様ますます注目されてきている。

筋力，瞬発力，持久力，平衡性，巧緻性，敏捷性，柔軟性といった運動機能は青年期にピークに達するが，これらを平均してみた場合，ピーク値を100％にすると，おおよそ30歳で90％, 40歳で75％, 50歳で60％, 60歳で50％ぐらいの機能に低下し，60歳の運動機能は10歳くらいの機能と同レベルである。ただし，握力，踏み台昇降，立位体前屈のように日常的に使っている部位の機能低下は少なく，トレーニングによって運動機能が向上するということを考えると，トレーニングや使用によってその低下はかなり防げるといえよう（岡澤, 1990）。

従来，成人期は，社会の中心として活動し，家庭をもち，子どもを養育する時

期といわれてきたが，高学歴化，少子化は，特に女子成人の価値観の多様化をもたらし自己実現と子育てとの葛藤を生んでいる（大日向，1977）との指摘もある。また，子育てが終わるこの時期の後半には，親たちは年老いた自分の親たちをどのように支えていけばよいのかという今日的問題に直面することもある。

7．老年期

　老年期はいつごろから始まるのか，と問えばさまざまな答えが返ってくることは容易に予想される。なぜなら，心身の老化の個人内差異も個人間差異もともに大きいことは，私たちが実感している事実だからである。老年期の始期年齢を一律に決めることは現実的ではないが，現在のわが国の退職年齢は一般に 60 歳，老齢年金支給開始年齢は 65 歳という社会的慣習を基準に，ここでは便宜的に 60 歳前半あたりから「老年期」としておこう。

　このころから老化のテンポは速くなり，身体は硬さを増す，ちょっとしたものにもつまずいたり，バランスを失ったりする，病気やけがの回復に時間がかかる，物忘れが激しい，本を読むのも時間がかかるなど以前に比べればため息をつきたくなることばかりかもしれない。しかし，これらの変化も発達に伴う特性だと考えて，受け入れ，自分を知り，スキナー（Skinner, B.F.）が実践しているように，それなりに工夫して生活していけば（Langone, J., 1991），現役の大人としての責任や義務から開放された分だけ，それだけ精神的にも自由に大いに楽しむことも可能ではないだろうか。ただ，積極的に自分自身の変化を受容したとしても，配偶者や身近な者の死，老親や配偶者の介護など避けられない問題はある。しかし，その反面，孫の成長，若い世代や同世代との交流はかけがいのない喜びとなる。

　言語的交流が少なく精神的健康のよくない高齢者であっても，話し相手をもち，交流を続けることによって，生活満足度や精神的健康度は向上し，自己を客観的に見つめることができるようにもなる（加知，1994，1995，1996 など）。

　老年期こそ心身ともにこれまでの生き方が問われる時期であり，豊かな老年期は自らつくるものだといえよう。

3 節　ピアジェの思考の発達理論（認知的発達理論）

　「子どもに教えるということはすべて，子どもがそれを創り出し，発見することを妨げることになります」（Bringuier, J.C., 1977）と晩年に語ったピアジェ

(1947) は，発生的認識論という独自の研究分野をうち立てた。知的活動は，基本的には生物的順応と同様に，生活体と環境との相互作用のもとに営まれると考えた。つまり発達のどの時期においても，生物的機能と同じように同化と調節の機能が働き，これによって新たな均衡が生まれ，より高次の適応が可能となると考えたのである。なかでも，思考の発達（認識の個体発生）の研究は，発達心理学，教育心理学に大きく貢献している。大人と子どもとでは，判断・推理・世界観が質的に異なるという見解（Piaget, J., 1964）は，さまざまな年齢の子どもとの臨機応変で自由な対話を中心にした彼特有の研究方法によって実証された。これは後に「臨床法」とよばれるようになった。

　ピアジェの思考の発達段階（図 2-1）に基づいて，各段階の質的差異に着目しながらそれらの特徴をみていこう。

＜感覚・運動期＞

　乳児期は，ピアジェの感覚・運動期にほぼあたる。この特徴は，乳児が見る，聞く，触れるなどの感覚と，つかむ，落とす，吸う，かむなどの運動によって外界を認知するということである。したがって 4 か月以前の乳児の生活空間は，吸うことによって構成される口唇空間，見ることによる視空間，聴くことによる聴空間，さわることによる触空間がバラバラに存在している。その後，前述の感覚機能や手の操作の発達により，5～6 か月ごろの乳児には，「見えるもの」に対して手を伸ばして「つかもうとする」など，感覚と身体運動の協応による目的的行動がみられるようになり，さらに移動能力が発達してくると，乳児は，興味をひく対象に近づき，つかむ，投げる，など積極的な探索行動を行なうようになる。12～18 か月ごろになると，ひもを引っぱって玩具を引き寄せるなどの試行錯誤的な問題解決さえできるようになる。このような乳児の外界への働きかけによって，以前はバラバラであった乳児の生活空間は，全体としてまとまり，1 つのものとなってくる。

　この過程で，乳児は後に出現する「保存」の概念の基礎となる「対象の永続性」（p.49 参照）を理解するようになる。これは，「ある対象が見えなくなっても，それが消えさり，なくなることはなく，存在し続けている」ということに気づくことである。たとえば，4 か月以前の乳児では，つかもうとした対象が布などで覆い隠されると，手をひっこめてもはやそれ以上探そうとせず，まるでその対象が消えてなくなったかのようにふるまう。ところが，4～8 か月ごろになる

と，対象の一部が覆い隠されただけであれば，それを見つけることができる。さらに8～12か月ごろになると，対象全体が覆い隠されて完全に見えなくなったときにも，布をめくって見つけだすようになる。つまり対象の永続性の理解が始まったことがわかる。

＜前操作期＞

幼児期は，「感覚・運動期」の終わりごろから「前操作期」にあたる。この期はさらに，「前概念（象徴）的思考期（2～4歳）」と「直観的思考期（4～7, 8歳)」とに区分される。

①前概念（象徴）的思考

感覚・運動期の終わりごろから，眼前にない事物や事象をイメージによって思い浮かべることができるようになり，象徴機能が発達してきて，前概念的思考期へと移行する。このころの幼児の遊びをみると，積木をケーキに見立てておいしそうに食べたり，ぬいぐるみといっしょにダンボール箱に入って，入浴のまねをするなど，いわゆる「ごっこ遊び」がさかんになっているのに気づく。ここには，ある事物や行為を類似したほかの事物で象徴する機能がはっきりと認められる。

4歳ごろまでの幼児の思考はこのような象徴による思考であり，真の概念的な思考とは異なっている。たとえば，「イヌ」ということばは必ずしも「イヌ」一般として用いられているのではない。それを，特定の犬（自分の家で飼っている犬など）に対してのみ使っていることもあれば，猫でも熊でも犬に似て見えるすべてのものに対して「イヌ」という場合もある。このように，この時期の概念は真の概念のような一般性や抽象性をもたず，幼児の個人的体験や個々のイメージに基づいているので「前概念」といわれる。

②直観的思考

前の段階に比べ象徴機能はさらに発達し，一般と特殊の関係も理解され始め，分類や関係づけもある程度できるようになる。しかし，このころの幼児の思考は事物の「みかけ」に大きく左右され，客観的で論理的な水準にまで達していないので「直観的思考」という。

直観的思考期にある幼児は，事物の外見や形状が変化しても，加減などの操作が加えられない限り，その本質的特徴（数，量など）は不変であるという「保存概念」ができていないので，みかけ上の変化にまどわされてしまうのである（図1-5参照）。

また，前操作期の特徴として「自己中心性（ego-centrism）」があげられる。幼児は自分の立場から離れて，客観的に事物の関係を判断することができず，すべてを自分の視点から考えてしまう。したがって，向かい合っている人の左右の位置は自分とは逆であること，自分以外の位置から見ると物の見え方が変化すること，自分の母親はほかの子どもにとってオバさんであることなどの理解がむずかしい。

　こうした幼児の自己中心性は，次のような幼児独特の世界観（外界についての認識の仕方）を作りあげている。

　アニミズム（animism）：無生物にも生命や意識があるとする考え方。
　実念論（realism）：夢にみたことや想像したものはすべて実在するという考え方。
　人工論（artificialism）：すべてものは人間の作ったものであるという考え方。

＜具体的操作期＞

　児童期は，ほぼピアジェの「具体的操作期（6，7歳～11，12歳）」にあたるが，初めのころにはまだ幼児期の思考の特徴である「自己中心性」が残っている。ところが，しだいにものごとを自分の立場から離れていくつかの側面から考えて判断することができるようになり，「脱中心化」がおこる。そして，具体的な事柄であれば，論理的思考もできるようになる。これが，「具体的操作」による思考である。

　たとえば，先の保存課題（図1-5，p.20参照）をこの期の児童に行なうと，A_1とBの液量は，「足したり，減らしたりしていない（同一性）から」，「もとに戻せば同じ（可逆性）だから」，「液面が上がった分，容器が細くなった「（相補性）から」，などの論理的な理由で"等しい"と判断する。これは，みかけが変化しても物の量，数，重さなどは一定であること，つまり「保存概念」の獲得を示している。具体的操作期には，このほか，分類や系列化もできるようになり，時間，空間，因果性の概念も確立するが，あくまでも具体的なものごとや事象についてであって，真の概念（さまざまな事物・事象から共通した本質的な性質を抽象した概念）による仮説・抽象的思考ではない。これが可能になるのは，「形式的操作期」である。

　具体的操作による思考から形式的操作による思考への変化の過程についてみてみよう。小学生に三段論法によって推理する問題（表2-1）を口頭で与えた。その結果，実際の自分についての判断の場合（問題A）だと，一年生で正答は

81.6％である。しかし，"あなたは"ではなく"太郎さんは"という第三者の立場での客観的判断を求められる（問題B）と，低学年では困難で，具体的操作期に入った3年生でも正解は63.1％であった。さらに，現実に反する仮説的な推理を求められる（問題C）と，3，4年生でもむずかしく，5年生の73.7％が正しく答えた。すなわち，児童後期ころから，現実に縛られずに仮定的な事象についても考えることができるようになり，形式的操作による思考へ移行しはじめていることがわかる。

表2-1 三段論法による推理の正答率（渡辺，1967） (％)

学年	問題A あなたは，ミカンとキャラメルではどちらが好きですか。（キャラメルです。）それでは，キャラメルとチョコレートではどちらが好きですか。それでは，あなたは何が一番好きということになりますか。	問題B 太郎さんは，ミカンとキャラメルではキャラメルの方が好きです。また，チョコレートとミカンではミカンの方が好きです。ミカンとキャラメルとチョコレートの中で太郎さんが一番好きなのはどれでしょうか。	問題C ネズミがイヌより大きく，イヌがゾウより大きいとすれば，ネズミとゾウではどちらが大きいでしょうか。
1年	81.6	27.9	
2年	96.0	32.5	12.6
3年	85.5	63.1	39.6
4年	92.5	72.0	49.3
5年			73.7
6年	93.0	84.7	86.6

＜形式的操作期＞

11，12歳ごろになると，「形式的操作期」に入る。これまでの現実的，具体的思考に加えて，「○○ということもあり得る」というように，直接経験したことのないものや事象についてもさまざまな可能性を同時に考え，しかも仮説演繹的に推論することができるようになる。

たとえば，物理学でいう「慣性の原理（運動の保存）」を考えてみよう。日常の生活では，球が水平面を転がるときにいつまでも永遠に転がり続けることはない。いろんな大きさや重さの球もどこかで停止する。ではなぜ「慣性の原理」が成立するのか，球の運動を妨げる要因は何か。これを解明するには仮説演繹的推理が必要である。まず，仮説を設定し，その検証実験によって，空気抵抗や摩擦による力が球の停止要因であることを突き止め，さらに，もしこれらの要因が働かなければ運動は永続的に保存されるはずであると結論づける必要がある。この

ように，目の前の事実に捕らわれるのではなく，眼前の事実を超えて演繹的・理論的にその原理を構築しなければならないような思考過程が形式的操作による思考の特徴である。

　ピアジェは形式的操作の完成期を11，12歳から15歳ごろと考えていたが，現在ではこの説には否定的な見方も多く，むしろ個人差があり，すべての青年がこのころに形式的操作に達するわけではないと考えられている。もちろんどの段階にも発達の遅速はみられるが，より高次の操作ほど個人差は大きくなる。また，すべての青年が形式的操作のレベルに達するかどうかについても1970年代以降否定的な見解が多くみられるようになってきている。ネイマーク（Neimark, E. D., 1975）はアメリカの青年・成人の30〜40％しか形式的操作による思考を示さなかったことから，幅広い事例に対する一貫した行動に求められるような論理的思考は，思春期に達したとしてもすべての若者が身につけるものだとは限らないと指摘している。ピアジェ（1972）自身も，形式的操作が可能な領域は人によってさまざまであり，その個人の慣れ親しんだ領域，たとえば大工であれば建物の構造やデザインに，法律家であれば哲学や法については形式的操作による思考をうまく活用できても，物理学など他領域の問題に対しては，たとえ学生時代にはできていたとしても，専門領域と同じ水準で論理的に考えることができないこともありうると述べている。

4節　エリクソンの心理社会的発達理論

　ハヴィガーストの発達課題という考え方について強い影響を与えたエリクソン（1902-1994）の発達理論（表2-2）について考えてみよう。
　エリクソンは次の2点で影響を与えたと考えられるが，同時に，それらは彼の理論の重要な概念でもある。今日，エリクソンの理論が注目されているのも，このような彼の考え方がわたしたちをおおいに魅了するからに他ならない。第1点誕生から死にいたるまでのすべての発達段階が人格の形成過程だと考え，これをライフサイクル（人生周期；life cycle）という用語で表わしている。第2点ライフサイクルは8つの段階に分けられ，それぞれの段階にはわたしたちが直面する特有の心理社会的危機があるという。「心理社会的危機（psychosocial crisis）」とは各段階に特有な2つの対立する力，たとえば，「信頼―不信」とか「自律―疑惑」などの緊張状態をさす。これらの拮抗する力のうち，信頼や自律

表2-2 エリクソンのパーソナリティ発達図式 (Erikson, E.H., 1959, 1982)

発達段階	心理・社会的危機	人格的な力 (徳)	重要な対人関係の範囲	中核的病理 基本的な不協和傾向
乳児期	基本的信頼感 対 不信	望み	母親	引きこもり
幼児前期	自律性 対 恥, 疑惑	意志力	両親	強迫
幼児後期	自主性 対 罪悪感	目的感	基本的家族	制止
児童期	勤勉性 対 劣等感	有能感	近隣, 学校	不活発
青年期	自我同一性 対 同一性混乱 同一性拡散	忠誠心	仲間集団 リーダーシップのモデル	役割拒否
若い成人期	親密性 対 孤独	愛	友情, 性, 競争協力の相手	排他性
成人期	世代性(生殖性) 対 停滞	いつくしみ (care)	分業と共同の家庭	拒否性
老年期 (円熟期)	自我の統合 対 絶望	知恵	人類	侮蔑

注): それぞれの発達段階に心理・社会的危機があるが, これをのり越えることにより人格的な力強さが備わっていく。

などパーソナリティ形成を順調にうながす力が，不信や疑惑など健全な人格形成を阻害する力を制すれば発達は順調に進むが，逆の場合には，その発達段階のみならず，その後の発達に障害がもちこまれるというのである。さらに，ある段階の危機を最終的にはうまく克服できれば，それが次の段階への準備となり，その段階の危機をもうまく解決できる可能性が高いと考えている。したがって，エリクソン自身は発達課題という用語こそ用いていないが，各段階の心理社会的危機の解決は，まさに一連の発達課題ととらえることができる。

エリクソンの理論（表2-2）に基づいて，1人の人格的存在として個々人が生涯にわたってどのようにパーソナリティを形成していくのかを概観しよう。

〈乳児期〉

パーソナリティ発達の基礎は「信頼」である。なぜなら，もしわたしたちが自分自身や世の中を信じることができなければ，わたしたちは明日に望みをかけたり，将来に期待を抱いたりすることはできないのではなかろうか。このような生きる力の基本となる信頼は，いったいどのようにしてわたしたちのなかに育つのか考えてみよう。

人間は発達の可能性に満ちてはいるが，あらゆる生物のなかでもおそらくいちばん手厚い保護や世話を必要とする未熟な状態で生まれてくる。このような乳児にとって，生理的欲求を満たし，情緒的安定をもたらしてくれる母親（必ずしも血縁上の母を意味しない）の存在はかけがえのないものにちがいない。こうした母

親との暖かく適切な触れ合いのなかで，乳児は，自分をとりまく世界が自分を受け入れていることを実感し，乳児自身もまた自己および外界を安心して受け入れるようになる。このようにして，「基本的信頼」を獲得すれば，乳児はその後も新しい体験を積極的に受け入れることができるようになる。

　もちろん，母親といってもごくふつうの人間であれば，子どもに対していつもいつも適切で十分な対応をしているとは限らないが，乳児期を通して，乳児が心身ともに満たされるという信頼感を培う体験をどのくらい蓄積するかによって，この期の危機を克服する程度が決定されるといえよう。図2-2は信頼―不信の力関係とそれによって生じるパーソナリティへの影響を示している。

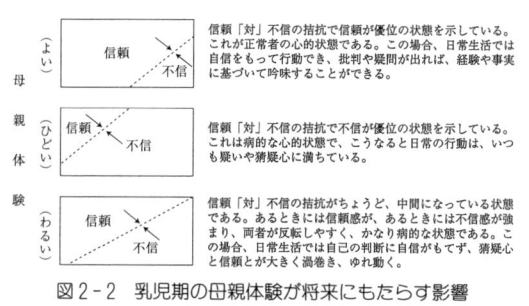

図2-2　乳児期の母親体験が将来にもたらす影響
（鑪，1977，1986）

　このように説明すると，乳児は母親だけに影響され，乳児のパーソナリティ発達の責任はすべて母親にあるように思う人がいるかもしれないが，もう少し考えを進めてみよう。確かに心が安定し，幸せを感じている母親に抱かれて育つ場合と，いつもイライラしていたり，1人で悩み，孤独であると感じている母親に世話をされる場合とでは，信頼を育むうえでも明らかな違いが生じてくることは容易に理解できよう。しかし，その母親の心の状態は，彼女自身だけではなく，夫をはじめとする周囲の人々との対人関係にもたぶんに左右されていることを忘れてはならないし，母親のみに過大な責任を負わせることは，かえって母子関係に悪影響をもたらす場合もあることを考慮しなければならない。

　図2-2の信頼―不信の力の関係は，これに続く7つの心理社会的危機で拮抗する2つの力にも同様にあてはめて考えることができる。表2-2中の重要な対人関係，つまりその期にいちばん影響をうける人物とのかかわり方によって，2つの力の均衡状態が異なってくる。その際，どちらの力が優位になるかが危機の克服の成功，失敗を決定する。さまざまな体験を経ながら最終的にうまくいけば，

この期にふさわしい人格的な強さを得ることができ，好ましい結果が得られるのである。

〈幼児前期〉

もっぱら保護を受ける存在であった乳児期を経て，子どもがよちよちと歩き，ことばを話すようになると，親はその子に対して今までのようになんでも受け入れるのではなくて，その社会に求められる，排泄をはじめとする基本的な生活習慣を身につけさせようとする。親が，幼児の自分でやろうとする気持ちを尊重しながらしつけを行なえば，幼児は親の禁止や命令に従っていながらも，自分の意志で自分の欲求をコントロールしていると感じることができ，「意志力」が生じてくる。こうなれば，自分の欲求をコントロールしながら，喜びや自信をもって社会に受け入れられる行動様式を身につけていくようになり，「自律性」が育つ。

しかし，たとえば，幼児が排泄の失敗などをあまりきびしく叱られると，幼児はとても恥ずかしい思いを体験し，これがたび重なると，自分は何もできないのではないかと自分の能力に「疑惑」をもつようになる。また，このような思いやりのないしつけは，幼児に自分が他者に一方的に支配されているという感覚を植えつけることにもなりかねない。したがって，しつけにあたっては，支配的であったり，過干渉にならないように十分な配慮が望まれる。

〈幼児後期〉

信頼と自律性を獲得した幼児は，好奇心と活動力に満ちあふれ，失敗を恐れず，自ら積極的に何でもやろうとするようになる。ところが，自分の思い通りにばかりしようとすると，どうしても遊び仲間や親との間に争いや衝突が多くなる。このとき，負けて相手を憎んだり，逆に，やり過ぎて罪を犯したのではないかと不安を感じたりして「罪悪感」を抱く場合もでてくる。しかし，こうした体験を経て，幼児はしだいに「して良いことと悪いこと」の区別ができるようになり，自分なりの目標を心に描き，それに向かって目的的に行動していく力をもてる（目的感）ようになる。こうしてはじめて本当の意味での「自主性」が培われていく。

このころによく観察されるごっこ遊びをみても，幼児は大好きな身近な人々の社会的な役割行動を積極的に自分のなかに取り入れ，男らしさ，女らしさなど社会に期待されるさまざまな行動を身につけはじめていることがわかる。

〈児童期〉

就学すると，児童は仲間との集団生活から現実的な面により関心を向け，自然

や社会への興味も広がってくる。その興味，関心をバネに新しいいろいろな知識や技能を身につけ，さまざまのものを生み出せるようになる。この過程で，何かをやり始めると，それに打ち込み，やり抜く喜び（有能感）を味わうことができるようになり，「勤勉性」が育っていく。ところが，いつも完成する喜びをたやすく手に入れることができるとは限らない。多少の困難に対しても，がまん強く努力や練習を積んで，やっとの思いで完成させることができれば，喜びは計り知れないものとなり，自分にもできるという「有能感」がますます高まってくる。しかしその反面，努力の過程ではなく結果のみが重視されたり，失敗の体験があまりにたび重なったりすると，何に対しても打ち込んだり，やり抜こうとする気持ちが育たず，逆に「劣等感」が募ってくることにもなりかねない。したがって，身近な大人，特に教師の理解ある適切な対応が求められる。

〈青年期〉

わたしたちが人間としていちばん望むことは，自分の人生を自分らしく主体的に生きることではないだろうか。そして，本当に自分らしい，自分の人生を歩んでいるかどうかを判断できるようになるのは，少なくとも「自我の発見」，つまり自分についての客観的な認識をもてるようになってからでる。

もうすでに，「自分らしい」という表現を何度か使っているが，なるほど「自分らしいなあ」「これが自分だ」という確信は，わたしたちにどれほどあるだろう。「自分は何なのか」という問いに対する答えは，真剣に問えば問うほど，あるときはより曖昧になり，おそらくは，生きている限り，一生問い続けるものであろう。しかし，そうではあっても，人間は核として一貫した自分がなければ，不安定な宙ぶらりん状態となり，自分の根をはるべき場所がわからなくなってしまう。「自分が確かにほかの何ものでもなく自分自身である」という実感の基本となる自分を見いだし，自らを確信するのが，青年期，特にその後期の課題である。これが「自我同一性（ego identity）の確立」である。

自我同一性の形成過程は，「時間性」と「空間性」の2つの面からみていくことができる（図2-3）。

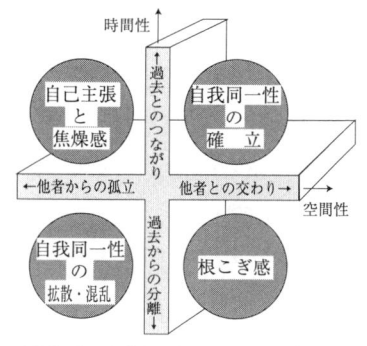

図2-3 自我同一性の時間軸と空間軸
（鑪，1986）

時間性とは，自分が生まれてからこれまで，どう育ち，どう生きてきたか，そのつながりの必然性，関連性をどう自分が受け止めているか，という問題である。わたしたちは，良くも悪しくもいろいろな意味で，過去をそれぞれに背負っている。しかも，その過去の上に現在の自分があるのであって，いかに嫌な過去であっても，それから逃げたり，それを消し去ったりすることはできない。この事実を自覚し，現在の自分が過去に根ざし，その過去の上に今の自分がしっかりと築きあげられているという意識と確信があって初めて，自分の将来が見通せるようになる。しかし，わたしたちは実際には，程度の差こそあれ，過去から逃れようとしたり過去とのつながりを断ち切ろうとしたりすることもある。こうなると，自分で自分自身がわからなくなり，不安になる。これが図2-3の過去からの分離の状態である。これが極端になると，病的な状態になることもある。

　空間性は，自分と他者とのヨコの関係を示す。他者と交わるなかで，おたがいの経験の共通性を認めるとともに，それぞれの独自性をも認めることができれば，「自分は自分であり，他者は他者である」という，おたがいどうしを認め合ったうえでの暖かい絆ができる。そうなれば，自分も他者をも同時に受け入れ，生かし合うことができるようになる。

　このようなヨコの関係を保ち，しかも自分が過去に根ざしていると自覚したとき，初めて自我同一性が確立される。しかし逆に，たとえば，過去の自分と現在の自分のつながりをつかめず，しかも自分と他者との区別がつかなくなって，自分が他者に呑み込まれてしまうのではないかと恐れて，自分の殻にとじ込もってしまうと，同一性はまったく混乱してしまうことになる。

　もちろん，ほとんどの青年は，多かれ少なかれ，同一性の混乱を経て「自分らしい自分」つまり同一性を確立していくのであるが，現代社会では，そのためにかなり長い期間を必要とし，その間しばしば大人としての義務や責任をはたすことを免除された状態にあるので，これをエリクソンは「モラトリアム（猶予期間；moratorium）」とよんだ。

〈若い成人期〉

　親をはじめ多くの人々の愛と慈しみを受けて成長し，仲間と触れ合うなかで自我同一性を確立した若い成人は，モラトリアムを脱する。いよいよ児童期の依存性を乗り越えて，大人としての出発の時が来たのである。自ら仕事や家庭をもつことを望み，親密な関係が保てる異性の相手を求めるようになる。おたがいに自

分をすべてさらけ出し，良い面，悪い面，不完全性を認めながらも尊敬でき，相互に補い合ってより良い2人になること，自分をなくして一心同体になるのではなくて，個々が自分を失わずどちらかの犠牲になることもなく，それでいて打ち解け合うこと（愛）ができれば，「親密性」が達成できる。青年期での自我同一性の確立つまり"ほかの何ものでもない自分"があるからこそ，他者と対等にかかわること，愛し合うことができ，この課題をこなせるのである。

「親密性」が獲得されると，公私にわたり自分の能力を惜しみなく出すことが可能となる。対人関係もより開かれていき，夫婦に限らず，おたがいを認め合い信頼に満ちた仲間や友人，親類などの関係が質的に豊かになる。

このような2人がつくる家庭で，子どもが育てば，その子も自然のうちに生きるという根源的な意味を体得するに違いない。子育ての再生産のもつ意味の深さ，よくない場合にそれを断ち切ることのむずかしさが歴然としてくる。だが，人間は考える葦であり，1人ではなく，社会に生きている。問題に気づき，問題から逃げずに前向きに解決に取り組もうとすれば，おのずと道は開かれるように思われる。"学ぶ"ということは，最終的にはそのような力，前向きに生きる力を身につけることではないだろうか。

〈成人期〉

成人期の発達課題である「世代性（エリクソンの造語 genarativity の訳で生殖性とも訳されている）」は，親として子を世話し，育てる，あるいは親世代として次の世代を育てることを意味している。

"教師の資質は？"と考えると，教師として生徒を世話し，育てるためには，まさにこの「世代性」が不可欠な資質であることがわかる。つまり，"教育という仕事は，精神発達的に，完全に成人の仕事であり，心理学的に成人の段階まで成熟していない教師は，生徒との教育的関係を，この世代性という次元で保つことがむずかしい（鑪，1977）"のである。もちろん教師になれば即座に「世代性」が発揮されるというわけはない。自分が日々生活し，その積み重ねのなかで体験を生かしながらよりよく生きようとする以外に，教師に必要な資質を高める道はない。「世代性」を発揮するのにもまた同じ道のりが必要なのである。

親が子育てを通して親自身も成長していけるように，教師もまた生徒とのかかわりのなかで，自分自身を教師として人間として高めていくことができる。したがって，親や教師は，相手を一方的に育てようとするのではなくて謙虚に自分を

みつめ，自分も子どもや生徒に育てられていることを自覚したとき，たがいに育ちあう関係が成立する。こうしてはじめて，親と子，教師と生徒との関係は豊かな生かしあう関係になってくる。

⟨**老年期（円熟期）**⟩

　高齢期の発達観に対して最初に明るい光をあてた人はエリクソンである（今泉，1994）。それは彼が老年期を円熟期とみていることからも明らかである。

　今までの人生を振り返り，"あの時はああすればよかった，こうすればよかった"と後悔するのではなくて，"うまくいかないこともあったが，失敗や失望にもなんとか自分を適応させてやってきた"と，肯定的に自分の人生を省みることができたとき，すなわち，自分が生きてきたすべてをそのまま受け入れることができたとき，「自我の統合」が達成される。こうして老いつつある自分をあるがままに受容できる力（知恵）を得ると，人生は最終段階としてのまさに円熟の時となる。死を自分という個を超越した人類という視点からとらえることができ，あるべき現実として受け入れることが容易になる。

　人生なかばからは，親や祖父母の世代の残してくれたものが自分のなかに息づいていることを自覚し，思いを深くすることがある。しかも，年を重ねるとこの体験が多くなるようにも思われる。これも個を超えて人類という大きな枠組みから自分の人生をみるための準備の1つなのかもしれない。

　エリクソン（Erikson, E.H., 1964）は世代の循環について，次代に引き継がれて終わる世代の循環と，それ自体で終わりを遂げる個人の生涯があると述べている。自己の精神が次の世代に受け継がれていくことを信じる知恵によって，死がすべての終わりとはならず，人類の流れのなかに昇華されうることに思いいたれば，人生は最高であろう。

　最後に，河井酔茗（1887〜1965）の「ゆずり葉」を引用しよう（表2−3）。"大人"としての若い世代に対する深い思い，さらには世代の循環がみごとにうたいあげられているではないか。この詩を前にして，現在の大人たちのいったい何人がこのように若い世代に胸を張って自分の行なってきたことを誇れるのだろうかと，恥じ入る気持ちで一杯になる。「今どきの子どもは」と子どもたちが問題であるかのように指摘する風潮もあるが，大人がもっと自分自身の生き方を考えるべきなのだと思われてくる。

表2-3　世代の循環を表現した詩の例（河井，1958）

ゆずり葉

子どもたちよ
これは ゆずり葉の木です
このゆずり葉は
新しい葉ができると
入れかわって古い葉が落ちてしまうのです

こんなに厚い葉
こんなに大きい葉でも
新しい葉ができるともうそうに落ちる
新しい葉に命をゆずって——

子どもたちよ
おまえたちは何をほしがらないでも
すべてのものが おまえたちにゆずられるのです
太陽の回る限り
ゆずられるものは絶えません

かがやける大都会も
そっくりおまえたちがゆずり受けるのです
読み切れないほどの書物も
みんなおまえたちの手に受け取るのです
お幸福な子どもたちよ
おまえたちの手はまだ小さいけれど——

世のおとうさん，おかあさんたちは
何一つ持ってゆかない
みんなおまえたちにゆずってゆくために
命あるもの，よいもの，美しいものを
いっしょうけんめいに造っています

今，おまえたちは気がつかないけれど
ひとりでに命は延びる
鳥のように歌い
花のように笑っている間に
気がついてきます

そうしたら子どもたちよ
もう一度，ゆずり葉の木の下に立って
ゆずり葉を見る時が来るでしょう

（河井　酔茗）

注）：引用に際し，旧かなづかい等を改めた。

【用語解説】

同化（assimilation）**と調節**（accomodation）：ピアジェ（Piaget, J.）の用語。生活体が環境に適応していくときに，自己のもつ行動様式（シェマ）に合うように，環境を変えて自己に取り入れることを同化，環境の変化に対して生活体が自己の行動様式（シェマ）を変えて，それまでの行動様式に代わる新しい行動様式によって環境に適応することを調節という。ピアジェによると，発達とは同化と調節によるより高い均衡化への過程，つまりより高次のシェマ（感覚運動的シェマから形式的シェマ，操作的シェマ）への変化である。

心理社会的危機（psychosocial crisis）：エリクソン（Erikson, E.H.）の用語で，人がそのライフサイクルの中で，次の段階に進めるのか，逆行するのか，あるいは横道に外れて進むのかといった「分岐点」をさす。ここでの危機とは，いわゆる危険な状態ではなく，発達のための決定的な契機として不可欠なものであり，人格発達の過程で生じる正常な緊張状態を意味する。心理社会的危機をうまく越えられず人格発達が順調でない場合でも，その欠陥を後の段階で補ったり修正したりできるし，各段階で培われる力もその段階だけではなく後からでも獲得できるという。

発達加速現象（acceleration of growth）：青少年の身体発達が時代とともに，加速的に低年齢へと前傾し，年々早く成熟レベルに達するようになる現象をいう。身体，体重，胸囲，などの成長増加にみられる「成長加速」と，永久歯の発生，初潮年齢，精通初発年齢などの時期が前傾する「成熟前傾」とがある。発達加速現象は，幼少期を短縮し身体面の発達に精神面の発達が追いつかない状況や思春期の成長発達の個人差の拡大をもたらした。先進国に共通するこの現象も，最近では加速のスピードが鈍りはじめ，成熟の前傾もほぼ頂点に達したとみられている。

リビドー（libido）：本来はラテン語で『欲望』という意味であるが，フロイト（Freud, S.）は，人間のさまざまな行動の原動力は生得的な"性的エネルギー（性的衝動・性欲）"であると考え，これをリビドーと呼んだ。リビドーは乳幼児から口唇期，肛門期など，一定の段階を経て発達し，リビドーが満たされる身体的部位も口から肛門などへと発達とともに移行する（図2-1）。

[理解を深めるための参考図書]

ブランギエ, J-C./大浜幾久子(訳)　1985　ピアジェ晩年に語る　国土社

服部祥子　1989　子どもが育つみちすじ　朱鷺書房

井上剛輔(監訳・解説)　安次嶺佳子(訳)　1992　エイジング―老いについて私たちが知っておくべきこと―　ほるぷ出版

鑪幹八郎　1986　エリクソン, E.H.　村井潤一(編)　発達の理論をきずく　別冊発達4　ミネルヴァ書房

3章 知覚と記憶の発達

1節 乳児期の知覚

　知覚とは，感覚器官を用いて身のまわりの状態に関する情報を取り入れ，周囲のようすや自分自身の状態を知る働きである。古くから「五感を働かせる」と言うように，私たちの身体には，目，耳，鼻，舌，皮膚という5つの感覚器官が備わっている。これらの感覚器官はそれぞれ視覚，聴覚，嗅覚，味覚，触覚とよばれる感覚・知覚機能をもち，外界の情報の取り入れ口となっている。人間は知覚機能によって取り入れた情報を基にしてさまざまな精神活動を営む。知覚は，知的能力が働き始めるための契機を与える重要な働きなのである。

1．嗅覚，味覚および触覚の芽ばえ

　これらの感覚・知覚機能は，発達の初期段階からすでによく働いている。新生児でも，母親の母乳のしみこんだパッドの方向に顔を向ける。また，甘い，酸っぱい，苦いという基本的な味に対して異なった反応を示し，酸っぱいものや苦いものはあまり飲もうとしない。砂糖水のような甘いものを好むが，単に甘いものよりも母乳のほうがもっと好きである。さらに，ミルクの温度が高すぎても低すぎても飲もうとせず，10℃～15℃以下の冷たさに対しては，はっきりと拒絶する反応を示すという。

2．聴覚の芽ばえ

　受精後母胎内で育つ時期を胎児期というが，その8か月ごろから聴覚機能が認められる。乳児は生まれつき吸啜反射（唇にふれたものを吸おうとする反応）を示す。この反射を利用して乳児の聴覚を調べる研究がいくつか行なわれている。正高（1993）は，乳児に母親と見知らぬ女性たちの声を聞かせ，聞き分けることができるかどうかを調べた。吸啜回数を計測できるようにした乳首を乳児に与え，乳児の知らない女性Aの声で話を聞かせる。このとき乳児の吸啜回数は最初はかなり多かったが，Aの声をさらに聞かせ続けたところ少しずつ減っていった。吸啜回数が少なくなったころを見計らって，Aの声から母親の声に変えると，吸啜回数が急に増えた。ところが，Aから別の女性Bの声に変えても，吸啜回数には変化がなかったのである（図3-1）。吸啜回数の増加は，乳児が状況の変化に気

づいたことを示すと考えられる。この実験結果は，乳児が母親の声だけを特別なものとして他人の声とは区別して知覚しており，母親の存在を声でとらえることができるということを明示している。

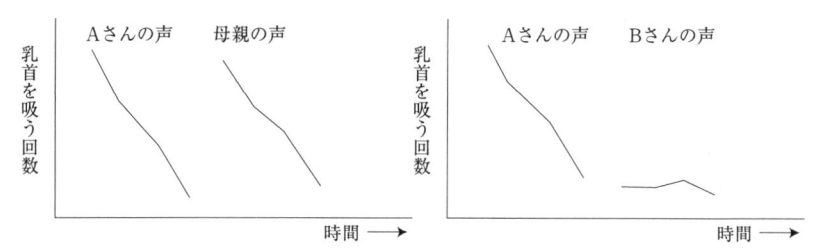

図3-1 母親の声と未知の女性の声に対する乳児の吸啜反応の変化（正高，1993）

3．視覚

人間が外界から情報を取り入れるとき，最も頼りにしている視覚能力は以前考えられていたよりも早くから発達しているようである。生後4日目で30 cmの距離から視力0.04を測定できたという報告もある。

⑴視覚的好み

一般に，人間は見慣れたものよりも目新しいもに注意を引きつけられる。生まれて間もない子どもにとって，周囲の人や物はすべて同程度の目新しさと物珍しさをもつと考えられる。にもかかわらず，乳児にはよく見ようとする物とあまり見ようとしない物とがある。ファンツ（Fantz, H.L., 1961）は6か月ごろまでの子どもに図3-2のような図柄を2枚ずつ見せて，それらに対する注視時間を測った。その結果，生後48時間以下の新生児でも，無地（単色）よりも模様のある物，そしてパターンが複雑な物へとしだいに注視時間が長くなり，人間の顔

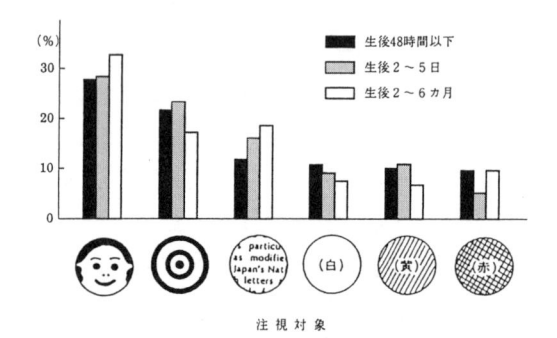

図3-2 図形パターンに対する乳児の好み（Fantz, R.L., 1961）

に似せた図柄に対する注視時間が最も長かった。この結果は，生後間もないころからパターンの弁別ができるということだけではなく，自分自身の生存にとって必要不可欠な人間を他の物と区別する能力がほとんど生得的に備わっていることをも明示している。こうした視覚能力が人間に対する関心を強め，社会性の発達をうながすと考えられる。

(2)奥行き知覚

　ギブソンら（Gibson, E.J. et al., 1960）は，視覚的断崖装置（図3-3）による実験を行ない，ハイハイが可能になる生後6か月ごろには奥行き（高さ，深さ）の知覚ができることを示した。この装置は，半分は透明のガラス板のみ，残り半分は模様のあるカーペットを敷いた広い台である。ガラス板の真下の床にも上と同じ模様のカーペットを敷き，台のガラス越しに床の模様が見える状態にしてあった。この台の模様のある側に生後6か月ごろの子どもをのせ，ガラス板のみの側に立った母親に子どもを呼んでもらった。カーペット側からガラス板側に子どもがはってくるとき，もし奥行きの知覚が可能ならば，両面の境目から先に進む行動にためらい（困った表情をする，泣く，後戻りするなど）が生じるはずであると予想された。実際，多くの子どもは予想通りの行動を示した。すなわち，6か月ごろから奥行きを感じる力をもっているのである。またキャンポスら（Campos, J. et al., 1970）は，生後2，3か月の乳児を上のような視覚的断崖装置のガラス面とカーペット面に寝かせて心拍数を測った。その結果，ガラス面に寝かせた場合の心拍数が明らかに多かった。このことから奥行きを感じる力そのものは生後間もないころから存在することが示された。

図3-3　視覚的断崖の装置（Gibson, E.J. et al., 1960）

4. 複数の機能の連携の発達

以上，知覚機能の発達について個別に見てきたが，現実には，感覚器官はおのおのが単独で働くよりも，複数が同時に働くことのほうが多い。また，実際に行動するには，運動器官との連携が必要である。こうした複合的能力もかなり早期から備わっていることがわかっている。

(1) 感覚の統合

極端なことをいえば目隠しをしていて何も見えない状態であっても，私たちはその物の味やさわり心地，音などからそれが何であるか，どのような形であるかを判断することができる。この事実は，1つの感覚によって得た情報が他の感覚へと伝達されていることを意味する。感覚の統合とは，このように異なる感覚間でたがいに情報の交換ができている状態を指す。乳児でも，触覚で得た情報を視覚に伝え統合することができることが明らかにされている。

(2) 運動と感覚の協応

対象に手をのばしてそれをつかむという行動は，私たちが日ごろよく行なう行動である。とても簡単な動作のようであるが，この行動が正確にできるためには，まず対象の位置や大きさ，距離を視覚の働きによって確認し，次に手をのばす，つかむという身体の動き（運動）をその情報に適合した形で起こさなければならない。感覚と運動の協応とは，このように感覚の働きと運動が相互に連絡をとり合うことを指す。乳児期の初期においても，他者の表情の変化や手の動きをまねるかのような行動が起こることがある。これは共鳴動作あるいは原初模倣とよばれる現象で，感覚と運動を協応させる力が出生後早期から存在することを示すものである。

2節　幼児期・児童期の知覚

1. 幼児の相貌的知覚

幼児は自己の世界と他者の世界を区別することができないために，主観的で感情的な見方をしがちである。無生物を自分と同じように生命のあるものに見立てたり，植物を自分と同じように主体的に動くものに見立てたりすることもしばしばある。このような主客未分化な知覚の特徴を，ウェルナー（Werner, H.）は相貌的知覚（physiognomic perception）とよんだ。この特徴は，お茶わんが割れたのを見て「お茶わんがかわいそう」といったり，落葉が風に吹かれるのを見

て「葉っぱがかけっこしている」と言うことなどに表われる。

2．大きさの知覚

　大小や長短を比較し判断する力は，1歳ごろにはすでに芽ばえているようである。田中ビネー式知能検査の課題にある大きさの比較判断課題を行なうと，2歳では半数以上の子どもが，3歳を過ぎるとほとんどの子どもが正しく答えるという。しかしながら，水の量，場所の広さ，物の重さなど，より複雑な対象の知覚は幼児期から児童期中期にかけて徐々に発達する。

3．知覚の恒常性

　対象物を見る距離や角度，光のあたり具合などによって，目に映る像は劇的に変化する。それにもかかわらず，私たちは脳の働きにより，そうした変化をあまり感じることなく，安定した状態で知覚することができる。このような力を知覚の恒常性といい，中でも物体が近くにあろうと遠くにあろうと，同じ大きさのものであれば同じに知覚する傾向のことを，大きさの恒常性とよぶ。大きさの恒常性は2歳児でもほぼ獲得されている。形，色，明るさの恒常性の獲得は，児童期に入ってからである。

4．部分と全体の未統合

　図形を記憶するように指示したときの眼球運動をアイカメラで記録すると，3

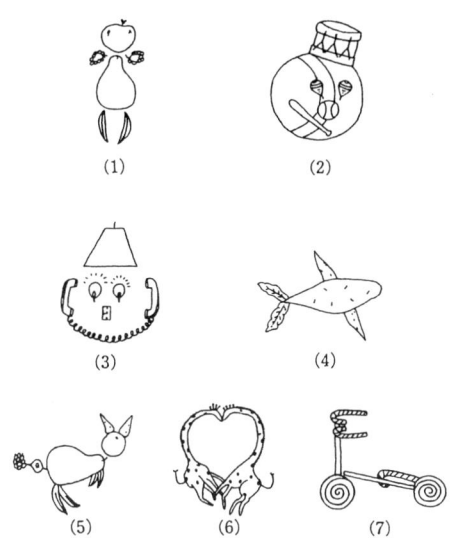

図3-4　絵画統合テスト（Elkind, D. et al., 1964）

歳児では輪郭をとらえようとしていないのに対し，6歳児では輪郭をたどって全体をとらえようとする。また，図3-4のような図形を4歳から9歳の子どもに提示したところ，8〜9歳児は，たとえば，(5)の絵を「果物でできた動物」と答えるが，4歳児では，果物の名前か犬などの動物の名前のどちらかだけ答える傾向にある。これらは，部分と全体の統合の知覚が幼児期から児童期にかけて発達することを示している。

5．方向知覚

　幼児は絵本を逆さまに読んだり，文字（絵）を逆さまに書（描）いたりすることがある。これは幼児期には方向の知覚が十分に行なわれないためであると考えられており，そのことを実験によって確かめた研究もいくつか報告されている。たとえば，勝井（1971）は，図3-5に示した8つの図形の中から，別に提示された1つの図形と同じものを探す課題を幼児期から児童期にかけての子どもに与え，方位の混同の程度を調べた。その結果，上下の混同は少ないが左右の混同が多いこと，方位知覚は7〜8歳ごろに完成すること，などが示された。

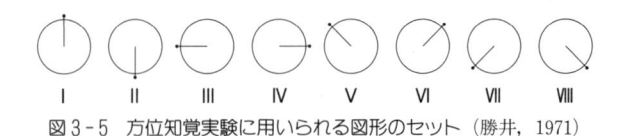

図3-5　方位知覚実験に用いられる図形のセット（勝井，1971）

3節　記憶の発達

　過去に経験したことを必要に応じて思い出す働きを記憶といい，その過程は，記銘（覚える；memorization），保持（覚えておく；retention），想起（思い出す；remembering）の3段階に分けられる。基本的な記憶能力はかなり早期から備わっているが，記憶の方法とその内容は年齢を追って大きく変化する。幼児期までの記憶は無意図的なものであり，特に覚える努力はしていない。会ったことのある人が異なる色の洋服を着ただけで初対面のようにふるまうことがあるのもそのせいである。児童期に入ると，しだいにものを覚えようとする意図が働くようになる。こうした視点から，子どもの記憶の発達の道筋をたどることにする。

1．慣れ

　同じものをくり返し見せると，乳児はやがて目をそらすようになる。慣れ（habituation）と呼ばれる現象である。慣れが起こるということは，見たものを

記憶しているということである。慣れの現象を数量化してとらえるためには，同じものへの注視時間と異なるものを見せたときの注視時間を比較するという方法がとられる。この方法により，生後2か月ごろには慣れが起こることが確認されている。

2．対象の永続性

生後6か月ごろまでの乳児は，物体が視野から消えても，それを探そうともしない。これは，対象の永続性（object permanence；知覚の場に存在しなくても対象は存在し続けるという信念）ができあがっていないからと考えられる。対象の永続性は反復的な日常経験によってやがて形成される（表3-1）。たとえば，ある乳児がイナイ・イナイ・バーを喜ぶようになったとすれば，この乳児には対象の永続性が成立していると考えることができる。

表3-1 対象概念の発達段階（Bower, T.G.R., 1974）

段階	月例*	成功経験の例	失敗経験の例
I	0～2	物を隠しても反応として特別な行動はみられない。	
II	2～4	物が動いてスクリーンの後ろに入っていくのを追跡することができる。動く物を追跡することができる。	物の動きが止まってからもそれを追い続ける。物が新しい場所で動いているのを見てもその物を前に見ていた場所で探す。
III	4～6	第II段階で見られた追跡の誤りをおかさない。一部分が布で覆われた物を見つけることができる。	全体が布で覆われてしまった場合には，物を見つけることができない。
IV	6～12	布の下に完全に隠された物を見つけることができるようになる。	物が隠された場所を見ていたにもかかわらず，以前に見つけた場所を探す。
V	12～15	第IV段階で見られた場所の誤りをおかさない。	見えない所で物が置き換えられると対応できない。
VI	15～18	完全に成功する（物がどこにどのように隠されても見つけることができる）。	

注）：*これらはおよその月例であり，かなりの個人差がみられる。

3．想起方法の発達的変化

記憶の想起のおもな方法として，再生（recall）と再認（recognition）がある。ここでは，この2つの想起方法の違いを明らかにし，両者の違いと関連づけながら子どもの記憶の発達過程をたどることにする。再認とは，目の前にある事象が過去に接したものであるか否かを確認する働きである。一方，再生とは，記憶し

た内容を思い浮かべたり，声に出したり紙に書いたりして再現する働きである。
(1)再認的記憶
　再生するためには，目の前に存在しないことをイメージやことばを用いて表現しなければならない。このため，イメージやことばがまだ十分に発達していない乳児の記憶は，ほとんどが再認的記憶ということになる。
(2)再生的記憶
　生後6か月ごろから，限られた範囲であれば再生することもできるようになる。たとえば，母親がいなくなったときに後を追おうとするするのは，そこにないものを思い浮かべること，すなわちイメージすることができるという意味での再生的記憶の表われである。幼児期前半には再認的記憶が中心であるが，イメージする力やことばが発達するにつれて，再生的記憶も徐々に発達する。幼児期後半になると，記憶内容を再生することができる子どもがかなり多くなる。大人が自分の子どものころのことを思い出そうとするとき，3歳以前のことはなかなか思い出せないが，4～5歳ごろのことになると，かなり思い出せるのはこのことと関係があるのかもしれない。

4．記憶方略の発達
　記憶方略とは，記憶を主体的に取り扱う手段，すなわち効率的にものを覚える方法のことである。小学校に入学してしばらくすると，記憶しようとする事象をくり返し言ったり書いたりするようになるが，5歳児ではこのようなことを自主的に行なうことはできないし，たとえ訓練しても長続きしない。したがって，幼児期の記憶はほとんどが無意図的，偶発的記憶である。児童期に入ると，記憶がしだいに意図的なものになり，さまざまな記憶方略（mnemonic strategies）を習得する。最も基本的な記憶方略として，リハーサルをあげることができる。

(1)リハーサル
　リハーサル（rehearsal）とは，覚えようとする事象を頭の中で思い浮かべたり声に出したりすることを何度もくり返すことである。私たちは日ごろ，記憶を確かなものにするために当然のようにリハーサルを行なっているが，何歳くらいからそれが可能になるのだろうか。リハーサルの発達については，フラヴェル（Flavell, J.H.）らの体系的研究がある。
　フラヴェルら（Flavell, J.H. et al., 1966）は，幼稚園児（5歳），小学2年生（7歳），小学5年生（10歳）に，具体物の絵を7枚見せて，そのうちの3枚

を覚えておくように指示した。その後，想起テストまでの15秒間に，子どもがどんな行動をとるかを口唇の動きを中心に観察した。その間，子どもには目隠しのついたヘルメットをかぶせ，絵を見ることができないようにした。絵を見せてから15秒の後，目隠しをはずし，先に覚えるように言われた絵を指ささせた。その結果，5歳児で自発的にリハーサル（この場合は，その絵が表わす物の名前をくり返し言うこと）をした子は10％にすぎなかったが，年長になるにつれて，リハーサルをする子が多くなった。7歳児では60％がリハーサルを行ない，そのうちの25％が規則的にリハーサルを行なっていた。10歳児になると85％がリハーサルを行ない，規則的にリハーサルを行なっていた子がそのうち65％にのぼった。また，いずれの年齢においても，目隠しをしている間にリハーサルを行なった子どもたちが，そうでない子どもたちよりも多くの絵を思い出すことができた。次に，リハーサルをしなかった7歳児に対して，想起テストまでの間に，覚えるべき絵の名前を声に出して何度も言うことを求めた。そうすると，7歳児はやがてリハーサルをするようになり，その結果，自発的にリハーサルを行なった子どもと同程度の想起量を示すようになった。しかし5歳児では，こうした訓練の効果もあまり認められなかった。

(2) 記憶のための心的操作―有意味化と体制化―

　幼児期から児童期初期にかけては記銘の仕方が機械的，丸暗記的であるが，児童期後半になると記銘時に一工夫加えるようになる。たとえば歴史年表を覚えるとき，710年を「なんと立派な平城京」，794年を「鳴くようぐいす平安京」，1192年を「いい国作ろう鎌倉幕府」とするように，数字の並びをそのまま覚えるのではなく，意味のあることばに置き換えて覚える。このような覚え方の工夫は有意味化とよばれる。また，覚えるべき内容を何らかの共通点を見つけてそれを基準に仲間分けし，整理することで記憶を確かなものにする方法もある。たとえば「船，レタス，医師，にんじん，飛行機，看護師，電車，……」と次々に提示される語を記憶するとき，船と飛行機などは「乗物」，レタスとにんじんなどは「野菜」，医師と看護師などは「職業」というようにカテゴリーごとにまとめて覚える方法であり，これは体制化（organization）とよばれる心的操作である。

5．作業記憶

　ある情報を一時保持しながら，別の情報の処理を行なうという機能は，人間の認知活動を支える重要な機能である。たとえば，352＋768のような計算を暗算で

行なうとき，下の位の計算結果を保持しながら，上の位の計算を行なう必要がある。また，文章を理解するには，前後の関係をつねに念頭においていなければならない。このような，情報を一時的に保持するシステムは20世紀の中ごろから短期記憶とよばれてきたが，近年，保持と並行して処理も行なう「心の作業場」であるという意味をこめて，作業記憶（working memory）とよばれるようになってきた。

6．メタ記憶

幼児がリハーサルなどの記憶方略をうまく使えないのは，記憶能力が未発達であるというよりは，むしろ自らの記憶能力を使いこなす能力が未成熟なためと考えられる。こうした能力をメタ記憶（metamemory）といい，どのくらいの量の情報なら一度に覚えられるか，どんな内容だと覚えやすいか，どのような記憶方略が最もふさわしいかといった，記憶行動を効率的におこなうための実践的な知識であるとされる（Brown, A.L. et al., 1983）。メタ記憶は，幼児期にはまだ獲得困難であり，児童期を通して発達し，青年期に完成する。

【用語解説】
共鳴動作（co-action）：子どもは誕生直後から人の顔に対して特別な感受性を示す。たとえば，母親が新生児の顔を見つめてゆっくりと舌を出す。この表情をくり返しているうちに，それを見つめていた新生児は自分の口を少しずつ動かし始め，ついには自分の舌を出すのに成功する。新生児はまるで相手の行為を意味づけ，自分の身体との対応関係を知り，相手の行為を模倣するかのようにふるまうのである。これは反射の一種であり，後の随意的模倣とは異なる。
共感覚（synesthesia）：ある感覚が刺激されると，それに随伴して他の感覚も生じる現象である。主として幼児期において感覚様相が未分化なために起こる現象であり，ピアノなどの音を聴くと同時に色が見える色聴は，その一例である。レベス（Levesz, G., 1923）によれば，幼稚園児の50％，11歳児の30％が共感覚をもっているが，成人になるとそれは13％に減少する。
媒介欠如（mediational deficiency）**と所産欠如**（産出欠如, production deficiency）：フラヴェルらは一連の実験により，自発的にはリハーサルを行なわない7歳児にリハーサルを教えればそれを行なうことができて想起成績も向上することを見いだした。このことから，フラヴェルらは，7歳児には想起を媒介する能力がない（媒介欠如）わけではなく，それを使いこなせない（所産欠如）だけであるとした。こうした欠如の2種類の区別は，子どもの記憶の特徴を調べ，記憶能力の発達をうながす試みを数多く生んできた。

［理解を深めるための参考図書］
ケイル，R.／高橋雅延・清水寛之(訳)　1993　子どもの記憶―おぼえること・わすれること―　サイエンス社
山内光哉(編著)　1983　記憶と思考の発達心理学　金子書房
湯川良三(編著)　1993　新・児童心理学講座第4巻　知的機能の発達　金子書房

4章 知能とことばの発達

1節　知能の定義

　知能（intelligence）の定義は，何人もの心理学者によって試みられているが，その内容的な一致はみられていない。表4-1と表4-2にはそうしたさまざまな定義がまとめられている。その中でもいくつかの代表的な知能のモデルには以下のようなものがある。

　スピアマン（Spearman, C.E., 1927）は，図4-1のように知能が一般知能因子（G因子）と各知能活動に特有な特殊因子（S因子）からできていると考えた。たとえば，数学の能力は一般知能因子（G）と数学についての特殊因子（S）によって決まる。スピアマンは一般知能因子が遺伝的に決定されているのに対し，特殊因子はそれぞれの領域での特殊な経験によって作られてくると考えた。

　スピアマンの2因子説に対し，サーストン（Thurstone, L.L., 1938）は多因子説を唱えた。サーストンは，図4-2のように知能はいくつかの特殊因子だけから構成されており，特殊因子の重なりによって一般因子があるように見えると考えた。7つの特殊因子があり，それは，ことばの意味，ことばの流暢性，知覚スピード，演繹的推論，機械的記憶，計算の正確さと速度，空間関係の知覚であった。

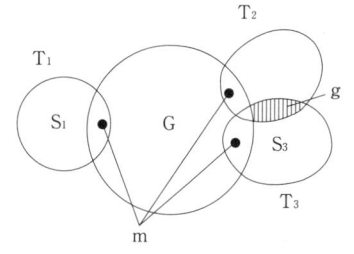

図4-1　2因子説による知能構造のモデル（Spearman, C.E., 1927）

注）：3種のテスト，T1, T2, T3の成績は，共通因子（G）と，個々のテストに固有な特殊因子（S1, S2, S3）の働きによって規定される。また，テスト2（T2）とテスト3（T3）との間には，群因子（g）が存在し，この両テストについては，この群因子も関与するのである。後に彼は，GとSの両因子間にも共通する中間因子（m）ともいえる言語や空間因子などの存在なども認めているが，大きく共通因子と特殊因子の2因子が主体となっていると考えた。

　知能がより多くの因子から構成されていると考えたのはギルフォード（Guilford, J.P., 1967）である。ギルフォードは知能の構造化を試み，知能を図4-3のような操作，所産，内容という3つの次元に属する120もの因子から構成されていると考えた。

　キャッテル（Cattell, R.B., 1963）は知能を2つの因子にまとめることができ

表4-1 知能についての定義（上武ら，1969）

類型	研究者	内容	問題点
抽象的思考能力説	Terman, L.M. (1921) Thurstone, L.L.(1921) Jaspers, R. (1948) Spearman, C.E. (1923) Burt, C. (1949) Kohs, S.C. (1921) Thorndike, E.L. (1921)	抽象的思考能力である。 〃 判断力，思考力，自発性，主導性などの知的特性である。 関係の抽象能力である。 生得的，一般的な知的能力。 分析，結合，比較，熟考，識別，判断，決心などから成立つ能力。 真理または事実からみて，正しい反応をなし得る能力。	知能を推理や思考能力に限定していることは，知能の本質を端的に表わしている。しかし，幼児やケーラーの実験にみられたチンパンジーの問題解決行動が知的行動でないということになる。また，バートの生得的なものと知能を規定してしまうことも定義をせまくしている。
学習能力説	Dearbone, W.F. (1921) Henmon, V.A.C.(1921) Gates, A.I. (1921) Woodrow, H.H. (1921)	学習する能力，あるいは経験によって獲得していく能力。 知識を獲得し，それを保持する能力である。 知能とは学習し，抽象的事実を正確につかみ，問題解決に際して働く合成的能力である。 獲得する能力である。	知能と教育との関係では最も実際的な定義である。しかし，学習には適応できるという意味が含まれており，適応能力説との重複が考えられる。また，学習には種々なものがあり場合によっては広義の学習に知能がどの程度関与しているか不明である。
適応能力説	Pintner, R. (1921) Colvin, S.S. (1921) Stern, W. (1928) Köhler, W. (1917) Dorsch, F. (1959)	新しい場面に適応する能力。 個人が環境に適応することを学習する能力。 個人が思考を新しい要求に意識的に応じさせる一般的能力であり，新しい課題と条件に対する一般的精神順応力である。 場面を見通す能力。 新しい場面で洞察し，解決策を見出したり，思考の助けをかりて問題を解決する能力。	かなり多くの人に支持されている定義であるが，この説の欠点は，定義として広すぎて，あまりにも多くのものを含みすぎることである。適応能力には，知的能力を必要とする場合もあるが，情緒的反応を必要とする場合もあり，適応行動のすべてが知能といえない場合もある。
その他	Preterson, J. (1921). Freeman, F.N. (1921)	複雑な刺激のいろいろな影響がそれによって行動に統一的な結果をもたらす生物学的機制である。 知能とは，知能検査で測定されたものである。（操作的定義）	知能を生物学的機制として割り切っている。 定義の形をなさない一見矛盾した定義であるが，ある意味では最も適切な定義である。なぜならば，理論的に知能の概念をいかに分析し，明確に定義づけたとしても，知能そのものを直接に測定したり，それを実証することが困難であるから。

表4-2 知能の包括的な定義と操作的定義

包括的定義	Wechsler, D. (1958)	知能とは，個人の目的的に行動し，合理的に思考し，環境を効果的に処理する総合的，または全体的能力である。
	Piaget, J. (1949)	知能とは，最高度の精神的適応であり，それは，生活体の環境に対する活動と，その反対の方向の環境の生活体に対する活動の均衡であり，主体と客体との間に行なわれる相互作用の均衡である。
	Stoddard, G.D. (1943)	知能とは、困難性、複雑性、抽象性、経済性、目標への順応性、社会的価値、独創の出現を特徴とする諸活動を遂行し、かつ、精力の集中と情緒的な力への抵抗を必要とする条件下において、それらの諸行動を持続することができる能力である。
操作的定義	English, H.B. & English, A.C. (1958)	知能の語義は、4種類ある。①適当な標準知能検査によって測定された仮説的構成概念。②年齢段階および所属集団に応じて、各個人に期待される問題解決と認知的弁別反応の総目録。③知能検査によって得られた評定であり、④知性、経験を役立てる能力である。

ると指摘している。それは結晶性知能（crystallized intelligence）と流動性知能（fluid intelligence）である。結晶性知能とは文化や教育の結果として得られる知識や技能のことであり，過去の知識が結晶化されたものである。一方，流動性知能とは生理的に決定されている思考や論理的能力についてのものである。

知能を構成している因子を明らかにしようとする試みの中で，より最近の研究は社会的関係構築能力などのようなこれまでの知能の定義になかったものも組み入れようとしている。

ガードナー（Gardner, H. 1983）は知能を神経システムの違いに由来する7つの次元に分けて考えている。ガードナーの7次元とは言語性知能（言語能力），論理的数学的能力（論理の展開や，数学的記号の利用能力），空間的知能（空間的表象能力や経路発見能力），音楽的知能（音楽に関する能力），身体・運動感覚的知能（運動能力），対人関係知能（他人の気持ちを理解する能力），個人内知能（自分自身を適切に知る能力）である。ガードナーは知能を単一次元で測定できるものではなく，異なる知的能力の集合であるととらえている。

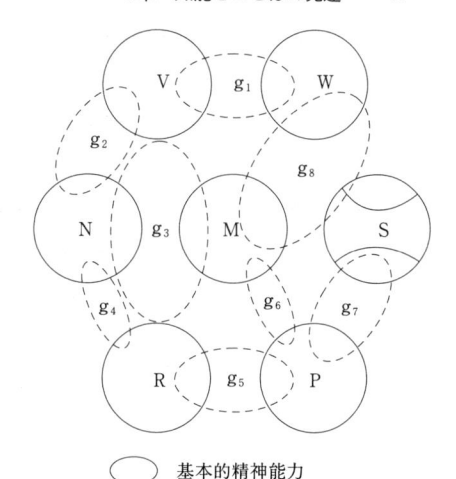

図4-2 多因子説による知能構造のモデル
(Thurstone, L.L., 1938)

注）なお，最近，空間因子（S）は①対象を想像する能力因子，②機械的運動を理解する能力因子，③方向に関係した因子の3種の因子によって構成されていることを報告している。

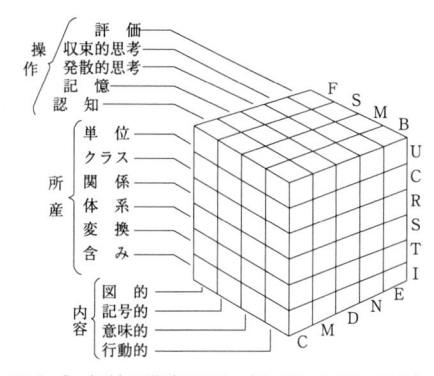

図4-3 知性の構造モデル（Guilford, J.P., 1967）

スターンバーグら（Sternberg, R.J. et al., 1986）の3極理論によると，知能は，情報を獲得し貯蔵する能力である構成的知能（componential intelligence），新しい考え方やアイデアを生み出すことと，そのための情報を選択したりまとめ

たりする能力である経験的知能（experiential intelligence），他の人と協調したり，適切に状況を判断したり，日常的な問題を解決したりする現実的な適応行動能力である文脈的知能（contextual intelligence）の3つに分けられる。

2節　知能検査

　知能を測定するための検査が知能検査（intelligence test）である。最初の知能検査は心理学者のビネー（Binet, A.）と医師のシモン（Simon, Th）によってフランスで作られた（Binet, A. et al., 1916）。パリ市の教育長から普通学校での教育だけでは十分な教育効果を得ることのできない子どもを見つけだすための検査作成を依頼されたビネー達は知能を理解力，推理力，判断力，記憶力として検査を作った。この検査はあらかじめそれぞれの年齢段階の大半の子どもが解ける問題をいくつも用意しておき，それを検査対象となる子どもに実施することで知能を測定しようとした。たとえば，ビネー尺度（1908年版）では5歳児が解ける問題として四角形の模写というのがあり，7歳児が解ける問題として菱形の模写というのがある。単純化して言うと，もしある5歳の子どもがこの検査を受けて四角形の模写も菱形の模写も両方ともできれば，その子どもには7歳児の知能が備わっていると考えられた。このように検査で調べられた知的年齢は精神年齢（MA : mental age）とよばれている。一方，検査を受けた子どもの実際の年齢は生活年齢（CA : chronological age）とよばれており，上の例の子どもは生活年齢が5歳で精神年齢が7歳になる。もちろん問題は数多く用意されており，こうした問題がより多く解けるほど精神年齢が高くなるように作られている。

　後にドイツの心理学者のスターン（Stern, W.）は精神年齢を生活年齢で割り算した結果に100をかけるという方法を考案した。これが知能指数（IQ : intelligence quotient）である。たとえばビネー式知能検査を受けた6歳8か月児（80か月）の精神年齢が8歳4か月（100か月）だったとしよう。そうするとこの子どもの知能指数は100か月÷80か月×100＝125となる。知能指数はターマン（Terman, L.）のスタンフォード・ビネー知能検査で利用された。知能指数よりも適切な指標であるとして知能偏差値や偏差値知能指数が利用される場合もある。

　ビネー式知能検査はもともと学業成績を予測するように作られてあり，多くの人に実施した結果えられる得点分布は図4-4のように知能指数が100近辺の人数が最も多くなり，それよりも得点が高くなるほど，あるいは低くなるほど人数が減少するようになっている。知能指数が145を上回る人はわずか0.13％しか

いない。上の例にあげた知能指数125の子どもはかなり高い知能指数であることが図から読みとれよう。

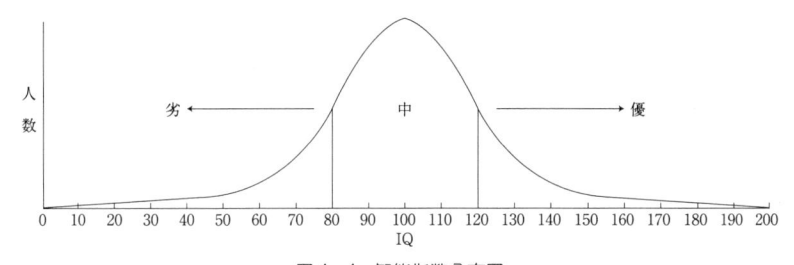

図4-4 知能指数分布図

表4-3 知能検査の分類 (大村ら, 1974)

分類の視点	検査および対象	内容
知能種別	一般知能検査	知能の一般的レベルをとらえようとする検査
	特殊知能検査	特殊な知的能力をみる検査
検査目的	概観検査	間変異の測定によって，分類や選択を行なう検査
	診断検査	内変異を測定して，個人の知能を分析的にみようとする検査
問題構成	オムニバス検査	ビネー検査のように，いろいろな種類の問題が検査のなかに混じっている。
	バッテリー検査	WAISのように等質的な問題をまとめていくつかの下位検査をつくり，それらを集めて編成したもの。
適用範囲	普通の被検者	年齢層や学年に応じて，いろいろな検査がある。
	特殊な被検者	失明，聾唖，精神遅滞などの被験者の特性に応じた検査
実施方法	個別式検査	個人検査
	集団式検査	集団に同時に実施する検査，個人検査としても使用できる。
検査条件	速度検査	所定の期間内に正しくできた量をもって成績点を出す。困難度の等しい多くの問題が用意されている（時間制限法）。
	力量検査	しだいに困難度が増してくる問題系列をどこまで正しく解答できるかをみる。時間をこまかく制限しないことを原則とする（作業制限法）。
問題内容	A式検査	言語性検査
	B式検査	｝非言語性検査。このなかには，カルチュア・フリー検査も含まれる。
	C式検査	
	動作性検査	A式とB式とを混合したもの。

知能検査はさまざまな特徴をもっている。たとえば検査者と被検査者が一対一で実施される個別式知能検査と，知能検査用紙を配布し一斉に検査を行なう団体式知能検査がある。個別式知能検査としてはスタンフォード・ビネー検査やウェクスラー式知能検査（WAIS, WISC, WPPSI）等がある。また，団体式知能検査には京大NX知能検査等がある。表4-3は知能検査をさまざまな特徴ごと

に分類したものである。

　知能検査に近い検査として，主に7歳以下の子どもの発達過程を測定する検査があり，それは発達検査（development test）とよばれている。代表的な発達検査としてK式発達検査や乳幼児精神発達質問紙があり，これらの検査によって子どもの発達の遅れなどを調べることができるようになっている。

　知能検査得点と学業成績との間には相関関係のあることが示されているが，学校での成績を知能指数から完全に予想することはできない。また，知能指数によって社会生活上の成功を予測することはむずかしい。というのは，従来の知能検査ではねばり強さ，自己評価，人間関係の構築力，自己統制力，やる気など，社会で成功するためとか，豊かな人間関係を築く上で大切だと考えられる要因について調べられていないからである。

　知能検査得点の取り扱いについては，上記以上に重要な問題が知られている。ビネーは作成した尺度を，障害を持つ子どもの発見と支援に使うべきであって，それを子ども達のランクづけに使うことをいましめている。つまりビネーは知能を複雑で多様な性質を持つものと考えており，それが人間のあらゆる知能特性をまとめ上げる知能指数のような単一の数値としてとらえられるはずがないとしている。残念ながら知能検査の得点が差別的取り扱いのために利用されてきたという歴史があり（Gould, 1996），現在の私たちも十分に注意しなければならない。

3節　知能の発達

　知能指数は変動することが知られている。表4-4は2つの知能検査得点間の相関係数を示している。表からは，初めの検査が低い年齢で実施される場合には後の検査結果との相関が低くなる傾向が読みとれる。検査時の年齢が高くなると測定された知能指数は後に測定された知能指数に近いものになるようである。それでも知能指数は高くなったり，低くなったり，あるいは上下の変動を示したりしている（Francois, G.R., 1990）。ビネー自身も，知能の発達は成熟のスピードの違いや教育環境の違いを反映して変動するので，何度か検査をくり返すことが必要であると指摘している（Siegler, R.S., 1992）。

　幼児期の知能指数の変動が大きくなる原因として，幼児と検査者との関係があげられる。検査を受ける幼児は不安を感じていたり，興味や関心を強くもっていたりする。そうした要因が検査結果に影響することが知られている。

表4-4 2つの知能検査得点間の相関関係図

年齢	Hirsch (1930)		Bayley (1933)	Honzik (1938)	Dearborn, Rothney, and Shuttleworth (1938)		Honzik, MacFarlane, and Allen (1948)		Bayley (1955)
	8	13	3	7	7	16	6	18	18
1/2			.10						.09
1			.45						.30
2			.80	.46			.47	.31	
3				.56			.57	.35	
4				.66			.62	.42	
5				.73			.71	.56	
6				.81				.61	
7						.58	.82	.71	
8		.80			.74	.64	.77	.70	
9	.87	.77			.70	.58	.80	.76	
10	.82	.77			.73	.74	.71	.70	
11	.79	.83			.67	.75			
12	.84	.90			.64	.79	.74	.76	
13	.80				.66	.78	.74	.78	
14					.65	.83	.67	.73	
15					.61	.90			
16					.58				
18						.61			

注）：たて軸とよこ軸の数字が検査を実施した年齢を示しており，それらの交差するところの数値は2つの検査得点の相関係数である。

4節　老化と知能

　知能指数ではなく知能検査得点そのものは発達とともに増加していく。しかし，それがどの年齢まで発達し続けるのかは検査の特徴によって異なる。図4-5はウェクスラー式知能検査の11の下位項目を示している。図にみられるように言語性検査の得点は30歳代に向けて向上し続けているが，動作性検査の得点は20歳半ばを境に減少するようになっている。これより高齢になると，図4-6のように知能検査得点はなめらかに低下していく。

　老化（aging）に伴って低下する知能についてバルテス（Baltes, P.B.）は，機械的な能力を反映する流動性知能は青年期にピークを迎え，その後緩やかに下がっていくが，知識や経験の蓄積が重要な領域にあたる結晶性知能は青年期以降も低下することなくより向上していくと考えている（図4-7）。

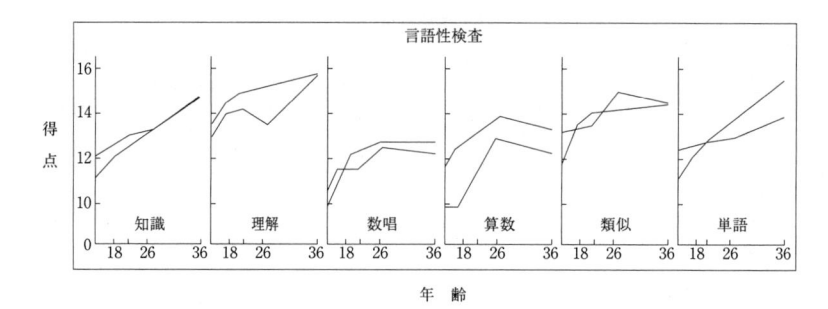

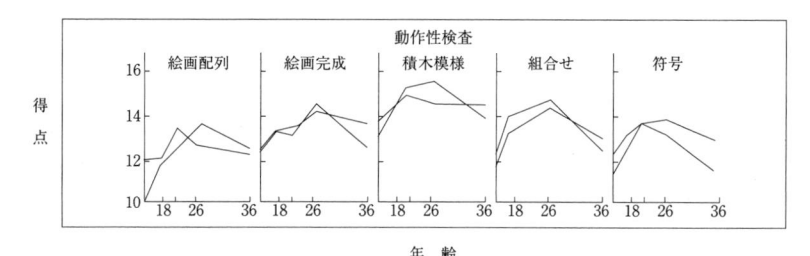

図4-5 ウェクスラー検査の11の下位項目の発達状況（Bayley. N., 1968）

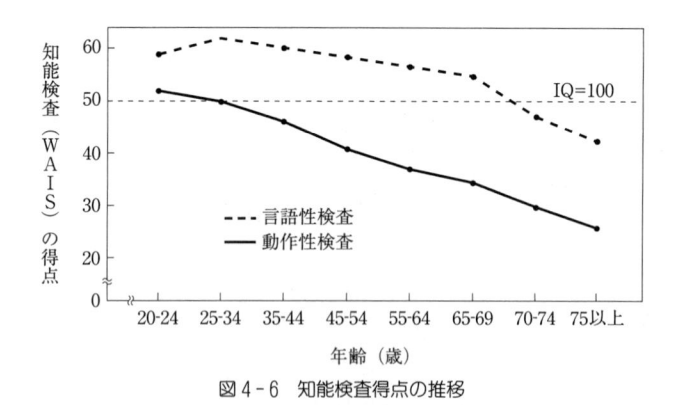

図4-6 知能検査得点の推移

5節　遺伝と環境

　表4-5は知能の関連を表わしている。一卵性双生児は知能の相関が高いことを示しており，遺伝的要素の強いことが示されている。

　一方，環境要因が知的発達にとって重要であることも示されている。母親は子どもの発達にとって重要な影響を及ぼすため，母親に対する子どもとの接し方を

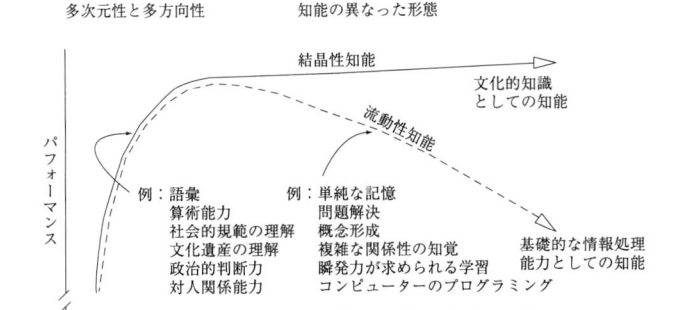

図4-7 知能に関する心理的な構造的理論 (Baltes, P.B., 1987；藤本，1999より)

```
多次元性と多方向性     知能の異なった形態
                    結晶性知能
                              文化的知識
                              としての知能
パ        流動性知能
フ
ォ  例：語彙      例：単純な記憶
ー  算術能力      問題解決
マ  社会的規範の理解  概念形成
ン  文化遺産の理解   複雑な関係性の知覚    基礎的な情報処理
ス  政治的判断力    瞬発力が求められる学習   能力としての知能
    対人関係能力    コンピューターのプログラミング
          25歳          70歳
              年 齢
```

教育する取り組みが行なわれた。表4-6はその結果であり，取り組みの効果があったことを示している（井上，1987）。

また，日本では1951年から1975年にかけての24年間に6歳から15歳のウェクスラー式知能検査での知能指数は，20.03上昇したという（赤木，1987）。この年代での知能指数の上昇傾向はヨーロッパ諸国，アメリカでも認められている。知能検査結果が向上したにもかかわらず，1950年代以降に天才的人物が急増したとは考えられないことから，子どもを取り巻く環境の変化が知能検査得点の向上につながったと考えられる。

表4-5 知能と遺伝との関連 (Bouchard, T.J. Jr. et al., 1981)

関係	相関
一卵性双生児	
同じ生育環境	.86
異なる生育環境	.72
二卵性双生児	
同じ生育環境	.60
兄弟	
同じ生育環境	.47
異なる生育環境	.24
親子	.40
里親	.31
いとこ	.15

表4-6 母親教育による子どものIQの変化 (井上，1987)

訓練期間	人数	実験前	修了約2年後	小学3年時
1年のみ	33	86.9	102.7	98.6
2年継続	24	87.3	106.2	103.9

注）：Madden (1976) より概算。
　　訓練開始は2歳，ただし1年のみのグループでは訓練開始年齢は2歳と3歳がほぼ半々である。

6節　言語の発達

　言語には話しことばと書きことばがあり，それぞれがコミュニケーションの手段，思考の手段という2つの働き（機能）をもつ。この他，言語は行動調整の手段としても機能する。この節では，まず言語の3機能について明らかにし，それらの発達の道筋をたどる。そして，言語を順調に発達させるための要因について，養育者からの働きかけの重要性を中心に考える。

1．コミュニケーションの手段としての言語とその発達

　人間は，自分の考え，意志などを何らかの方法で誰かに伝えようとする。言語はその方法の1つであり，コミュニケーションの手段としてはこの他，音，映像などさまざまなものがある。また，ことばを話すときのしぐさ，表情，視線，身体接触，同調行動（あいづちなど）も欠かせない要素であるが，他のどの動物よりも複雑なコミュニケーションを可能にしてきたのはやはり言語である。

(1)誕生と産声

　赤ちゃんが生まれて最初に発する音声を産声（birth cry）とよぶ。胎児期には真空状態であった母胎内に，誕生と同時に空気が急に入ってくる。産声とは，その空気が声帯を通過するときに自然に出る音のことである。風が路地を通るときヒューとなるようなものであり，声というより単なる音にすぎないが，この産声は，肺を拡張させ活動を開始させる機能と，酸素を含んだ血液を全身に循環させる機能をもっており，将来の言語発達の基盤となる。

(2)泣き声

　生後2，3か月までの発声のほとんどは泣き声である。ことばを操るようになるまでの子どもにとって，泣くことは唯一の意思伝達手段である。ふつう乳児が泣くのは，生理的欲求の発生，苦痛，その他の不満がある場合である。泣き声にはいくつかのパターンがある。たとえば眠い状態や空腹の時には，息継ぎをはさみながらリズムのある泣き声をあげる。またどこかが痛い場合には，あえぐように息を吸い込み，しぼりだすように長い泣き声をあげる。このように発達初期から，原因（もしくは目的）によって泣き声はかなり異なる。大人は泣き声を子どもからの合図として受け止め，そこに込められた意味を読み取りながら子どもに対応する。ここに，もうすでに話しことばの基本形式が存在する。泣き声の意味を読み取ることは，それほど容易なことではない。しかしここで大切なのは，意

味を正確に読み取ることよりも，読み取ろうという気持ちになること，およびそれに付随する行動，たとえば子どもをあやす，抱きあげる，さまざまなことばを聞かせる，などの行動を大人がとることなのである。

⑶喃語

　生後3，4か月ごろには，泣き声とは異なる特徴的な声を出すようになる。生理的欲求が満たされた後，しばらくの間気持ちよく目覚めているときや他者から話しかけられたときに発せられ，アー，ダーなどの無意味な音声を発する。やがてバーバーバー，ウーウーウーのように同音をはっきりとくり返すなど，音やイントネーションの種類がしだいに増える。喃語（babbling）は，7か月ごろが最も盛んな時期であり，1歳ごろまで続く。喃語には何かを伝えようという意図は含まれず，自分の力で出した音を聞いて楽しむという遊びの要素が強い。しかし出したい音を自分の力で出すという構音の練習にはなっており，母国語の音はこの時期にほとんど出せるようになる。子どもが聴覚系と発声系を統合させ，単なる音声をことばに変えるためには，この時期における大人，特に母親とのことばのキャッチボールが重要である。すなわち喃語のような無意味な発声に対しても，それを単なる音声としてではなく，ことばとしてとらえ，積極的に応じてやることが，子どものことばの発達をうながすのである。

⑷音声模倣

　生後9か月ころから子どもは他者の発声をまねるようになる。誰かが発したことばを聞き取り，直後にその一部または全部をくり返し発声しようとするのである。これを音声模倣という。他者の発声を聞き取った場合にのみこの現象は生ずる。喃語が音の出し方の練習であるとすれば，音声模倣は音の並べ方の練習である。たとえば，アンヨという語の場合，アとンとヨという音がこの並べ方で出されたときに初めて意味をもつのである。1つひとつの音を声に出すことができても，この並べ方ができなければ，ことばにはならない。音を正しく並べる練習である音声模倣を経て，子どもは，意味のある語を自ら発するようになる。

⑸初語

　生後1年ごろ，子どもは意味のある語を自発的に（他者の発声がなくても）発するようになる。子どもが自発的に話す最初の有意味語（first word）を初語とよび，ことばと意味の結合が起こったことの表われとされる。一般的に，その子が目にする機会が多く，対象の一部ではなく全体を表わす語が初語として現われ

やすい（表4-7）。たとえば，ハンドルではなくブーブー（自動車全体），耳やしっぽではなくニャーニャ（猫全体）などの語が早く現われる。

表4-7 初語として出現しやすい語の例（大久保，1981）

初 語 の 例	意 味
マー、ウマ、マンマ、アータータン	母親
パパ、アータータン	父親
ババ	祖母
ワンワン、バァーバァー、ウー、ワーワ	犬
ニャーニャ	猫
ブー、ブブー	飲み物、お湯、お茶
ウマンマ、マンマ	食べ物
バーバー、パイパイ	母乳
ブー、ブーブー	車、飛行機、電車
ネンネ	お人形
マー	ボール
アンモ、ンモ	お外
テー	テレビ
ネンネ	寝る
アチー	熱い
イタイイタイ	痛い
ハイ	返事
イヤ、ウーンウーン、パープー	拒否
フンフン（ウン、ウンウン）、コエ	何かと聞く

⑹一語文

1歳児の発する単語の中には，その場の状況からみて文として機能していると思われるものがあり，その数は日毎に増大する。これを一語文とよぶ。たとえば，ママという発話は，あるときには「ママが好き」，あるときには「ママ，どこにいるの」，またあるときには「ママの時計」という意味になる。

⑺二語文から多語文へ

一語文という形でことばを使い始めると，そこから子どもの語彙は飛躍的に増大する。2歳ごろまでに1,000〜2,000語を憶え，それに伴って，2つの単語を組みあわせて1つの文を構成する二語文が出現する。その後は文中の単語数がさらに増すという形で，3歳ごろまでにはより文章らしい形へと発話が整う（多語文）。たとえば，「マンマスル」は「マンマを食べる」，「アカチャンネンネ」は「赤ちゃんがねているよ」のように変わっていくのである。このように初語の出現後は，単語の並べ方の練習が急速に進むのである。

2. 思考の手段としての言語とその発達

言語は人間の思考にも大きくかかわっている。このことはピアジェ (Piaget, J.), ヴィゴツキーらの研究の過程で明らかになってきた。

ピアジェは，子どもが自由遊びの場面で話したことばを分析し，他者とのかかわりの中でのことば（社会的言語）と，コミュニケーションを目的としないことば（自己中心的言語）とに分類した。社会的言語には，命令，質問，非難，報告，応答などがある。そして自己中心的言語には，反復，自分自身に語りかける独語，集団内で話されるが他者からの返答を求めない集団的独語などがある（表4-8）。ピアジェは，自己中心的言語が7, 8歳ころになると急速に減少していくことを観察によって実証し，自己中心的言語は子どもが成長して社会化が進むことによって，社会的言語へと発展・移行していくのだと考えた。

表4-8 自己中心性言語の種類 (Piaget, J., 1954)

反　　復	話すことの楽しみのために他者の発話を意味の理解に関わらず繰り返したりまねをして発話すること。
独　　語	自分の行為に伴って発する独り言。自分の行為を力づけたり補ったりすることば。
集団的独語	独り言であるという点では独語と同じであるが，集団の中あるいは面前に誰かがいる状況で発せられることば。

ヴィゴツキーは，コミュニケーションの手段が言語本来の働きであるとし，それらが音声化を伴うことから外言（external speech）とよんだ。そして，この外言がある時期に分化して，思考の手段としての側面をもつようになると考え，それらの多くが音声化されないことから内言（inner speech）とよんだ。ヴィゴツキーは，ピアジェの言う自己中心的言語を，外言が内言に分化していく過渡期の，未分化な状態にある思考のための言語であるととらえた。つまり，自己中心的言語は，社会的言語（外言）に発展するのではなく，内言となることで音声化されなくなるために，表面的には消えてしまうように見えるのだと考えたのである。

視点を変えれば，独語とは自分の中での対話であるということになる。自分以外の他者とのコミュニケーションではなく，自分の中のもうひとりの自分との対話が独語などの形で現われるのである。つまり，ヴィゴツキーの考えによれば，言語による思考というのは，自己の内面に存在する他者をコミュニケーションの相手にした行為なのである。これらの行為を可能にするためには，自己の中にも

うひとりの自己（内面的な他者）を形成しなければならない。自我の目覚め，自我の形成と相呼応して，自己中心的言語が現われてくるわけである。

3．行動調整の手段としての言語とその発達

水たまりを飛び越えようとするとき，「いちにのさん」と掛け声をかけたりする。また，競争を始めようとようとするときには「よーいどん」などという。これらの例からもわかるように，言語には人間の行動を調整する働きもある。このことを実験によって証明したのがルリア（Luria, A.R.）である。

ルリアは，ことばによる指示が子どもの行動に及ぼす影響を観察した。その結果，1歳前後の子どもに対しては，ことばによって行動を起こさせることができたという。しかし，ことばによって行動を止めさせることは1歳前後ではまだむずかしく，「やめなさい」と言えば言うほど行動してしまうことがあるという。3〜4歳になると，行動を起こすことと抑えることの両方の指示に従うことができるようになるが，行動の抑制はまだ不十分であり，それが十分可能になるのは，5歳前後からであるという。さらに，7〜8歳をすぎると，ことばとしては表面化されない内言の形で，自らの行動を調整することが可能になるという。ルリアは，初期には外からの指示という形をとるが，しだいに子ども自身のことばとなって，言語が行動調整の働きをもつようになると考えた。

4．ことばの発達要因

他者とのかかわりがことばの発達を支えている。大人は子どもに対して話すとき，ゆっくりと高い声で話しかけたり，同じ語を何度かくり返すことが多い。これははっきりとした発音を子どもにくり返し聞かせているということである。また子どもが発した一語文を二語以上の文に変えて話しかけることも，たいていの大人が行なっている。これは文法の獲得に大いに役立っている。

さらに，子どもの発話を受けて，大人がいくらか脚色してくり返すこともある。「ブーブー」という発話に対し，「そう，ブーブーね。自動車っていうのよ」という具合である。これは拡大とよばれる操作である。この操作により，子どもは自分の発話がむだではなかったことを知り，より正しい言い方に接する機会が得られ，その結果，以前にも増して積極的に話そうとする。拡大という操作は，こういった連鎖を作りあげることに貢献している。

以上のように，ことばの発達には，子どもの能動的発声・発話に加えて，周囲からの時機を得た温かい対応が不可欠なのである。

【用語解説】

外言（external speech）**と内言**（inner speech）：ヴィゴツキーの用語．外言とは他人に向けられ口に出されることばであり，内言とは自分に向けられ口には出されないことばである．幼児の言語は外言が主で，もっぱら他者とのコミュニケーションの機能をもつ．思考の発達に伴い，幼児は自分に向けたことばをも口にするようになる（ピアジェのいう自己中心的言語）．7，8歳ごろには自分自身へのことばの音声化は激減し，すなわち内言が可能になり，言語が思考の道具として機能するようになる．内言の発達により，思考はやがて具体的水準から抽象的水準へと到達する．

[理解を深めるための参考図書]
浜田寿美男　1995　意味から言葉へ－物語の生まれるまえに－　ミネルヴァ書房
中野善達・大沢正子(訳)　1982　知能の発達と評価－知能検査の誕生－　福村出版
ウォルフ，T.H./宇津木　保(訳)　1979　ビネの生涯－知能検査のはじまり－　誠信書房
山内光哉(編著)　1983　記憶と思考の発達心理学　金子書房
湯川良三(編著)　1993　新・児童心理学講座第4巻　知的機能の発達　金子書房

5章 パーソナリティの発達

1節　パーソナリティの理論と形成

1．パーソナリティの意義

　現代の教育現場での問題行動や不適応行動などの課題に対処する場合，その対象である子どもたちのパーソナリティを正確に把握することは重要であり，その上で適切な対応が求められる。また，家庭や学校での親や教師の行動，態度などはパーソナリティ形成への影響という面から，その責任は重いといえよう。

　パーソナリティ（personality，人格）と対比されることばとしてキャラクター（character，性格）がある。語源をたどれば，前者は役割的性質を有する表面的，外面的側面を強調しているのに対して，後者は固定的でより深い層をさしていた。このようにパーソナリティを上位概念とし，情意的側面を強調する性格と知能などからなるものとする見方があるが，両者を厳密に区別する場合はむしろ少ない。また，気質（temparament）は遺伝的，体質的に規定された個人の情緒的反応の特徴を意味する。

　20世紀以降パーソナリティが心理学的に研究され，さまざまな定義づけが試みられており，オールポート（Allport, G.W., 1937）によれば，その数は50種類にも及ぶという。それらの中では統合的定義とよばれる彼のものが広く受け入れられている。それをより詳細に検討したスタグナー（Stagner, R., 1974）は，「人格は，個人の環境に対する個人自身の独自の反応を決定する，知覚的，認知的，情緒的および動機づけの体系の個人内の組織である」と発展的に定義づけている。

2．パーソナリティ理論

(1)パーソナリティの個人差

　(a)類型論

　人間のパーソナリティをいくつかの典型的なタイプに分け，個人を全体像から理解しようとする立場を類型論（typolgy）という。こうした試みの源流は，古代ギリシアにまでさかのぼることができる。ガレヌス（Galenus）は，ヒポクラテス（Hippokrates）の体内にある4つの体液の均衡が崩れると病気になるとい

う体液病理説をもとにして，4気質説を唱えた。この説は，どの体液が支配的かによってパーソナリティが決定するという考え方である。体液説自体は現在否定されているが，特性論で示すアイゼンク（Eysenk, H.J.）の理論にも影響を及ぼした。類型論には，このような生理的あるいは身体的特徴に基礎を置くものと，心理的特徴から導き出されたものがあり，おもにヨーロッパを中心に発達した。

1) クレッチマーとシェルドンの体型説　身体的特徴に基づく類型論を発展させたのは，ドイツの精神医学者のクレッチマー（Kretschmer, E.）であった。彼は，自らの臨床的経験から代表的な内因性精神病である躁うつ病と統合失調症の患者に特有の体型が存在することに着目した。そこで，身体的計測によって典型的な体型として，肥満型，細長型，闘士型とそのほかに形成不全型，特徴のない型をあげ，躁うつ病の65％が肥満型に，統合失調症の50％が細長型に属することを見いだした。その後，てんかんと闘士型の関係も示唆されたが，形成不全型と特徴のない型の3体型に分散していた。そして，発病以前や血縁関係のあるものパーソナリティを調べた結果，体型のもつ気質的特徴が，健常者の範囲までの連続性を仮定できるとし，肥満型から躁うつ（循環）気質，細長型から分裂気質，闘士型からてんかん（粘着）気質を設定し，気質とパーソナリティ特徴の関連性を表わした。

クレッチマーの考え方に基づいてアメリカのシェルドン（Sheldon, W.H.）は，胎生期の胚葉発達という生物学的発生論に基づく体型説を展開した。彼は，男子大学生の身体的計測から統計的に分析し，消化器系が発達し概して肥満している内胚葉型，皮膚や神経組織の発達がよくやせた外胚葉型，骨や筋肉の発達がよくがっしりした中胚葉型の3タイプを想定し，3つの要素の現われ方を7段階で評定できるようにした。一方，心理的特性に関しては，縦断的面接を通して内臓緊張型，頭脳緊張型，身体緊張型の3気質因子を見いだし，体型との相関値から両者を対応させたところ，クレッチマーと類似した結果をえた。表5-1はこれらの体型説の対応関係と特徴を示したものである。

2) ユングの向性説　純粋に心理的特徴による類型論として，後述の精神分析学派の開祖者であるフロイト（Freud, S.）を当初支持し，その後リビドー（libido）の概念をめぐって離反したスイスのユング（Jung. C.G.）の向性説がある。フロイトはリビドーを性衝動的エネルギーととらえたが，ユングの場合は広範囲な心的エネルギーとして扱い，初期を除いてリビドーということばを用いな

表5-1 クレッチマーとシェルドンの性格類型の関係と特徴

クレッチマーの体型説		シェルドンの体型説		共通する特徴
気質類型	体型	気質類型	発達部位	
躁うつ気質	肥満型	内臓緊張型	内胚葉型 (消化器官の発達)	社交的　お人よし
分裂気質	細長型	頭脳緊張型	外胚葉型 (神経の発達)	非社交的　過敏
てんかん気質	闘志型	身体緊張型	中胚葉型 (筋骨の発達)	自己主張的　激しやすい

かった。そして，そのエネルギーの流れる方向として，外的な客観的環境に向けられる外向性と内的な主観的環境に向けられる内向性に分類し，これらを心理的根本態度とした。

さらに彼は，心理的根本機能として思考，感情，感覚，直感の4つをあげた。思考とは知的内容に関する機能で，感情は快-不快，良悪，好悪といった価値判断の機能で，感覚は感覚器官を通して知覚する機能で，直感は本能的な対象把握の機能であるとされた。これらの機能は2次元の直行軸で表わされ，合理的機能として思考—感情の軸が，非合理的機能として感覚—直感の軸が設定された。これらは完全に独立しているわけではなく，一方の機能が優越機能として勝ってくると，その対極にある機能は未分化で弱い劣等機能になり，残りの2つは補助機能として働くとされる。外向—内向の根本態度と4つの根本機能を組み合わせた8類型が提示され，それらの特徴について表5-2に示した。

表5-2　ユングのパーソナリティ類型（Monte, C.F., 1977より）

機能＼態度	内　向　的	外　向　的
思　考	理論的，知的，非実践的	客観的，堅い，冷たい
感　情	無口な，子どもっぽい，冷淡な	激しい，興奮的，社交性のある
感　覚	受動的，もの静かな，芸術的	現実的，官能的，愉快な
直　感	神秘的，夢想的，独自性のある	幻想的，可変的，創造的

3）シュプランガーの価値類型説　ドイツの哲学者でありかつ心理学者でもあったディルタイ（Dilthey, W.）は，世界観の分類を試み，官能的人間，英雄的人間，瞑想的人間という3つの人格類型をあげた。その影響を受けたシュプランガー（Spranger, E.）は，ディルタイの立場を発展させ，ある文化のもとで生活する個人の主観的な価値意識という観点から，青年期を中心とした類型化を行なっ

た。それらは理論的，経済的，審美的，社会的，政治的，および宗教的の6類型である。

これらのほかに純粋な類型論ではないが，身体的疾患をもとにした類型化の試みとして，フリードマン（Friedman, M.）とローゼンマン（Rosenman, R. H.）のタイプA，タイプBパーソナリティ類型がある。タイプAは競争心が強く，達成欲求が強く，せっかちなタイプで，タイプBはこうした傾向はなく，のんきなタイプである。冠動脈疾患にかかりやすさの観点からの研究によると，A型の人間はB型のほぼ3倍の罹患率であるという。さらに，がんとの関係についての研究から，テモショックら（Temoshok, D. et.al., 1992）は，怒り等の否定的感情の抑圧，自己犠牲的などの特徴を示すタイプCを提案した。

(b)特性論

特性論（trait theory）では，すべての人間が共通して所有しているパーソナリティの構成要素である種々の特性を，個人がどの程度もっているかを問題とする。したがって，特性の抽出の方法が問題となってくる。類型論では個人の全体像が重視されるのに対して，特性論ではその出発点が経験に裏付けされた事実であり，個人の具体的特徴に焦点のあてた個性的把握の立場といえる。各理論家によって採用する特性の種類，数に相違があるが，多くの場合多変量解析などの統計的手法を駆使し，パーソナリティを特性の総和と考え，個人間の差異を類型論のように質的なものとはせず，各特性を所有する量的な違いとしている。ただ，全体像を把握することは容易ではない。

特性論は，種々の領域で利用されているほとんどの質問紙によるパーソナリティ検査の理論的背景でもあり，アメリカ，イギリスを中心に普及した。

1) オールポートの特性論　　特性論を最初に体系づけたのが，統合的定義としても紹介したオールポートである。彼は辞典の中から，パーソナリティ特性に関する4,508の用語を選択し，これらをもとにして，特性を共通特性と個人特性に分類し，さらに前者は表出的特性と態度的特性から，後者は主要特性，中心特性および2次的特性から構成されていると考えた。共通特性とは，同一の民族や同じ文化圏の人々に共通してみられる特性で，個人特性とは他人と比較できないような独自の側面を意味する。共通特性を測るために考案されたのが，心誌といわれるプロフィール表であり，後のパーソナリティ検査に多大な影響を及ぼした。これは，大別して心理的生理的基礎と一般的性格特徴に分かれ，前者は基礎的な素

材で7項目であり，後者が共通特性から導き出されたもので14項目から成り立ち，それぞれ11段階で評定される。ただ，以後の特性論の研究者が，統計的手段による裏付けを有しているのに対して，彼にはそれが欠けており思弁的色彩が強いという批判がある。

2) ギルフォードの因子的特性論　精神測定や個人差の領域，ことに知能の分野で画期的な知性の構造モデルを提供したギルフォードは，パーソナリティ研究でも多大な業績がある。彼は，パーソナリティは階層的構造をなしていると考え，上層部から，主体的自我層（知性，意志），動物層（衝動，感情）－自我層，生命・植物層を仮定した。

また，彼は今日の特性論の研究者の中核的技法である，多変量解析の1つである因子分析法の先駆者であり，多くのパーソナリティ検査を発表した。日本で用いられている，矢田部・ギルフォード性格検査の原型であるギルフォード・ジンマーマン気質検査も，そのような過程を経て作られた。この検査では，一般的活動性，抑制，支配性，社会性，情緒安定性，客観性，友好性，思慮性，個人的関係および男子性の10因子が測定される。

3) キャッテルの因子的特性論　キャッテル（Cattel, R.B.）は，オールポートの特性の分類の考え方を受け，人間が共通して有する特性と各個人がもつ独自特性に分けた。因子分析からさらにこの2つは，それぞれ表面特性と根源特性に分けられる。そして，これらは全部で5層からなる構造になっているという。さらに，根源特性の因子構造を明らかにするために，質問紙への反応からQ資料，日常生活の記録からL資料，特定のテスト場面での客観的観察からT資料を収集し，おもにL，Qの両資料から表5-3に示したような16因子を見いだし，これらに基づいて作成されたのが16PF人格検査である。

4) アイゼンクのパーソナリティ理論　アイゼンクはイギリスを代表するパーソナリティ研究の第1人者である。ここでは，特性論に入れているが，実験的類型論ともいわれ類型論でも説明されることもある。このような異なる分類化の主要な理由は，クレッチマーやユングのドイツ流の類型論的な発想の感化を受けた点と，イギリス的な統計重視の立場と，特性論でよく用いられる多くの資料に基づきそこから得られる分析結果を採用した点が融合したところにあり，さらに，彼は集合体として類型を把握しているところにも起因していると思われる。類型論と特性論という相対立するパーソナリティ理論の統合という観点から，アイゼン

表5-3 キャッテルの根源的特性因子 (肥田野, 1983より作成)

因子A	躁うつ気質か, 分裂気質か
因子B	一般的精神能力が高いか, 低いか
因子C	情緒的に安定しているか, 不安定か
因子E	支配的か, 従属的か
因子F	楽天的か, 抑うつ的か
因子G	良心的か, 便宜的か
因子H	大胆か, 内気か
因子I	小児の情緒性か, 成熟的安定性か
因子L	疑い深いか, 信頼的か
因子M	創造的か, 実際的か
因子N	狡猾か, 率直か
因子O	心配性か, 自信家か
因子Q1	急進的か, 保守的か
因子Q2	自己充足的か, 集団志向的か
因子Q3	自己感情統合が強いか, 弱いか
因子Q4	緊張しているか, もの静かか
因子D	不安定な興奮性
因子J	思考的神経衰弱
因子K	成熟した社会性
因子P	多血質的無頓着さ
因子Q5	気乗りしない集団への献身
因子Q6	社会的顕示性
因子Q7	明らかな自己表現

※因子D〜Q7は「不安定な因子として保留された7因子」

クの理論は注目される。彼はさまざまな資料を集め，それらの分析結果から独自の理論化を図った。最初，ユングのそれとは同一ではないが，外向―内向という次元と神経症的傾向の次元を設定し，後に精神異常の次元を加え図5-1のような3次元からパーソナリティを表わした。このようにそれまでの類型論のようにいずれかに属すという範疇的分析に対して，それぞれの軸に位置づけるという次元的分析を提唱した。

また，アイゼンクは種々の統計的検討の結果から，前述のようにパーソナリティ類型がいくつかの特性によって成り立っているとし，さらに特性水準の下の水準として習慣的反応を，そして最も基礎的な水準として具体的な個別反応を置き，内向性，外向性，情緒不安定（神経症的傾向）について階層構造図を提示している。このような理論に基づいて，モーズレイ人格目

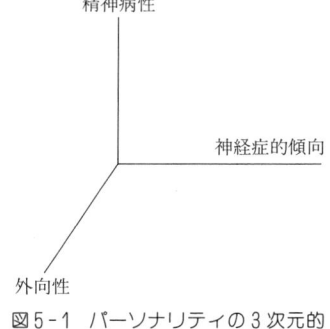

図5-1 パーソナリティの3次元的表示 (Eysenck, H.J., 1952)

録（MPI）などの質問紙が作成された。

5）パーソナリティの特性5因子論　最近注目されている特性論として，特性5因子論（Big Five）をあげることができる。特性論はパーソナリティの構成因子名と数を追求する立場であり，研究者はそれに精力を費やしてきた。キャッテルやギルフォードの因子特性は，10をこえ，因子数が多く全体の人格像がつかみにくく，他方アイゼンクの因子数は3と少ない。テュープスら（Tupes, E.C. et al., 1961）はキャッテルの研究に基づいて分析し初めて5つの因子を発見した。その後，ノーマン（Norman, W.T., 1963）がこれを支持して以来，徐々に世界各国の研究者が同じような結果を見いだし，安定した因子として認められるようになった。研究者によってさまざまな因子名が命名されており，ここではおのおのの因子の両極で望ましさの程度が保たれ，日本人に見合った名称をつけたといわれる辻ら（1997）のものを表5-4に示した。日本版の5因子人格検査としてはNEO-PI-R（下仲ら）などが開発されている。

表5-4　5因子モデルの本質と特徴（辻ら，1997に加筆）

名　称	柏木（1997）の名称	本質	一般的特徴	病理的傾向
内向性―外向性	外向性	活動	積極性／控えめ	無謀／臆病・気後れ
愛着性―分離性	協調性	関係	親和性／自主独立的	集団埋没／敵意・自閉
統制性―自然性	勤勉性	意志	目的合理的／あるがまま	仕事中毒／無為怠惰
情動性―非情動性	情緒不安定性	情動	敏感な／情緒の安定した	神経症／感情鈍麻
遊戯性―現実性	経験への開放性	遊び	遊び心のある／堅実な	逸脱・妄想／権威主義

⑵パーソナリティの構造

⒜フロイトの精神分析理論

オーストリアの精神科医フロイトの精神分析理論は，パーソナリティ構造に画期的なとらえ方を提供した。彼は，図5-2のように意識水準について意識，前意識，無意識の3層を想定し，パーソナリティの構成要素としてイド（id），自我（ego），超自我（super ego）を考え，それらの力動的関係で心の働きを説明している。イドは生得的に各個人に備わっている本能的衝動で，快楽原理に基づいて自我を圧迫する。自我はイドからの衝動を受け止め，外界の現実社会に適合するように導くとともに，イドと超自我の間の調整機能をはたす。超自我は，後天的に内在化された良心や道徳原理で，イドの衝動を厳しく禁止し自我のイドへの管理を監督する役割を担う。そして，イドがすべて無意識水準に存在するのに対して，自我，超自我は3層の意識水準にまたがって存在すると仮定された。

さらに，イドの総体の中核をなすものとして，性衝動的エネルギーから成るリビドーという概念を導入した。リビドーの大部分は無意識水準にあり，生育に伴って変容し意識水準にも上るとし，その発達を重視した。発達とともに満足感を得る部位が変わり，それに応じて口唇期，肛門期，男根期，潜在期，生殖器期の5段階を設定した。しかしながら，リビドーの概念を人間行動の説明原理として強く提唱したことにより，フロイトの理論は汎性欲説（pansexualism）という批判を受け，前述のユングを始め有力な共同研究者が彼のもとを去る原因ともなった。

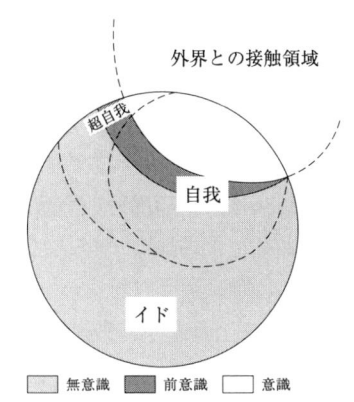

注）：フロイトを練りなおしてつくられた意識のレベルとパーソナリティ構造の要素との間の図式関係を示す。

図5-2 フロイト理論による精神構造
（Healy, W. et al., 1930 より）

なお，投影法によるパーソナリティ検査の理論的背景には，精神分析理論の流れをくむものが多い。

(b)エリクソンの自我同一性理論

フロイトの精神分析理論の枠組みの中へ社会的・対人的側面を導入したのが，正統派精神分析の立場にあるアメリカのエリクソン（Erikson, E.H.）である。彼はフロイトの発達段階の後期を細分化し8段階を設定し，各段階における自我機能の統合的役割を尊重した。2章4節にあるように各段階には特有の発達課題（彼自身は課題ということばは用いていない）があり，人間はポジティブな面を獲得しネガティブな面を克服することにより，その段階を乗り越えられる。そして，その過程を心理社会的危機とよび，危機を解決することにより内的資質が蓄積され，次の発達課題の解決のためのレディネスとなる。これがエリクソン理論の中心的概念の1つである，漸成原理と称せられるものである。

(c)レヴィンの場理論

ゲシュタルト心理学派のレヴィン（Lewin, K.）は，パーソナリティはそれのみで存在するのではなく，つねに置かれた場との関連で理解されるものであると考えた。それを，$B = f(S)$ あるいは $B = f(P \cdot E)$ という関数式で表現した。これは行動（B）が場の力学によって生起することを意味しており，前者のSは心理的生活空間で，後者ではSの構成要素を個人（P）と心理的環境（E）

であることを示している。

さらに彼はPの内部構造に関しても，図5-3のように最も外側には知覚・運動領域（P—M領域）があり，その内側には内部領域として周辺領域と中心部の中心層から成り立つ内部人格領域（I領域）があるとした。発達的には内部人格領域が，しだいに分化していくとしており，分化の程度，領域間の境界の硬さ，内部領域間の統合性などを特に問題とした。

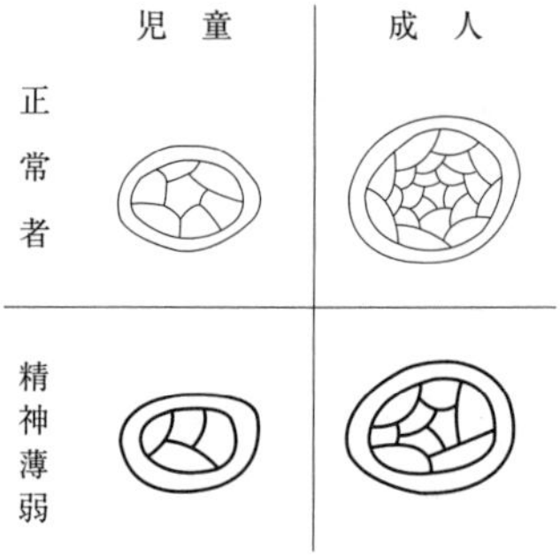

3．その他のパーソナリティ理論

他の重要な理論としては，ロジャーズ(Rogers, C.R.)の自己理論，マズロー（Maslow, A.H.）の自己実現論，モデリング理論ともよばれるバンデューラ（Bandura, A.）の社会的学習理論などがある。

注）：線が太いのは，領域間の流動性が少ないことを意味する。（「硬さ」）

図5-3 レヴィンのパーソナリティ構造（稲越，1980より）

2節　パーソナリティの発達

パーソナリティの形成の規定要因には，大別して遺伝的要因と環境的要因がある。一般的には，遺伝要因を基礎として受精以降の種々の環境要因に影響され，しだいにパーソナリティは形成されていくといえる。

1．遺伝要因

身体的特性についての双生児を用いての研究において，生育環境の異同にかかわらず，一卵性双生児の類似度の高さを証明する資料がいくつかある。これと前節でみたクレッチマーの体型説とを考え合わせれば，パーソナリティは遺伝要因に規定される部分が多いことになる。安藤（1992）は過去の文献を総覧し，特性によって影響度は異なるが，30～50％の遺伝率でその規定性を認めている。そして，特に情動性（emotionality），活動性（activity），社会性（sociality）は遺伝の影響が強く，その頭文字を取りEAS特性といわれている（Buss, A.H. et al., 1984）。

遺伝要因と環境要因の規定力の比較のための有効な方法として，双生児研究がある。一卵性，二卵性と生育環境の異同を組み合わせると，4つの組み合わせがあり，この双生児法は遺伝と環境の規定度を明らかにするための有用な方法であ

る。それに父母など家族を含めそれらの相関を算出すると遺伝と環境の影響度がわかる。身長などの身体的な特性は，遺伝的影響が最も強いことが知られている。心理的な特性の血縁間相関を表5-5に掲載した。知能よりは低いものの外向性も，血縁関係が希薄になるにしたがって低くなっている。人格障害が症状として大きな割合を占める統合失調症においても，同様の傾向が示されている。年齢とともに遺伝的影響は，知的な面ではしだいに強くなり，性格の面ではそうした方向性はないという（安藤，1998）。

表5-5 心理的形質の血縁間相関 （安藤，1998より）

	知能(IQ)	性格(外向性)	精神疾患(統合失調症)
一卵性双生児（同環境）	.86	.55	.48
一卵性双生児（異環境）	.72	.38	.64
二卵性双生児（同環境）	.60	.11	.17
養子の親子	.19	.01	.16
養子のきょうだい	.32	−.06	／

注）：この資料は3つの研究論文をもとに作成された。

また，近年DNA研究の成果として遺伝子レベルで性格を規定することが徐々に明らかにされてきており，ある特定の遺伝子の配列のくり返しの多さが新奇性追求，好奇心に関与していると報告されている（Benjamin, J., 1996）。ただ，それによって環境要因が否定されたのではなく，気質といった基底水準を規定するものだと考える必要がある。

2．環境要因

(1)乳児期の環境要因

近年，新生児，乳児は環境からの刺激の受け手というより，環境に対して積極的に働きかけ，同調できるという彼らの有能性が実証され，環境の重要性が認識されるようになってきた。乳児期の環境因子として，重要な役割をはたすのは母親（養育者）であり，その意義は増大している。エリクソンのいう基本的信頼感は，乳児期を通しておもに母親との相互作用で獲得していくもので，泣く→母親が近づいてあやす→笑う→母親がことばをかけるといった一連の日常生活の行動連鎖の中で形成されていき，後の人間一般への信頼感の基礎になる。子どもの行動に母親の反応が随伴しなければ，しだいに周囲への働きかけ行動は減少し不信感が増大する。正の母子相互作用から子の母親への愛着（アッタチメント；attachment）と母親から子への絆ができていく。最初，愛着の対象は不特定で

あるが，生後7,8か月からはおもに母親に特定化していくので母子関係はいっそう大きな意味をもつようになる。不安定で愛情に欠けた母子関係つまりマターナル・デプリベーション（maternal deprivation；母性剝奪）から生じる子どもの発達阻害は，情緒や社会性のみならず知的な側面にも現われる可能性がある。

(2)幼児期の環境要因

1歳前後になると歩行と言語の使用が可能になり，環境への働きかけはより積極的になってくる。幼児期において重要な人物は母親，父親，そしてきょうだいなどの家族である。なかでも親の養育行動は幼児期に達成されるべき基本的生活習慣の樹立の過程などを介して，パーソナリティ形成に影響する。これまでに種々の2次元モデルが提案されており，サイモンズ（Symonds, P.M.）は拒否―受容，支配―保護を，シェーファー（Schaefer, E.S.）は統制―自律，愛情―敵意を示した。マッコビー（Maccoby, E.E.）らはこれらを包括した次元として図5-4のような受容―非受容，強い統制―弱い統制にまとめた。保護型は幼児童期での親の態度としては望ましいもので，自律性や社会性などが養われ，溺愛型は攻撃性や自立性の欠如を，放任型は劣等感や情緒の不安定さを，厳格型からは自発性の欠如や全般的な未熟さをそれぞれ形成することが予見されている。ただ，子どもの反応によって親の態度は変化しうるし，親と子の養育態度の認知のズレ，たとえば親は受容していると考えていても子どもは拒否されていると認知している場合もあり，親子関係は双方向的なものであることを認識する必要がある。

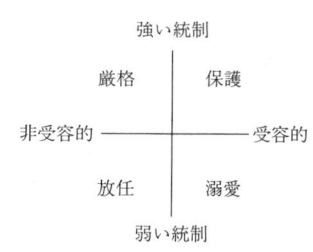

図5-4 マッコビーの養育態度の2次元（Maccoby, E.E. et al., 1983）

次にきょうだい関係は，親の区別的な取り扱いとたがいの相互作用という2つの側面がある。きょうだいには出生順位だけでなく，性別構成，そして年齢差といった側面をもつ。これらの要因が親の接し方を規定し，長子には初めての子どものため育児が神経質になり，次子が誕生すると長子らしさや自立を求める。母親は次子に対しては余裕をもって対応でき，次子にとっては最初から上のきょうだいが存在する家庭で人生を始めることになり，親を完全には独占する経験をもたない。こうした親の対応がおもな原因となり出生順位によりパーソナリティの違いがでてくる。2人きょうだいに限定したよく統制された研究によれば（依田，

1989），時代を越えて長子的性格としては，自制心があり，無口，慎重，面倒なことを避けるなどが，次子的性格としては，活発，多弁，依存的，甘えっ子などの特徴がみられたという。

　親の養育態度ときょうだい関係は，幼児期のみならず児童期においても重要な役割をはたすことを忘れてはならない。

(3) 児童期の環境要因

　児童期からは家庭内の対人関係に，学校環境にある友人関係や教師の要因が加わってくる。友人は青年期までパーソナリティ形成におけるさまざまな機能をもち続け，遊びや対立などの相互作用のなかから協力，責任，役割取得，愛他的行動等の社会生活を営むのに必要な特性を身につけていく。児童期の後期になると行動規範は，親や教師のそれより友人集団の方が強くなる。友人間の類似性を扱った研究を概観すると，特に児童期ではたがいの生活環境，能力そしてパーソナリティなどで似ている者どうしが結びつくとされている。そして，友人からの影響を受けやすいパーソナリティ特徴としては，自我の弱さ，衝動の抑圧，低い自己評価などがあげられている（徳田，1974）。

　教師の影響力は相対的にはそれほど強いものではないが，教師は両親などを除けば継続的に相互作用をもつ数少ない大人である。小学校高学年を対象とした福武書店教育研究所（1995）の調査によれば，好かれる教師と嫌われる教師の間には次のような違いがみられた。前者の特徴としては，①励ましてくれる，②ほめてくれる，③先生からあいさつしてくれるであり，後者の特徴としては①厳しく叱られる，②先生から無視される，③約束を破るとなっていた。このように「支えてくれる教師」が支持され，「自己本位な教師」が否定され，教師もパーソナリティに一定の作用を及ぼす可能性がある。

(4) 青年期の環境要因

　青年期は「子の親離れ―親の子離れ」が大きな特徴であり，ホリングワース（Hollingworth, L.S.）はこれを心理的離乳（psychological weaning）とよび，乳児期の身体的離乳と対比させた。同様の現象を親の衛星から離れるという意味でオーズベル（Ausubel, D.P.）は衛星離脱といっている。青年期は中学生以降の約10年間にあたるため，一律に論じることはできない。前期（ないし思春期）は第2次性徴など身体的発達と自我の芽ばえによって，心身の発達がアンバランスで不安的になる。また，知的発達に伴って，自分の考え方をもつようになり，

現実を認識するだけでなく評価もするようになる。こうした背景から，この時期は親や教師，社会との関係をめぐって第2反抗期という感情的な反抗現象がみられる。その後，反抗は理知的になり，後期には再び協調的になってくる。また，自己の内面に対する関心が強くなると同時に，他者との比較などからパーソナリティの変容を図る場合もある。後期になると他者との共通性や自己の独自性を受け入れるようになり，自我同一性が確立されていく。

この時期には，児童期以上に友人関係が重みをもつだけでなく，書物などのメディアを通しての影響も考えられる。

(5)成人期以降の環境要因

変化に富む青年期と比較すると成人期は安定しており，感情の起伏も少なくなる。この時期には，職業生活や家庭生活など新しい人間関係が重要な意味をもつようになり，置かれた場や状況・地位などの環境条件により役割に応じた行動様式を獲得していく。職業生活，結婚，子育てなどのさまざまなライフイベントの経験を通して，それまでに形成されてきたパーソナリティが再構成されることになる。

他方，この時期には，自らが子育てという子どものパーソナリティ形成にとって重要な環境要因になることを認識する必要があろう。したがって，親として，人間として成熟したパーソナリティが求められる。親のパーソナリティ上の問題は，極端な場合児童虐待というような子育ての資格を問われるような事態にもつながりかねない。

それでは成熟したパーソナリティとはどのような特徴をもつものであろうか。オールポートは，①自己意識の拡大，②他者との温かい関係，③情緒安定性，④現実的な知覚と技術，⑤自己客観視，⑥統一的人生哲学を成熟したパーソナリティとしてあげている。

3．パーソナリティの恒常性

パーソナリティは，気質を基礎として乳幼児期，児童期と周囲の環境的な影響のもとに形成されていき，個人差もあるが青年期以降はあまり変化しないという見解が有力で，それ以降について，青年期から成人期の変化と成人期から老年期の変化を比較すると，後者の方が安定しているという（鈴木，1998）。下仲(1988)が過去の5年から40年にわたる縦断研究を調べたところによれば，13研究中10研究は安定性を見いだし，残りも安定—不安定（変化）が混在してい

たという。一般的に人格構造の内部つまり気質的なものほど変化しにくいが，重大なライフイベントの体験によっては変わりうる。

　トマスら（Thomas, A. et al., 1970）はニューヨーク縦断研究において，生後2，3か月の時点からの気質の恒常性について検討した。彼らは，乳児の気質的特徴を9カテゴリーに分け，そのうち周期性（生理的機能の規則性），接近性（新奇事態での反応），順応性（環境変化への慣れ），機嫌，反応の強さから，扱いやすい子ども（40％），扱いにくい子ども（10％），時間のかかる子ども（15％）の3タイプ（1/3程度は分類できなかった）に分類でき乳児期の間一貫しており，残りの特徴を含め幼児期，児童期と安定的な傾向がみられた。

　しかし，われわれの行動は，まわりの状況によって変化することがある。古くはハーツホーンら（Hartshorne, H. et al., 1928）が，正直性，自己抑制などの特性は，恒常的ではなく状況要因の影響を受けやすく，ある状況での行動が他の場面でも同様になるという予測性はもたないことを明らかにした。その後，ミッシェル（Mischel, 1968）による「状況を越えた行動の一貫性はない」という主張に端を発し，「人か状況か論争」または「一貫性論争」が約20年間にわたって続き，状況要因を無視することはできなくなり，「人も状況も」という相互作用論が台頭した。こうした考え方は，レヴィンが提起した場理論（p.75-76参照）とも通じるものがある。

3節　パーソナリティの理解

1．パーソナリティ検査法

　教室はさまざまな個性を有する人の集まりである。特に臨床的問題を抱える子どもの場合，正確なパーソナリティの診断なくして改善を図ることはできない。パーソナリティを理解するには，観察法，面接法，検査法などの方法がある。前2者は別章1にもあるので，パーソナリティ検査法について概観する。

　パーソナリティ検査法には質問紙法，投影法および作業検査法があり目的や状況に応じて選択して行なわれる。質問紙によるパーソナリティ検査法は，具体的な質問項目に対して，多くの場合2件法または3件法で回答する方法で内的な側面を理解でき，短時間で多くの資料を収集が可能で，個人間の比較が容易であることに長所がある。ただ，答えはすべて被検査者に依存しているので，社会的望ましさによる歪みや黙従傾向などの問題点（p.221参照）がある。実際，回答結

果と現実の行動の間には，低い正の相関（.3程度）しか見いだされなかったという（柏木，1997）。なお，具体的な検査については表5-6に示した。

表5-6 質問紙によるおもなパーソナリティ検査

検　査　名	開発者	測定尺度	項目数	背　景
ミネソタ多面的人格目録 （MMPI）	ハサウエイ マッキンレイ	臨床尺度 10 妥当性尺度 3	550 項目	精神医学的診断
矢田部・ギルフォード性格検査 （YG検査）	原版は ギルフォード	特性 12 類型化も可能	120 項目	ギルフォードの特性論
16 PF 人格検査	キャッテル エーバー	特性 16 2 次因子 4	187 項目	キャッテルの特性論
日本版モーズレイ性格検査 （MPI）	原版は アイゼンク	3 次元 虚偽尺度	80 項目	アイゼンクの特性論
顕在性不安検査 （MAS）	テイラー	不安 虚偽尺度	65 項目	スペンスのアイオワ理論

投影法はふつう曖昧な図，絵，文章などに対する反応から，パーソナリティを理解しようとする方法である。質問紙法での歪みは回避でき，パーソナリティのより深い層まで測定できるが，それぞれが独自の理論的背景をもつため，それらの習熟が不十分だと正確な解釈はできない。具体的にはインクのしみでできた左右対称の10枚の図版が何に見えるかを，詳細に分析することによって診断するロールシャッハテストは代表的な投影法で，臨床領域で広く採用されている。また，絵画統覚検査（TAT）は場面に人物が存在する絵を提示し，物語を構成する検査で主人公の欲求―圧力の関係を中心に分析する。

これらの他に文章の最初の部分が提示してある用紙にその後を自由に続けさせ，その内容からパーソナリティを把握しようとする文章完成テスト（SCT），対人関係でストレスを感じるような表情の描かれていない線画を提示し，相手のことばに対して返答させる絵画フラストレーションテスト（P―Fスタディ），人物画（DAP）や樹木画（バウムテスト）などの描画法などがある。

作業検査法の内田・クレペリン精神作業検査は，一桁の足し算を連続的（1分ごとに15分作業―5分休憩―15分作業）にさせその作業量・内容によって，意志緊張，興奮，慣れ，練習，疲労の5因子を調べようとするものである。

2．パーソナリティ検査法の比較

パーソナリティ検査を紹介してきたが，それぞれ長所，短所を合わせもっている。したがって，利用するに際してはその特性を十分踏まえた上で，実施に移す

ことが望まれる。次の表5-7はパーソナリティ検査法を，いくつかの観点から比較したものである。

表5-7　パーソナリティ検査の長所・短所の比較（豊原，1965）

長所・短所の可能性＼検査法	作業法		質問紙法		投影法	
1．人格性観察の視野（特性把握）の広さ	狭くなる	III	広い	I	疑問	II
2．人格性観察の深さ	浅い	III	中	II	深い	I
3．職業場面における問題人格の発見	概して無理	III	可能	I～II	可能	I～II
4．知能検査によるような資料も取りうる可能性	ややあり	II	無	III	あり	I
5．データの信憑性	あり（討論検査は別として）	I	疑問	III	あるが少し疑問	II
6．データのとりまとめと解釈の難易度	中	II	易	I	難	III
7．検査実施者の差による誤差の程度	中	II	小	I	大	III
8．職務分析への補助手段となる可能性	あり	I～II	あり	I～II	無	III
9．人事考課における人物判定への補助手段となる可能性	ややあり	II	あり（ただし他人観察的に使用する場合）	I	無	III
10．所要時間	投影法よりは一般に要しない　集団でやれる	I～II　I			不定であると同時に一般に長時間を要する	III
11．経費（整理・判定費を除く）	だいたいにおいて大差なし					

注）：わく内の I，II，III は好ましさの順位を表わす。

【用語解説】
ギルフォード（Guilford, J.P., 1987-）：知能の構造モデル説や創造性研究など心理学の広い領域で多大な功績を残したアメリカの学者である。パーソナリティの領域では13因子からなる特性論を提唱した。YG検査は矢田部達郎が12因子に絞り作成したもので，情緒安定性，社会的適応性，積極性―消極性の得点の形態から，定型5類型を中心に21の類型化が可能である。

ロジャース（Rogers, C.R., 1902-1987）：アメリカ心理学会の元会長で，心理治療の領域で来談者中心療法（非指示的療法）を体系化した。それまでのカウンセリングが積極的に治療のために説得，助言などの指示を多用するのに対して，この方法ではカウンセラーはクライエントの自己成長力の可能性を信頼することを基本としている。

心理的離乳（psychological weaning）：ホリングワース（Hollingworth, L.S.）が用いた概念で，乳児期の生理（身体）的離乳に対して，青年期になると自己意識が発達し精神的に独立した個としての存在を求めるようになる。しかし，両親への依存という安定した生活からの離脱には不安や緊張が現れ，精神的な不安定さをともなう。心理的離乳が達成されていないと，社

会生活での適応に困難が生じる可能性がある。
自我同一性（ego identity）：アイデンティティともいい，エリクソン理論の重要な概念のひとつである。彼は各発達段階には心理・社会的危機が存在すると考え，青年期の危機として自我同一性確立対同一性拡散をあげている。前者は過去から未来にわたる連続体として自己を位置づけ，自分がなんたるか，人生の目的は何かなどを自らに問いかけ，それらを獲得した状態をいい，後者はそれに失敗した状態をいう。

絵画フラストレーションテスト（Picture-Frustration Test；P-F study）：日本版は林勝造によって作成され，児童用と成人用がある。この検査は日常生活で経験するフラストレーション状況を描いた24の絵場面からなり，それぞれ複数の人物が登場し，吹き出しの話しかけへの反応を分析する。自我阻害場面(16)と超自我阻害場面(8)からなり，おもに反応をつぎの2つの側面から分析する。攻撃の方向としては外罰，無罰，内罰が，反応型としては障害優位，自己防衛，要求固執がある。

[理解を深めるための参考図書]
クラーエ，B./堀毛一也(編訳)　1996　社会的状況とパーソナリティ　北大路書房
佐藤達哉(編著)　1998　性格のための心理学　現代のエスプリ372　至文堂
杉山憲司・堀毛一也(編著)　1999　性格研究の技法　福村出版
詫摩武俊(編著)　1998　性格　日本評論社
詫摩武俊(監修)　1999　性格心理学ハンドブック　福村出版

6章 社会性の発達

1節　社会的に発達するとは

> ママ
> ココイタイノ？
> ヨチヨチ
> エリチャンガダッコチテアゲマチョ
> これは，2歳4か月になったばかりのころの娘のつぶやきである。自分が母親の腕をガブリと噛みついたことなどすっかり忘れたようすで，母親が痛がると「ヨチヨチ」とやさしく頭を撫で，その小さな胸に抱きしめることで慰めようとしている。まだ困窮の因果関係を理解することはむずかしいものの，相手を思いやる心の芽ばえが感じられて，母親にはうれしいつぶやきである。

どのような社会に生まれても，子どもは周囲の多くの人々との絶え間ない相互作用によって，その社会の構成員として必要とされる価値規範，行動様式，言語といったものをめざましい早さで獲得し，その社会にふさわしい行動パターンを発達させていく。この過程は社会化（socialization）とよばれ，社会化の結果として私たちは社会性（sociality）を身につける。

繁多（1991）によれば，社会性とは「個人が自己を確立しつつ，人間社会の中で適応的に生きていくうえで必要な諸特性」と定義されている。そしてこの場合の「適応的」とは，環境をよりよい方向へと改革しようとする態度も含めた積極的・能動的態度をさすものであり，またそれと同時に，歯磨きのようなその社会の生活習慣や，社会的規範などを取り入れていくといった側面も含むものであるとしている。社会性を発達させることは，平たくいえば，一人前の社会人になることである。

このような社会性の発達には，2つの側面があることが指摘されている。1つは，子どもが主体的に社会に働きかけることを通して，社会的行動を学習し，自らを社会化していく側面であり，もう1つは，まわりの人々が子どもにその社会の文化を伝達しながら，子どもがその社会に適応していくのを援助する側面である。今日では，これら2つの方向から社会化は進行すると考えるのが一般的になってきた。

子どもの社会適応を援助する人々は，社会化のエイジェント（agent）とよばれている。母親，父親，祖父母，きょうだい，親戚の人々，保育者，教師，地域の人々，友達といった人々，さらにはマスメディアなどがそれに含まれる。子どもたちは，さまざまなエイジェントからの働きかけを受けながら，自ら主体的に社会に働きかけることを通して，自己の社会性を育てていくのである。次節ではその様相を，対人関係の発達の中に概観してみよう。そして，そこで育まれる社会的コンピテンスについては，3節で取りあげる。

2節　対人関係の発達

乳幼児期の社会化の主たるエイジェントは，一般的に，親，特に母親である。そして，子どもが幼稚園や小学校に進むようになれば，教師や学校関係者も重要なエイジェントとして加わってくる。乳幼児期の代表的な社会化エイジェントである母親との関係について，まず考えてみよう。

1．母子関係と愛着

生まれて間もないころの赤ちゃんには，母親と他の人物を区別したような行動は見られない。しかし，生後6か月ごろになると，母親に対する態度が他の人物とは明らかに異なってくる。たとえば，他の人物が部屋から出て行っても平気なのに，母親がいなくなると泣いたり，あとを追ったりといった行動がみられるようになる。他の人物がどんなにあやしてもダメなのに，母親が抱くとぴたりと泣きやんだりする。また，母親が近くにいれば安心して探索行動に精を出し，ちょっと怖いことがあったりすると急いで母親のもとへ戻りしがみついたりするようになる。

イギリスの精神分析学者ボウルビィ（Bowlby, J.）は，このような母親に対する赤ちゃんの行動を「愛着行動」とよび，「愛着（アタッチメント）」形成の重要性を指摘した。愛着とは，特定の人物に対する愛情の絆のことであり，赤ちゃんが他者を信頼し，好きになることである。そして多くの場合，最初の愛着の対象者は母親であり，その後の対人関係の基礎を築くものであるともいわれている。

表6－1に，ボウルビィの愛着の発達過程を示した。特定の人物に対する愛着行動が見られない第1段階から，特定の人物に対する「好み」が見られ始める第2段階。母親を他の人物とはっきり弁別して，母親に対する接近・接触を求める第3段階。母親がいなくても，母親との心の結びつきを感じ続けることができる

ようになる第4段階へと発達していくようすが読み取れる。第3段階に含まれる「安全基地」としての母親の利用は特に重要で，そこから始まる探索活動は，乳幼児のさまざまな能力の発達を支援するものである。

子どもは，最初に経験する信頼に満ちた母子関係を基礎にして，父子関係，きょうだい関係，さらには祖父母との関係へと家族内の人間関係を発展させていく。

表6-1　ボウルビィによるアタッチメントの発達過程（清水，1994より）

第1段階：人物弁別をともなわない定位と発信（出生から12週）
乳児は，周囲の人に対して追視，つかむ，手を伸ばす，微笑する，喃語を言うなどの方法でかかわる。これは，おとなを乳児の近くへ引き寄せる効果をもつが，特定の人物を他の人と弁別する能力はまだない。
第2段階：ひとり（または数人）の弁別された人物に対する定位と発信（12週から6カ月ごろ）
第1段階で見られたような行動を特定の人（乳児の養育等に多くかかわってくれるより母性的な人物）に対してむける。
第3段階：発信ならびに動作の手段による弁別された人物への接近の維持（6,7カ月から2歳ごろ）
外出する母親を追う，帰宅した母親を迎える，深索活動のためのよりどころ（安全基地）として母親を利用するなど，乳児はますます区別して人に接するようになり，愛着対象人物への接近を維持しようとしはじめる。このころに母親に対する信頼感が形成される。見知らぬ人への恐れや警戒が強くなって人見知りが出現するのもこの段階である。
第4段階：目的修正的協調性の形成（3歳前後から）
母親に行動を合わせることができるようになる，母親がいなくても我慢できるようになるというように，子どもは母親の感情および動機について洞察しうるようになり，母子の間には互いによりいっそう複雑な関係（協調性）を発達させるための基礎が形成される。

2．父親・きょうだい・祖父母との関係

ラム（Lamb, M.E., 1976）によれば，母親は世話やしつけのために子どもを抱き，父親は遊び相手となるために子どもを抱くことが多い（図6-1）。このように，父親と母親には親として共通する役割（たとえば，家族のリーダーとして家族成員に経済的・心理的安定をもたらす）もあるが，それぞれが異なった役割も担っていることが指摘されている。

リン（Rin, D.B., 1978）は，父親には家族の中での典型的な役割があると考えており，母親と子どもとの一体感（甘え・依存）を適度に絶ち，健康な家族関係づくりに貢献できる人であり，教育，道徳的価値観（特に責任感），個人的価値観，安全性などに配慮し，子どもをより社会に関係づけようと子育てしていると評価している。また，吉森ら（1983）は，母親が社会人としてすぐに役立つ世わたりの技術を教えるのに対して，父親は社会人としての義務と責任の遂行（生き方）を教えるという特徴をもつ人であると述べている。子どもの社会化にとっ

て，両親がそれぞれにはたす役割はたいへん大きい。

「カミナリオヤジ」から「やさしいパパ」へと父親像は変遷し，子どもへの影響も変わってきていることだろう。また，まだごく少数派ではあるが，近年の育休パパ（母親にかわって生後1年間の育児休暇を取得する父親）の登場も，これからの家族関係の発達に変容をもたらすことであろう。今後の報告を待ちたい。

次にきょうだいの関係は，親子関係のようなタテ関係と仲間関係のようなヨコ関係を合わせもつものとして，ナナメ関係といわれている（依田，1990）。そして，きょうだいの数や年齢差，性差などによってこのタテとヨコの関係の割合が変化し，それぞれのきょうだい特有のナナメ関係が生じていく。一般に，きょうだいの年齢差が大きければタテの関係が強まり，上の子が下の子を養護する関係になりがちであるし，年齢差が小さければヨコの関係が強まって，仲間関係に近いより対等な関係が生じる。

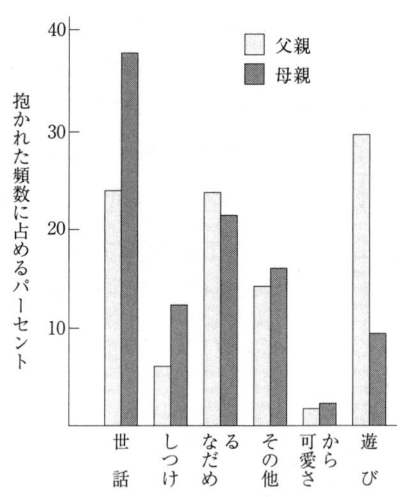

図6-1 父親および母親の乳児を抱く理由
（世話やしつけは母親が多く，遊びは父親が多い）（Lamb, M.E., 1976；松田，1978より）

このようにきょうだい関係と一口に言っても，そのあり方は一定ではない。しかし，共通して言えることは，きょうだいの存在が子どもの社会性の発達をさまざまに促進する働きをもつということである。きょうだいは，もっとも身近な社会的行動のモデルであり，共感，嫉妬，競争，協同といった豊かな感情体験をストレートにもつことのできる相手である。子どもは，きょうだいけんかをくり返しながら他者の感情を理解する能力を育てているのである。

祖父母のはたす役割については，女性労働の増加によって祖父母の教育力の復権が叫ばれるようになってきた。祖父母は，その社会の文化や習慣を伝承するという面では，親以上に影響力をもつものである。また，親とは違った子どもへのかかわり方や愛情表現の可能性をもっており，子育て受難の現代における役割は大きい。しかし，その反面，親とのトラブル回避や祖父母自身の楽しみの追求のために，子育ての援助を後込みする状況も生まれている。子どもの社会化のエイ

ジェントとしての祖父母のあり方について,今後のさらなる検討が望まれる。

3. 仲間関係の発達

「子どもが1歳になったら友達を」といわれるように,仲間は子どもの成長に欠かすことのできない大切なものである。同年齢の仲間に関心を示すようすは乳児においても観察される。そして,自己意識の芽ばえとともに他者の感情や意図の推察が始まる3歳ごろから,積極的な仲間関係が営まれるようになる。この時期の子どもは,遊び仲間との対等な相互交渉を通して,また遊び集団の形成や維持・発展などを通して,他者に対する認識を深めていく。そのため,遊び仲間の数,遊びの質と量,集団保育のあり方,それらに対する親の受けとめ方など,さまざまな要因が仲間関係を規定し,対人認知の発達にも影響をおよぼしていくのである。

乳幼児期に始まる仲間づくりは,児童期にめざましい進展をみせる。家族より仲間といる方が楽しいと感じられるようになり,ギャングエイジ(gang age)とよばれるような仲間集団の強い結びつきを示す時期を迎える。そしてその中で,適切な自己主張の方法や約束やルールを守るといった社会生活の基礎となるようなことを学んでいくのである。しかし,仲間関係がもっとも重要な意味をもつのは,中学生ごろから始まる青年期だといわれている。この時期は,親や教師をはじめとした周囲の大人社会への否定的感情が芽ばえ高まる時期であり,同世代の仲間の言動により強い共感を覚える。また,急激な身体的成熟による精神の不安定を経験するとともに,アイデンティティの確立という課題をになう精神的ストレスの高い時期でもある。そのため,仲間との深い情緒関係の中に,精神の安定やストレスの軽減を求めようとし,仲間の存在を非常に大きなものとして感じるようになる。その結果,個人の社会的行動は,所属する仲間集団の規範や価値観などに強く規定され,動機づけられていくのである。

3節 社会的コンピテンスの発達

社会化の過程で育まれていく能力を社会的コンピテンスとよんでいる。コンピテンス(competence)とは,「生体がその環境と効果的に相互交渉する能力」のことであり,生体が積極的に環境とかかわろうとする動機をも含めた概念である。つまり,社会的コンピテンスとは,人がその生活する人間社会と効果的に相互交渉しようとする能力のことであり,たとえば以下のような諸能力が含まれている。

1. 自己の理解の発達

　社会的に発達するということは，単に社会の中に組み込まれていくというものではない。他者との相互作用の中で自己を認識し，その社会の中に自己を位置づけていく営みでもある。そのためには，自己並びに他者，さらには社会の事象（人々の間のルール，人と人との関係，社会のしくみなど）について，適切に理解する力の発達が必要である。自己の理解については特に重要であろう。

　自他未分化で生まれてきた子どもは，周囲の人々との積極的な相互交渉を通して自己の存在に気づき，自己のイメージ化をはかっていく。その発達の様相をデーモンら（Damon, W. et al., 1988）は，図6-2のように整理している。認識される「客体としての自己」と，認識する「主体としての自己」を併せて検討していて興味深いものである。

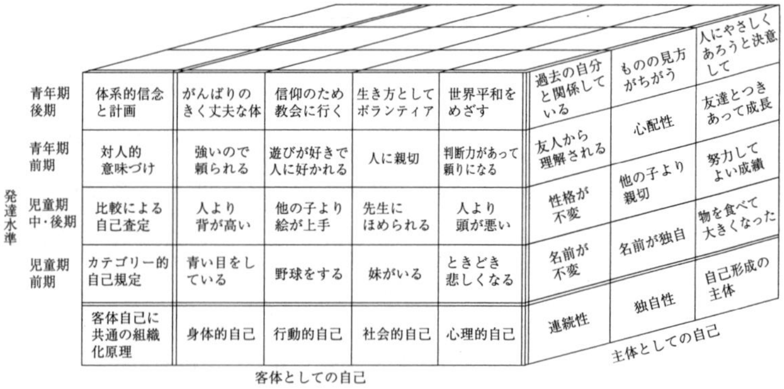

発達水準	客体自己に共通の組織化原理	身体的自己	行動的自己	社会的自己	心理的自己	連続性	独自性	自己形成の主体
青年期後期	体系的信念と計画	がんばりのきく丈夫な体	信仰のため教会に行く	生き方としてボランティア	世界平和をめざす	過去の自分と関係している	ものの見方がちがう／心配性	人にやさしくあろうと決意して／友達とつきあって成長
青年期前期	対人的意味づけ	強いので頼られる	遊びが好きで人に好かれる	人に親切	判断力があって頼りになる	友人から理解される	他の子より親切	努力してよい成績
児童期中・後期	比較による自己査定	人より背が高い	他の子より絵が上手	先生にほめられる	人より頭が悪い	性格が不変	名前が独自	物を食べて大きくなった
児童期前期	カテゴリー的自己規定	青い目をしている	野球をする	妹がいる	ときどき悲しくなる	名前が不変		
	客体としての自己					主体としての自己		

図6-2　自己理解の発達モデル（Damon, W. et al., 1988；山路，1997より）

　彼らによれば，客体としての自己の理解には，4つの内容（身体的自己・行動的自己・社会的自己・心理的自己）に共通した発達原理がみられるという。つまり，バラバラな特徴の集合体として理解されている「カテゴリー的自己規定」の段階から，他者や規範などとの比較のうえで自己を理解しようとする「比較による自己査定」，他者との相互作用のあり方から自己を理解しようとする「対人的意味づけ」を経て，信念や人生計画などに基づいた自己の体系的な概念化がなされる「体系的信念と計画」の段階へと発達していくとしている。一方，主体としての自己理解の3側面には，共通した発達の原理は見いだされていないが，それぞれに4つの発達レベルが呈示されている。

2. 道徳性の発達

人が円満な社会生活を営むためには、倫理的なルールにのっとった社会的行動が不可欠である。それらは善悪の判断に基づく行動であり、道徳性（morality）とよばれている。道徳性の獲得と発達のメカニズムを説明する理論には、大きく以下の3つがある。1つは、精神分析理論であり、善悪の判断基準となる「良心」が同一視による親の価値観の取り込によって発達していくとする立場である。2つ目は、社会的学習理論であり、道徳性に基づく社会的行動を条件づけとモデリングの理論で説明しようとするものである。両者が道徳性の他律的側面を強調するのに対して、3つ目の認知的発達理論では、自由で自律的な道徳判断へと向かう発達の水準と段階が明らかにされている。

コールバーグ（Kohlberg, L., 1969）は、3水準6段階からなる道徳性の発達段階を設定している。その発達は、表6-2に示すように、前慣習的水準の道徳性から慣習的水準の道徳性を経て、自律的で原則的な水準の道徳性へといたるものである。

表6-2 コールバーグによる道徳判断の発達段階
(Kohlberg, L., 1969；荒木, 1978より)

水準	段階
I　前道徳的水準	1．罰と従順志向：道徳的基準は外的なもので、自己の行為の外的な結果が人からほめられるか、罰せられるかで決められる。 2．素朴な自己本意志向：自己の欲求や利益を充足するのに役立つ限りにおいて道徳的とする。
II　慣習的役割への同調 （社会の賞讃と非難に関する期待によって統制された役割への同調としての道徳判断）	3．よい子志向：他人からほめられたり、他人とよい関係を持とうとする方向で道徳判断がなされる。 4．権威と社会秩序維持志向、義務をはたし、権威を尊重し、社会的秩序を維持するために伝統的な権威による罰を避けるように同調する中で道徳判断がなされる。
III　自律的道徳原理 （慣習にとらわれた判断をこえて自律的に判断する）	5．社会的契約と法律的志向：正しい行為は個人的権利を考慮しながら、かつ社会全体から承認されるような形で判断される。 6．良心または原理の志向：社会的規則に合致するだけでなく、論理的普遍性と一貫性に照らして自己選択した原則に合うかを判断していく中で良心が働く。

3. 向社会的行動の発達

困っている人や助けを求めている人に援助の手をさしのべる行為は、人間関係の形成や維持に有効に機能すると考えられる。このような他者の利益や幸福を目

的とした思いやり行動は，向社会的行動（prosocial behavior）とよばれ，「他者の利益のために自発的になされた行動であり，かつ外的な報酬を期待することなく，それ自体が目的としてなされた行動のことである（Mussen, P. et al., 1980）」と定義されている。

向社会的行動は，非常に利己的な理由から，自己の犠牲もいとわない利他的な理由まで，さまざまな理由から行なわれる。そしてその理由づけ（動機）には，年齢的な傾向がみられる。幼児や小学校低学年の段階では，相手の状況よりも自己の要求に関心を示し，快楽主義的指向（自分に役立つから），他者の要求への指向，承認・対人的指向（ほめられるから）による理由づけがおこなわれやすい。やがて小学校高学年から中学，高校へと加齢するにしたがって，自己から他者へと焦点化されていき，他者の立場・心情への共感や内面化された価値・規範によって行動がうながされるようになる。しかし，状況要因（たとえば第三者の存在の有無）等によっては，年齢傾向が必ずしも一定していない場合もある。

4．性役割の発達

いずれの社会にあっても，性による役割のちがいは比較的明確であり，社会はこの枠組みにそった形での行動を構成員に要求しがちである。子どもがある社会生まれ，適応していくためには，その社会が要求する性役割の体系を学習し，身につけていく必要性が生じる。これが性役割（sex role）の発達である。

福富（1983）によれば，性役割の発達は人格形成過程と同様に2つの時期に分けてとらえることができる。第1の時期は，幼児期を中心とした青年期以前。「性の型づけ（sex typing）」とよばれる段階で，社会が要求する性に基づく行動やパーソナリティ特性を学習していく。第2の時期は，思春期から青年期にかけて。第二次性徴を迎えて，自分の中の男性性や女性性を自覚することに始まり，これまで身につけてきた行動様式を社会や文化とのかかわりのなかで吟味・修正し，性役割を自己概念や自我同一性の一部として確立していくことが期待される。

5．コミュニケーション能力の発達

相手に自己のメッセージを伝え，相手からのメッセージを適切に受け止め理解することは，社会的コンピテンスの中でも中核をなすものである。このような能力はコミュニケーション能力とよばれ，対人関係の困難性が叫ばれる現代において，特にその重要性が注目されている。

荻野（1997）によれば，コミュニケーション能力の発達は以下のような3つの

水準でとらえることができる。いずれの水準においても，適切でアクティブな受信者の存在が欠かせないが，水準1や2における受信者の役割がたいへん大きいことは容易に読み取れる。

水準1：発達初期に現われる解釈者に依存したコミュニケーション（母親は乳児の泣きを空腹と解釈して授乳するが，乳児側にはまだ明確な意図があっての行動ではなく，受けての解釈によって意図が付与される。読み取る人がいて成立するコミュニケーション）

水準2：生後1年目の後半に現われる道具的コミュニケーション（指さしやぐずり泣き，言語といったコミュニケーション機能をもつ特定の行動を使用する。誰かに何かを伝える手段を獲得する）

水準3：明確な目的志向性をもち，他者表象を伴うコミュニケーション（泣いたふりをして人の注意を引きつけようとするなど，相手の内的過程を想定してメッセージを発信する。相手のことをイメージし，どのように相手に受けとめられるかなどを考える）

4節　社会性の発達のために

中学校教諭の河上（1999）は，学校の役割を，子どもが社会に出て一人前の社会人として生きていくのに必要な基礎的な力を身につけさせること，つまり「社会的自立」をうながすことと述べている。しかし，彼によれば「最近の生徒はひ弱になった反面，ひじょうに頑固でわがままになった」「自我に柔軟性がなく，固くてひじょうに個別的，つまり社会性がなくなっているように思われる。だから，他人から働きかけを受けたとき，うまくそれを受け入れて，自我を広げていくことができないため，すぐに傷ついてしまう。そして，傷つくのを避けたいために，人間関係がひじょうに希薄になっている」。そしてそのことが，今日の学校教育をたいへんむずかしいものにしていることを指摘している。

子ども1人ひとりの個の育ちを支援しながら，豊かな社会性の育ちを見守ること。子どもたちが一人前の社会人に育っていくために，人を含めた社会環境がいかにあるべきかを十分に検討すること。社会性の発達を保障することは，今後ますます重要な意味をもつものである。

【用語解説】

探索行動(explratory behavior):人間を含む動物が,新奇な対象や初めての場面に出会ったときに,その環境についての情報を収集・処理するために盛んに行なう,見る,聞く,かぎ回る,触れる,いじくるといった能動的な働きかけのことである。乳幼児期は,この探索行動によって新しい環境への対処の仕方を学習していくので,この時期の自由な探索行動を支援することは,子どもの知的発達や自主性の発達をうながすことにつながる。

ギャング集団(gang group):児童期中期から後期はギャングエイジとよばれ,子どもたちは遊びを中心としてさまざまな活動を集団で行なうようになる。この集団は,リーダー・フォロアーの構造が明確で,グループ構成員にだけ通用する約束やルールがあり,閉鎖性,排他性を有する凝集性の高い集団で,ギャング集団あるいは徒党集団とよばれる。このような仲間集団の活動は,子どもたちに社会的知識や技能を獲得する機会を提供し,社会性の発達に重要な意味をもつものである。

道徳的発達を説明する三理論:「精神分析理論」では,同一視によって,子どもは両親や他の人物から道徳的判断の基準となる「良心」を取り込み,この「良心」に基づいて行動を判断したり調整したり,罪悪感をもったりするとしている。「社会的学習理論」では,子どもは直接的な強化(賞や罰)やモデリングなどによって,道徳的な行動を学習・形成していくとされている。この場合も周囲の大人,特に両親のはたす役割は大きく,他律的な側面が強調されている。他方,「認知発達理論」では,子ども自身が環境に働きかけ,自分独自のやり方で環境を知覚し,刺激を解釈したり体系づけたりすることで,道徳的思考を発達させていくとしている。そしてそこには,一連の普遍的で一定な発達段階が存在し,年齢的変化の本質に光を当てようとするものである。

[理解を深めるための参考図書]

アイゼンバーグ,N.・マッセン,P./菊地章夫・二宮克美(共訳) 1991 思いやり行動の発達心理 金子書房
繁多 進・青柳 肇・田島信元・矢澤圭介(編著) 1991 社会性の発達心理学 福村出版
井上健治・久保ゆかり(編著) 1997 子どもの社会的発達 東京大学出版会
河上亮一 1999 学校崩壊 草思社
森下正康 1996 子どもの社会的行動の形成に関する研究 風間書房

◆◆◆第Ⅱ部　学習の心理学◆◆◆◆◆

　　7章　学習の成立と理論
　　8章　学習指導
　　9章　教育工学と情報教育
　　10章　学習の評価と測定
　　11章　学習環境としての学級集団

　学習ということばは，学校での教科学習など特定の分野を連想させるかもしれないが，心理学では非常に広範囲な事柄を含んでいる。第Ⅱ部では，まず学習にはどのような内容が含まれているかを示し，それらがどのように成立するかという説明理論について，連合理論と認知理論という2つの大きな流れを紹介する。そして，学習の方法として動機づけなど関係する諸要因や学習の能率を高める手段等をみていく。
　次に学校教育の中で展開する狭い意味での学習について，学習指導の側面からその意味や学習目標の重要さを指摘し，これまでに開発されてきたいくつかの学習指導法について具体的にあげていく。さらに，コンピュータを利用した学習を中心に，他のメディアによる教育も含め教育工学と情報教育についての動向やその意義や問題点を指摘する。
　学校教育を考えるときに密接な関係にあるのが，教育評価の領域である。教育評価については，さまざまな論議があり問題も多いが，単に子どもたちを順位づけすることを目的とするのではなく，集団としてまた個別的にも学習指導の結果を評価することによって改善したり，確認する意味もある。教育評価にはさまざまな方法があり，おのおのの意味や特徴を理解した上で利用すれば，その後の児童や生徒の学習活動みならず教師の教授方法にも貢献するであろう。その際，留意しなければならないのは，量的評価に依存するのではなく，質的評価の導入が求められるとともに，主観性を排除しいかに客観的に行なえるかである。
　最後に学級集団は，子どもの人格形成の場として重要な機能を有するだけでなく，学習面においても貴重な環境を提供する。学校での学習活動はほとんど学級集団の中で行なわれ，個人ではできない多くのことを経験できる。ここでは学級集団の発達や特徴，その中での教師の指導や集団学習などを概観していく。今日教師の指導性が強く問われており，教師には学習面だけでなく，日常場面で学級集団を正確に把握し，適切な対応が求められている。

7章 学習の成立と理論

1節 学習とは何か

1. 学習の定義と意義

　一般に，学習ということばを聞いた時には，学校での勉強，いわゆる教科の学習を連想される人が多いであろう。しかし，心理学で扱う学習は，もっと広い意味合いをもつ概念である。たとえば，箸のもち方や衣服の着脱の仕方等の基本的な生活習慣，野球やサッカー等のスポーツ技能，楽器の演奏に代表されるさまざまな道具を扱う技能，食べ物の好き嫌いや各種の恐怖症のように個人的体験に伴う感情のあり方，さらにはことばの獲得というように，非常に広範囲のものが，学習の結果によるものなのである。したがって，われわれ人間が日常生活の中で示す行動のほとんどが，学習によって習得されたものであるといえる。

　こうした学習は，一般に「経験による比較的永続的な行動の変容あるいはその成立過程」と定義されている。ただし，これには，成熟のような経験によらない行動変容や，疲労や薬物の影響による一時的な行動の変容は含まれていない。まさに，練習や訓練といった経験を通して，上達や成績向上といった方向に行動のあり方が変化していく過程を学習とよぶのである。

　それでは，学習は人間にとっていったいどのような意義をもつのであろうか。われわれ人間をも含めた動物の行動様式には，学習により後天的に獲得される行動様式の他に，走性や反射や本能的行動のような生得的な行動様式がある。下等な動物ほど，その生活においては，生得的な行動様式に依存している度合が高く，相対的に学習性の行動様式に依存する度合は低くなっている。したがって，行動のレパートリーはかなり限定されており，個体間の差異もきわめて小さいのである。しかしながら人間の場合には，長い進化の歴史の中で，大脳の増大化が進み，それに伴い高度な文明社会を築きあげてきたことにより，学習性の行動様式への依存度が，他の動物とは比較にならないほどに高くなったのである。特に現代の人間社会においては，適応的な生活をするためには，かなりの知識や技能が必要とされるのである。言い換えるならば，人間が人間らしい生活をするために学習が必要なのである。ここに，社会の中で行なわれる意図的学習としての教育が生

み出された理由が存在するのである。
　このような人間における学習は，非常に多岐にわたっており，個人差も大きく，その種類は多種多様である。それらを厳密に分類することは，きわめてむずかしい問題であるが，大きく2つの分類の観点がある。1つは，何を学習するのかという内容からの分類であり，もう1つは，学習がどのように成立するのかとういう成立メカニズムからの分類が考えられる。次に，これら2つの観点に基づき，学習のあり方について概観してみたい。

2．学習の内容
　人間がその生涯の中で学習する事柄は，驚くべきほど膨大な種類と量に及ぶ。ここでは，それらがどのような内容であるかを大別してみよう。

(1)知覚運動学習
　これは，日常生活における動作や技術の習得についての学習であり，技能学習という言い方もある。箸の使い方に代表されるさまざまな道具の使い方，スポーツの技術，楽器の演奏，自動車の運転など，基本的な生活習慣から高度な職業技術にいたるまでの，非常に広範囲の内容を含んでいる。それらのほとんどは，人間の学習の最も基本的かつ代表的なものである。これらの学習に共通するのは，知覚系と運動系との協応関係の習熟が求められるものであり，一般に練習や訓練を重ねるたびに上達の方向に変化していくものである。

(2)情動学習
　誰にも恐いものが，1つや2つはあるであろう。その恐怖の対象となるものは，人によってさまざまである。ましてや恐怖症となれば，一種の不適応状態であり，誰もがそのような症状を示すわけではない。確かに恐怖という情動の喚起は，生得的に仕組まれている部分もあると考えられるが，恐怖症の事例等を見ると，学習性の部分も多く認められるのである。
　ワトソンら（Watson, J.B. et al., 1920）がアルバート坊やを被験者として行なった恐怖条件づけの実験は，最初は恐怖反応を示さなかった白ネズミに対して，大きな金属音とともに対呈示することにより，白ネズミを見るだけで恐怖反応を示すようになったことを実証したものであり，恐怖がまさに学習により獲得されたことを示すものであった。この他にも，偏食に代表されるように，物や人に対する好き嫌いという感情も学習性である考えられる。

⑶言語学習

　われわれ人間は，まわりの人々とのコミュニケーションの手段として，さらには思考や推理をする手段として，おもにことばを用いている。人間以下の動物においても，音声を用いて他個体とコミュニケーションをしている種はかなり多いと考えられるが，文字言語を使いこなしている種は人間をおいて他に見当たらない。そういう意味で，言語はまさに人間を特徴づけるものであり，この学習のためにかなりの時間を費やしているのである。

⑷社会性の学習

　人間は，社会的動物であるといわれているように，集団の中での人間関係を営みながら生活をしている。その集団や組織をよりよく維持していくためには，そこには何かの工夫やおたがいの取り決めやルールといったものが必要になってくる。それは，あいさつをするとか，協調性を発揮するとか，他人に迷惑を掛けないようにルールを尊重するといった事柄のものである。通常，これらはしつけや教育を通して獲得されるものであり，この学習のされ方によりパーソナリティの違いが生じてくるものである。

3．学習の成立の型とそれらの理論

　次に，学習の成立メカニズムの観点から学習を分類し，併せてそれらの理論について簡単に紹介してみたい。学習の理論は，非常に多くのものがあるが，大きく連合学習理論と認知学習理論とに分けられる。連合学習は，刺激と反応（S－R）の間の結合あるいは連合の結果として考えられるタイプのものである。一方，認知学習はいくつかの知覚の再体制化，すなわち，環境の中の刺激関係に対応して学習者の認知構造が変化することとしてとらえられるタイプのものである。以下に，それぞれの代表的な理論を取りあげる。

⑴連合理論

　㈠古典的条件づけ（classical conditioning）

　古典的条件づけは，ロシアの生理学者パブロフ（Pavlov, I.P.）が行なった条件反射の研究で用いた実験手続きによる学習である。何度か医者に予防接種等の注射をされた経験をもつ幼児が，医者の白衣を見ただけで泣いてしまうという現象は，まさにこの古典的条件づけによって成立した学習といえる。

　パブロフは，被験体としてイヌを用い，図7-1に示されているような状況で実験を行なった。イヌは生来的に，食物を口にして初めて唾液を分泌するのであ

って，メトロノームの音を聞いただけでは唾液を分泌しないことが確認されている。しかし，イヌに食物を与える直前，あるいは同時にメトロノームの音を聞かせるという対呈示の手続きを反復すると，イヌは食物を与えられなくても，メトロノームの音を聞いただけで唾液分泌反応を示すようになるのである。この音と唾液分泌反応との新たな連合が学習なのである。

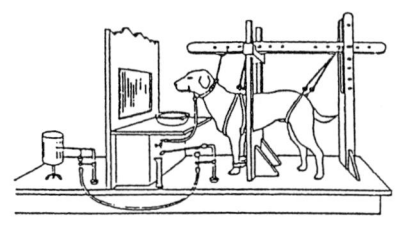

図7-1 パブロフの実験装置
(Yerkes, R.M. et al., 1909)

この場合，食物のように生来的に反射を生じさせる刺激のことを無条件刺激(unconditioned stimulus : UCS)，それによって生じる唾液分泌反射のような反応を (unconditioned response : UCR) とよぶ。さらに，メトロノームの音のように，本来は唾液分泌の反応とは無関係であった刺激のことを条件刺激 (conditioned stimulus : CS)，このCSによって生じる反応のことを条件反応 (conditioned response : CR) とよぶ。この機制を図式化すると図7-2のようになる。また，CSとUCSの対呈示という操作を行なうことを強化といい，この強化を反復すると，CR量は漸増し，その反応潜時はしだいに短縮する。

第1段階
　音(CS)→耳をそばだてる(r)
第2段階
　音(CS)→耳をそばだてる(r)
　食物(UCS)→唾液分泌(UCR)
第3段階
　音(CS)→耳をそばだてる(r)
　　　　↘唾液分泌(CR)
　──→生来的連合
　┄┄→条件づけによる連合
CS　条件刺激(メトロノーム)
UCS 無条件刺激(食物)
r　　無条件反射(耳をそばだてる)
UCR 無条件反射(唾液分泌)
CR　条件反射(唾液分泌)

図7-2 条件反射の形成過程

一度CRが形成されると，CSと類似している別の刺激に対してもCRが生じるようになり，これを般化という。さらに，CSを2種類用い，一方のCSのみを強化し，他方のCSは強化しないという条件で試行を重ねると，強化された刺激に対してのみCRが生じるようになり，これを分化という。また，一度形成されたCRも，無強化のCSのみの単独呈示を反復すると，ついにはCRは生じなくなり，これを消去という。しかし，消去後かなり時間を置いてから再度CSを呈示すると，反応が生起することがあり，このことを自発的回復という。このように，パブロフは条件反射の実験的研究を数多く行ない，高次条件づけが可能であることや，条件づけが成立すためにはCSとUCSとの時間的接近が重要な条件であることを見いだしている。

(b)試行錯誤学習 (trial and error learning)

　試行錯誤とは学習の成立についてソーンダイク (Thorndike, E.L., 1898) が動物実験に基づいて提唱したものである。具体的には，空腹なネコを，図7-3に示されている問題箱に入れて，どのようにして箱から脱出して，外にある餌を獲得するようになるかを観察したのである。それぞれの箱の扉にはさまざまな仕掛がしてあり，たとえば，ぶら下がっている輪を引っ張れば扉が開くようになっている。はじめのうちネコは，脱出方法がわからずあれこれでたらめな反応をくり返す。そのうち，偶然に輪に前肢がかかり扉が開き，脱出をし，外の餌を獲得するのである。そのような試行をくり返すうちに，むだな反応がどんどん減少していき，逆に有効な反応だけが残っていき，ついには箱に入れられるとすぐに脱出するようになり，学習が成立するのである。

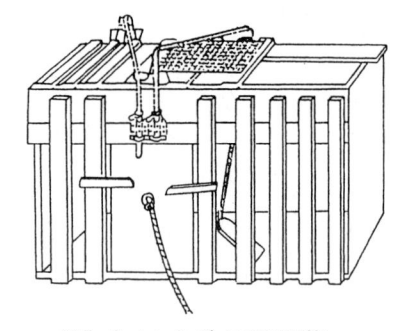

図7-3　ソーンダイクの問題箱

　この成立過程についてソーンダイクは，ある刺激状況下である反応を行なったとき，その反応が満足あるいは快によって伴われれば，その快の事態と反応との結合を強め，一方それらの反応に不満足や不快が伴われれば，その事態と反応との結合を弱めていくと説明し，これを効果の法則とよんだ。この効果の法則は，次の道具的条件づけの理論に大きく影響を与えている。

(c)道具的条件づけ (instrumental conditioning)

　先の古典的条件づけと並んで，条件づけのもう1つの型に道具的条件づけがある。これは，スキナー (Skinner, B.F., 1938) が，自らが考案したスキナー箱とよばれる実験装置を用いて，ネズミやハトを被験体として行なった実験研究の結果から提唱されるようになった学習の型である。

　空腹なネズミはスキナー箱に入れられると初期の段階では装置内の探索行動を示す。そのうち偶然にレバーに触れると，餌が餌皿に出てきてそれを食べることができる機会に出くわす。このような経験をくり返すうちに，ネズミは餌が出てくることには効果のない反応をしなくなり，レバーを押す反応の頻度が増加してくる。

　スキナーは，このような学習をオペラント条件づけとよんだ。オペラントとは，行動や反応が"自発する"という意味である。古典的条件づけにおいては，先行

する条件刺激によって，反応は誘発され，かつコントロールされるが，オペラント条件づけにおいては，反応は自発し，それに随伴する強化刺激の与えられ方によってコントロールされるという違いがある。ひとたびレバー押し反応が生起するようになると，ネズミは飢えの動因を充たすために，餌を得るための道具として反応をするようになるという意味において，後に道具的条件づけとよばれるようになったのである。

このように，道具的条件づけにおいては，反応は強化の与えられ方によってコントロールされるのであるが，なかなかいっきょには実験者が求める反応のレベルに到達できるわけではない。実際的には，目標とする反応に到達するまでの過程を小さなステップに区切って，徐々に目標とする反応のレベルに近づけていくという方法が取られる。このことを，逐次接近法あるいはシェーピング（shaping）とよぶのである。スキナーのこの原理を，人間の教育の現場に応用したのが，ティーチング・マシン（teaching machine）やプログラム学習である。

(d)観察学習（observational learning）

1960年代に入るとバンデューラ（Bandura, A.）が，それまでの伝統的な学習理論では説明し切れない観察学習という新たな学習の型を，彼の社会的学習理論の中で取りあげた。従来の伝統的な学習理論では，学習者の直接経験を通してのみ学習が成立すると考えられていた。すなわち「なすことによる学習」という見解であった。これに対して，観察学習では，学習者が実際に反応をしなくても，他者（モデル）が何かを行なうのを観察しているだけで学習が成立し，その結果としてモデルの模倣反応が出現すると考えるのである。

この社会的学習の社会的とは，他者を介してという意味である。他者としてのモデルは，示範（モデリング）することができ，学習者はその示範を見ることによって，モデルと同じ行動をすることができるようになることが，社会的学習の基本である。また，観察学習における強化は，学習者（観察者）が受け取る強化ではなく，モデルが受け取る強化である。この強化は，モデルにとっては直接強化として機能するが，観察者にとっては代理強化（vicarious reinforcement）として機能するのである。すなわち，観察者は，もし自分も同じ行動をすれば同じ結果が生じるだろうという予想や認識をもつようになるのである。

このような観察学習は，バンデューラによると，攻撃行動，性役割行動，道徳的行動などの社会的行動の獲得と深いかかわりをもつとされている。さらに，モ

デルが実際の人間の場合はもちろんのこと，テレビや映画の中のモデルであっても影響が大きいことが示されている。したがって，子どもたちにとっては，親や教師は毎日のように接する重要なモデルであるだけに，子どもの示範となる行動には十分なる配慮が必要であると考えられる。

(2)認知理論

(a)洞察説 (insight theory)

　現在の認知理論につながるゲシュタルト心理学派の創始者であるヴェルトハイマー (Wertheimer, M., 1880-1943) は，平行四辺形の面積や対頂角の角度の問題といった実践的な課題で，子どもたちが過去に経験のない新たな方法で問題を解決する過程を生産的思考 (productive thinking) と名づけた。

　ケーラー (Köhler, W., 1887-1967) は同じ学派の初期の貢献者の1人で，おもに類人猿を用いた研究から洞察説を主唱した。この説は試行錯誤のようにでたらめな反応を行なっているうちに正行動を見いだすというのではなく，正行動を実行する前に問題解決場面の状況を十分に見渡し，目的と手段の関係を見通してから反応することを試み，正行動を獲得するという考え方である。そして，回り道，道具の使用，道具の製作といった方法で問題を解決する洞察（見通し）による学習を示した。彼が行なった一連のチンパンジーを用いた実験では，金網で遮られ手を伸ばしても取れない餌に対して，後方から迂回して手に入れた（回り道）。また，檻の外の手の届かない餌に対しては棒を用い（道具の使用），同じく1本では足りない場合には棒をつないで（道具の製作），餌を引き寄せた。さらに，実験室の天井に吊された場合には餌の下に箱を運び3段積み重ね（道具の製作），その上に登り餌を取った。

　これらの場合の学習は，反応を積み重ねるうちに反応のあり方が変化するというのではなく，突然のひらめきの後にいきなり正反応が出現するという変化を示している。そこで生じているのは，問題解決場面の知覚あるいは認識の仕方の変化であり，知覚の再体制化なのである。すなわち，棒や箱をそれらのもつ本来の意味合いとして認識するのではなく，別の意味合いの物として認識しているのである。言い換えると，S (sign, 記号)－S (significate, 意味体) の連合が実際の反応が生起する前に頭の中に生じ，それに基づいて行動を起こすという学習なのである。特に高度に進化した人間においては，このような学習に依存する割合が高いと考えられる。

(b)サイン学習説 (sign learning theory)

　行動主義の立場をとっていたトールマン (Tolman, E.C., 1886-1959) は，当初から知識，推理，目的等の概念と行動理論との関係に関心をもち，純然たる行動主義とは異なり生活体の環境への認知的側面を重視し，主著である『動物と人間における目的的行動』(1932) により目的的行動主義 (purposive behaviorism) ともよばれた。彼は行動を運動と行為に区別し，目標をめざす行為として全体的巨視的にとらえる必要性を主張し，結果を予想（期待）したうえで行為を行なう（ないしは行為に移さない）という，置かれた環境についての知識が重要であると考えた。そして，学習は環境に対する行為とそれにより予想や期待される結果，すなわち手段と目標の関係認知によって成立し，洞察説と同様にS－Sの連合がその役割を果たすとした。

　彼は，強化を伴わない場合も含め，こうした多くの一連の関係が統合されることによって，自らの環境の構造－主として空間的位置関係－を内面的に体制化した表象，つまり認知地図 (cognitive map) が形成されるとした。また，ネズミを用いた迷路学習の実験で，常に報酬が約束されている対照群では着実に袋小路に入り込む回数が減少したが，餌という報酬がない場合でも探索活動を経験した実験群では，途中から餌が伴うようになると急激に誤数が減り対照群に追いつき，時には追い越したという (Tolman, E.C., 1930 など)。この種の研究はブロジェット (Blodgett, H.C., 1929) が始めたものであり，明白な強化を伴わない経験の間にも内的過程として学習は進行しうることから，潜在学習 (latent learning) といわれ，認知面を強調するトールマンの分かっていることと実行することを区別する学習と遂行の差異に関する考え方にも影響した。

(c)学習の構え (learning set)

　サルを用いた愛着行動の研究でも著名なハーロウ (Harlow, H.F., 1905-1981) は，認知説に立脚しながら連合理論の試行錯誤説と洞察説をつなぐ，学習の構えに関する一連の実験結果を提出した。

　学習の構えとは「学び方の学習」であり，図7-4に示したように，彼はサルを用い種々の二者択一的な種々の弁別学習課題を与えたところ，最初は試行錯誤的に反応するが，しだいに餌を得るという正反応までの試行数が減少し，最終的には洞察による学習のように第2試行ではほぼ正しい反応をするようになった (Harlow, H.F., 1949)。このように各々の課題の解決が別々にあるのではなく，

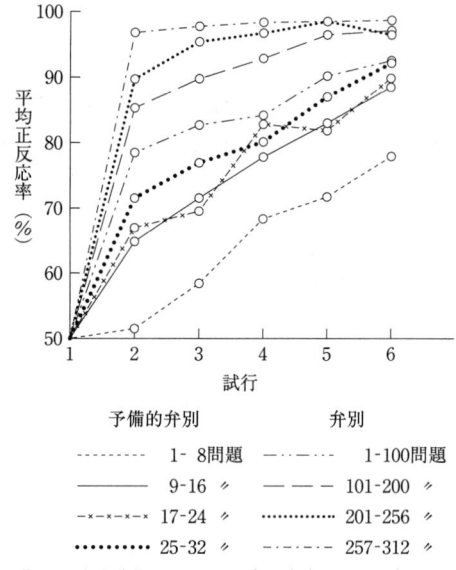

図7-4 弁別学習における平均反応率の問題群毎の変化
(Harlow, H.F., 1949)

予備的弁別 / 弁別
- ------- 1- 8問題　—·—·— 1-100問題
- ———— 9-16 〃　—　—　— 101-200 〃
- -×-×-×- 17-24 〃　············ 201-256 〃
- ●●●●●● 25-32 〃　—··—··— 257-312 〃

この場合，弁別学習という上位の課題のもつ意味を洞察的に学習をしたことになる。学習の構えに関する一連の研究は，種によって異なる結果を得ており，高等な動物ほど成績がよく，系統発達的な傾向がみられた。また，サルや人間では個体発達的な差異もあると同時に，人間では生活年齢よりも知能との関係が強いといわれている。

(d)認知発達による授業理論

ブルーナー（Bruner, J.S.）はこれまでにあげてきたような学習理論すなわち学習者の側からというより，むしろ授業方法への関心の方が強く，授業理論（教授理論）で考慮すべき要点として表7-1に示す4点の主要原理をあげている。

表7-1　ブルーナーのあげた授業理論が関与するべき諸点（Bower H. et al., 1981より一部改変）

学習への準備傾向－子どもたちが学校にいるときに喜んで学習し，学習を可能にさせるような経験および情報と関わらなければならない。
知識の構造－知識の集合を構造化して，学習者に容易に理解されるようにする方法を，明確にしなければならない。
系列－材料を提示する最も有効な系列を明確にしなければならない。
強化－外発的報酬から内発的なそれに移行するように，報酬の性質と時間的条件を明確にしなければならない。

ブルーナーは，子どもたちは本来的に学びへの意欲をもっていると考え，それが円滑に機能するためには学習への準備の条件を整える必要があり，動機づけを大切な要素だと考えた。また，彼は子どもたちの個人間差異や個人内差異を考慮し，柔軟性をもったうえで，提示する学習材料は，構造化，すなわち全体と部分，部分間の関係などが明確にされている必要があると考え，そしてそれらを適切な順序で示す系列化を求めた。さらに，学習効果を上げるために強化機能をあげ，その際教師等から与えられる外的な報酬等による強化から，学習者が学習活動そのものから内発的に強化を受ける（知的好奇心など）ようになることを期待した。こうした彼の考え方は，発見学習（p.117参照）につながった。

　そして，彼は著書「教育の過程（The process of education, 1960)」のなかで，特に知識の構造の観点から，教科の種類に関係なくどの発達段階の子どもにも効果的に教えることが可能であるとし，教科内容を年齢に対応した形で提示すれば，子どもたちのレディネスを引き出すことが可能で，彼らに理解させることができると主張した。

　また，ピアジェからの影響のもとで認知発達との関係から，次の3種類の表象（representation, 目の前にない事物・経験等を心に代用物で表わしたもの）形式と関連した考え方を展開した。それらは，発達的に動作的，映像的，象徴的という3つのモードの表象があり，順に行為を通しての学習－自動車の運転など－，知覚手段を用いた表象による学習－デパートでの売場，通路の位置の理解など－，経験の言語化による学習といったものである。彼によると，個人によって優位性がみられるとともに，大人になると3種類の表象を用い認知活動がなされるという。

2節　学習の方法

1．学習に関係する諸要因

　ある学習が成立する過程には，さまざまな要因がかかわっている。まずは，学習者自身に，学習課題達成に向けての意欲が必要である。いわゆる動機の存在である。この動機には，生活体の内部から生じる内発的なものと，外的環境に存在する刺激に誘発されるものとがある。前者を動因とよび，後者を誘因とよぶ。その時々の動機は，これら2つのからみによって決定されるものであるが，いずれにしろ，学習に向けての動機がなければ，学習は成立しない。

　この動機のあり方に大きく関与するのが，強化である。具体的には，賞罰の問

題である。一般的に，ある反応や行動が誉められたり，報酬を与えられると，同じ反応や行動をやろうとする動機は高まり，逆に叱られたり，罰せられたりするとその動機は低くなるものである。また，学習課題の解決に向けての手がかりの有無も，動機のあり方や学習の能率にかかわってくる。

さらに，もっと根本的な問題として，学習課題として求められている反応が，学習者の反応レパートリーの中にあることが不可欠である。たとえば，極端ではあるが，われわれ人間に自力で空を飛ぶことを求めても，それは不可能である。現実的によく見かけられるのは，幼い子どもに対する早期教育においての事例である。早くから教育すれば伸びるという確信のもとに，非常に幼い時期から子どもにさまざまな事を教えたがる親がいるが，求められている反応を子どもが発することができるほどに身体の発達が進んでいなければ，すなわちレディネスが備わっていなければ，練習や訓練はほとんど意味をなさないのである。

そのほかにも，多くの要因があると思われるが，これらのほとんどは教育者や指導者が考慮すべき要因であると考えられる。

2．動機づけ (motivation)

(1)動機の種類

われわれの動機には，非常に多くのものがあるが，大別すると3つの種類に分けられる。1つは，生物的動機とよばれるものである。これは，生得的な動機であり，生活体が生命を維持し，種の保存を図るために不可欠な動機である。また，ホメオスタシス (homeostasis) という生活体の内部環境の均衡を維持する働きに従って，生理的な過不足状態を伴うところから，ホメオスタシス性動機ともよばれる。具体的には，飢，渇，睡眠（休息），呼吸，排泄，苦痛の除去，適温維持などにおける不均衡を均衡の状態に取り戻そうとする方向に駆り立てられる動機である。

2つめは，内発的動機である。これも，生物的動機と同様に生得的であると考えられているが，その発生過程は明確ではない。また，生物的動機のように特定の動機に対する目標物が決まっているというわけではない。刺激を享受すること自体や，活動すること自体の快，さらには認知活動そのものが報酬となり，飢に対する食物のような具体的報酬はない動機であるとされている。これには，感性動機，好奇動機，操作動機，認知動機などが含まれる。こうした性質から，内発的動機は学習活動の動機づけにとって重要であると考えられている。

3つめは，社会的動機である。これは，生得的なものではなく，経験を通して獲得される動機で，学習性動機または獲得性動機ともよばれている。具体的には，金銭，名誉，地位，集団所属，承認，愛情，達成などに対する動機である。マレー（Murray, H.A., 1938）は，それらを6つに大別できる28個の動機にまとめている。

こうした動機間の関係を端的に表わしたものに，マズロー（Maslow, A.H., 1954）が唱えた動機の階層がある。彼は，人間は自己実現に向かって成長していくものであるという人間観に立って，図7-5のように人間の動機は，自己実現を頂点として階層をなすと考えた。また，上位の動機は下位の動機が満たされて，初めて追求することができるとも考えた。

```
           自己表現の動機      ┐
          審美的動機          │成長動機
         知識・理解の動機      ┘
        承　認　動　機        ┐
       愛情・付属の動機       │
      安全・不安回避の動機     │欠乏動機
     生　理　的　動　機       ┘
```

図7-5　マズローの主張する人間の動機の階層
（Maslow, A.H., 1954）

(2)動機づけの意義

先に述べたように，学習活動が開始され，学習目標が達成されるためには，学習者の側に学習への意欲（動機）が必要である。動機づけとは，この意欲の問題であり，行動を喚起させ，喚起された行動を維持し，一定の方向へ導いていく過程の総称である。

動機づけの機能としては，3つのものがあげられる。1つは，行動喚起機能である。動機が発生すれば，生活体の覚醒水準を高め，一般活動性を上昇させる。2つ目は，行動を目標へと導き，さらに目標に到達するまで維持させる方向づけ・維持機能である。たとえば食欲が高まっていれば，その人は，食堂に行くか，食物を買いに行くか，自ら料理を作るといった行動を起こし，食物という目標物が得られるまで，それらの行動を維持すると考えられる。3番目は，強化機能である。目標に到達した行動は，たとえば食欲が充たされると，食欲の動機を低減させ，これがそれまでの行動を強化し，以後類似の事態で，その行動の生起率を高めることになる。

学習への動機づけのあり方には，外発的動機づけと内発的動機づけの2種類があげられる。外発的動機づけは，賞罰の誘因を用いて，学習課題以外の目標への動機を学習者に喚起させ，学習への意欲を高めさせる方法である。これに対して，学習行動を行なうこと自体が報酬となり，学習課題そのものに動機づけられている場合を内発的動機づけという。外発的動機づけの場合には，ともすると学習者は学習すべき内容そのものには関心を示さず，賞を得たり，罰を避けることだけに関心が向きがちになる。これに対し，内発的動機づけではそうしたことが起こりにくいので，教育的にはできるだけ内発的動機によって動機づけられるように配慮すべきである。

さらに学習への動機づけにおいて重要なのは，学習習慣による二次的動機である。すなわち，最初のうちは勉強したり練習したりすることが，理解を深めたり成績向上のための手段であったのが，習慣が形成されると，習慣の遂行という手段がもとの動機から自立して，それ自体が目的化し，動機として固定するようになる。このことをオールポート（Allport, G.W., 1937）は，動機の機能的自律性とよんでいる。それゆえに，毎日一定の時間に規則正しく，学習を続けていけば，そのこと自体が動機となるのである。

しかし，動機づけの強さと行動の遂行との関係は，必ずしも一義的ではない。動機づけが強くなると，学習を促進する効果をもつと同時に，不適切な行動をも喚起されやすくなる。種々の学習課題にはおのおのに最適の動機づけ水準があり，それより高くても低くても学習成績は低下する。この最適の動機づけ水準は，課題の難易度により異なり，容易な課題ほど最適水準は高く，困難な課題の場合には低くなる。これをヤーキーズ・ダッドソンの法則という。

(3)学習意欲

学習課題を遂行していく段階において，条件しだいでは学習意欲がまったく損なわれ，遂行行動すら出現しなくなることがある。セリックマンら（Seligman, M.E.P. et al., 1967）は，電撃の停止を自己の反応では統制（コントロール）することが不可能な状況で電撃を数多く経験した被験体のイヌは，「何をやってもだめだ」という学習性の絶望感（学習性無力感，learned helplessness）を獲得し，この絶望感が後続の統制可能な学習事態での学習を妨害することを示している。

一方ホワイト（White, R.W., 1939）はコンピテンス（competence）という

概念を提唱している。これは,「生活体がその環境と効果的に交渉する能力」のことである。すなわち,われわれは環境に変化や効果を生み出すことができた時には効力感を感じ,この効力感により,さらに環境との相互交渉をもち自己の有能さを追求したいという気持ちに駆られるというのである。このコンピテンスの育成には,乳幼児期における母親の応答性が重要であるとしている。

また,ドウェックら（Dweck, C.S. et al., 1973）は学童の学業達成場面において,学習性絶望感に陥る子どもの原因帰属のさせ方を調べたところ,自分の能力不足にその失敗原因を帰属させていたことがわかった。さらに,失敗の原因を努力不足に帰属させるように訓練したところ,絶望感が克服できたことを報告している。

3．学習の能率と方法

(1)反復練習と過剰学習

知覚運動学習に代表される,あらゆる技能の習熟は,反応を反復練習することによって上達する。まず反復することにより,しだいに学習状況の広範囲な側面に注意を向けることができるようになり,その結果,学習成立に必要な手がかりを得る機会が多くなる。また,変化に富んだ反応が生じる可能性が高くなって適切な反応を起こす機会も豊かになり,正行動が出現して強化を受ける回数も増加するようになるのである。

学習がいちおう成立した後も反復練習を続けることを,過剰学習という。この状態になると,一般に反応潜時は短縮し,行動は冗長性がなくなっていき,より安定したものとなる。長い一連の行動はうまく統合され,必要な部分だけに圧縮される。さらに反復をくり返すと,最終的には行動は自動化し無意識化する。

こうした反復練習による学習過程は,図7-6のような学習曲線で示すことができる。最も一般的にみられるのは,Aの負の加速度曲線で,最初に学習が急速

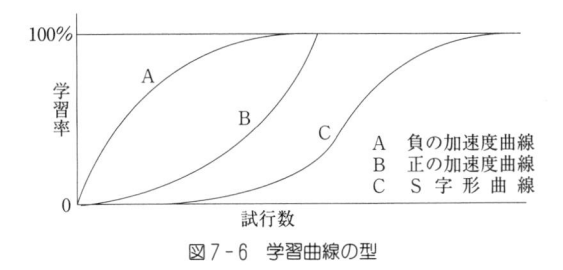

図7-6　学習曲線の型

に進行し，学習の完成に近づくにつれて進行速度が緩やかになる状態を示すのである。しかし，実際的には曲線はつねに一様に上昇していくのではなく，上昇下降の変動をくり返しながら，全体的に上昇していくのである。また，途中であまり進歩のみられない状態すなわち高原現象（plateau）が出現することが多く認められている。

(2) 分散学習と集中学習

　学習の能率を考える際に問題となるのが，学習する時間をどのように配分すれば効果的であるかということである。ある課題や材料を学習する時に，練習中に定期的に一定の休憩を入れて，練習を中断しながら学習するやり方を分散学習といい，休憩を入れずに連続的に練習するやり方を集中学習という。

　過去の研究により示されている結果としては，一般的には分散学習の方が集中学習よりも効果的で有利であるとされている。特に，知覚運動学習のように運動や動作の習得が主となる学習において顕著であるとされている。しかしながら，両者の学習の相対的な有効性は，学習者の年齢，能力，学習材料の性質，課題の困難度等によって異なり，さらには全体を習得するのに必要な練習時間や休憩時間の長さ等の条件によっても異なってくる。したがって実際的には，具体的な学習課題や学習者の個々の状況にあわせて，いずれが適切であるかを判断されなければならない。

(3) 全習法と分習法

　一定の材料を学習する際に，その材料を始めから終わりまで通して練習するのが全習法であり，材料をいくつかの部分に分割し，その部分ごとに練習を進めていくのが分習法である。

　この全習法と分習法の相対的な有効性も，分散学習と集中学習と同様に，学習者の年齢，能力，課題の困難度等により異なってくる。一般的には，学習者の年齢や能力が低い場合や課題の困難度が高い場合には，分習法が有利であるとされている。しかし実際的には，いずれかの方法だけで練習することはまれであり，一般的には分習法から入ってその後全習法に移行するという過程が多く取られている。両者の配分やそれらの移行の時期については，個々の状況にあわせて考えられるべきである。

(4) 結果の知識

　技能を習得するためには，確かに練習の回数すなわち反復が大切な要件である

が，単にやみくもに練習をくり返すだけでは，技能の上達はみられず，逆に望ましくない習慣を形成してしまう場合もある。能率よく，正しい技能を習得するには，反応の度ごとにその結果の確認をつねに伴った練習をすることが重要であることが知られている。この反応の結果を知ることを，教育の現場では結果の知識（knowledge of result：KR）とよんでいる。

このKRの効果については，次の3点があげられる。1つは，KRがない場合に比べKRがある場合の方が，学習成績がよい。2つめは，KRの情報内容が正確であればあるほど成績がよい。3つめは，KRが与えられるタイミングとしては，反応の直後に近いほど成績がよい。これらのことから考えると，コーチや教師の資質の1つに，選手や生徒にいかに正確にすばやくKRを与えることができるかという点があるといえよう。

(5) 学習の転移

われわれは，単純にたった1つの技能や事柄だけを学習すればよいというわけではなく，かなり多くの技能や事柄についての学習をつねに並行して行なっている。それぞれの学習は，たがいにまったく独立というわけにはいかず，時間系列の中で相互に影響がでてくる。その際に，先に行なわれた学習が，後に行なわれる別の学習に影響を及ぼすことを学習の転移とよんでいる。中でも，前学習が後学習に促進的な効果を及ぼす場合を正の転移（positive transfer）といい，逆に後学習に妨害的な効果を与える場合を負の転移（negative transfer）という。

こうした転移に及ぼす条件としては，課題の類似度が1つの大きな条件としてあげられる。一般に，類似度が大きいほど転移量が多くなることが示されている。また，転移についての研究は，学習のさまざまな面においてなされており，人間の身体の左右の筋肉系の転移が生じることが示されている。すなわち，片側の手や足で練習した効果が，反対側の手や足に転移するのであり，この現象を両側性転移とよんでいる。

さまざまな種類の学習についてみられる転移の現象すべてを包括的に説明する理論はないのであるが，知覚運動学習に関しては比較的よくあてはまる理論として，図7-7に示すようなオズグッド（Osgood, C.E.）の転移逆向曲面のモデルがある。これによると，たとえば，課題が同一で（S1），反応も同一（R1）なら正の転移がみられ，課題が同一で反応が拮抗する（RA）ような転移の場合には，負の転移が生じるとしている。

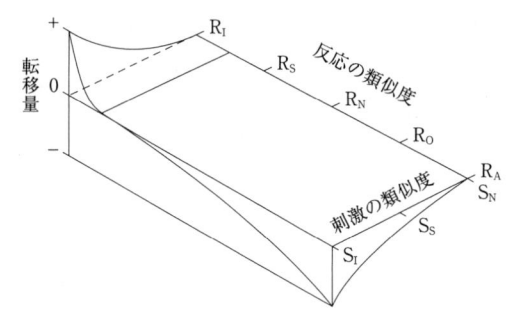

図7-7 オズグッドの転移の理論（転移逆向曲面）
(Osgood, C.E. 1949)

【用語解説】

強化のスケジュール（reinforcement schedule）：すべての反応に強化子を与える手続きを連続強化といい、ある一部の反応のみに与える手続きを部分強化という。道具的条件づけにおいては、連続強化でなくても部分強化で十分に条件反応が確立されるだけでなく、連続強化よりも消去抵抗が高いことが示されている。スキナーは、道具的条件づけのような自由反応事態では、種々の強化スケジュールが可能であるとし、基本的なスケジュールとして定率強化、変率強化、定間隔強化、変間隔強化の4つのものをあげている。

潜在学習（latent learning）：トールマン（Tolman, E.C.）は、ネズミの迷路学習において、目標地点に報酬を置かない状態で何度か迷路内を走行する経験をさせると、報酬が置かれた時に、最初から報酬が置かれていた群のネズミよりもやや速やかに学習が成立することを示した。すなわち、行動面に特別な変化がみられなくても、経験を通じて潜在的に学習が生じていることを証明し、これを潜在学習とよんだ。このことよりトールマンは、学習は手段―目標関係の認知構造ないし認知地図が成立することであって、それはただちに実行行動となって現われるとは限らないと説明した。

ホメオスタシス（homeostasis）：生活体が、外部環境の変化に適応して生命維持をはかるためには、生体内の生理的環境がつねにバランスのとれた比較的活動しやすい状態に保たれていることが望ましく、現にわれわれの体温、血圧、血糖値、脈拍、呼吸数などはほぼ一定に保たれている。この内部環境の恒常性の維持のしくみや過程のことをホメオスタシスとよぶのである。飢えや渇きといった生物的動機のほとんどがこのしくみのあり方の影響を受けている動機であると考えられる。

フラストレーション耐性（frustration tolerance）：われわれは、日常生活においていつも動機が充足されているわけではなく、むしろ充たされない場合の方がはるかに多く、それらフラストレーションの状態に耐えながら生活をしているのが実態である。したがって、フラストレーションに耐えて適応的行動を維持し得る能力、すなわちフラストレーション耐性を獲得していくことが、教育の現場では特に重要になると考えられる。この能力は年齢とともに増加し、また能力を最大限に高めるためには、発達の特定の段階で適度の量のフラストレーションを経験しなくてはならないといわれている。

[理解を深めるための参考図書]
ボウルズ, R.C./今田　寛(訳)　1982　学習の心理学　培風館
古武彌正・新濱邦夫　1976　条件反応―行動科学の原理　福村出版
波多野誼余夫・稲垣佳世子　1981　無気力の心理学　中央公論社
波多野完治・依田　新・重松鷹泰(監修)　東　洋・坂元　昂・辰野千寿・波多野誼余夫(編)　1968　学習心理学ハンドブック　金子書房
ヒルガード, E.R.・バウアー, G.H./梅本堯夫(監訳)　1988　学習の理論(上)(下)　培風館
今田　寛　1996　現代心理学シリーズ3　学習の心理学　培風館
今田　寛・宮田　洋・賀集　寛　1991　心理学の基礎改訂版　培風館
岩本隆茂・高橋憲男　改訂増補現代学習心理学―基礎とその展開　川島書店
メドニック／八木　冕(訳)　1980　学習　岩波書店
宮本美沙子・加藤千佐子　1982　やる気を育てる　有斐閣
宮田加久子　1991　無気力のメカニズム　誠信書房
日本行動科学学会(編)　加川元通(編集代表)　1997　動機づけの基礎と実際―行動の理解と制御をめざして―　川島書店
梅岡義隆・大山　正(編)　1967　学習心理学　誠信書房
山内光哉・春木　豊(編)　1985　学習心理学―行動と認知―　サイエンス社

8章 学習指導

1節　学習指導と教育観

　子どもたちは生得的な能力や資質を基礎として，自らあるいは他者からの働きかけによる練習や経験を通じて日々変化を遂げている。学習指導とは意図的な教育活動であり，子どもたちをより望ましい，より広がり，より深まりのある方向へと導くことである。

　学習指導の有様は人間観や教育観の影響を受ける。東（1994）によると，欧米は伝統的に教え込み型（instruction model）の教育観であるのに対して，わが国は伝統的に滲み込み型（osmosis model）の教育観であるといわれる。教え込み型では，教える者に教えられる者が従い，両者の立場が明確に区別される。こうした伝統的な教育観のもとで，ヘルバルト（Herbart, J.F., 1776-1841）の「4段階教授法」やペスタロッチ（Pestalozzi, J.H., 1746-1827）の直観教授法，そしてスキナー（Skinner, B.F.）によるプログラム学習が考案された。これに対して，滲み込み型では教える側も教えられる側もともに学ぶという姿勢で教授が行なわれ，両者の立場の違いが明確でない。

　わが国の学校教育には，急速な欧化政策のもと，明治5年にスコットによって一斉授業が伝えられ，明治20年にヘルバルト派の「導入—展開—まとめ」という授業の定型がつたえられた（奈須，1997）が，現代においても滲み込み型の教育観は，わが国の学校教育に根強く残っている。

　東（1994）によれば，同じテーマで日米の教師に小学校5年生を対象に授業を行なわせ，その授業記録を分析したところ，米国の教師は，指示や命令を次々に出し，子どもに考えさせる場面でも，子どもの発言に対して逐次フィードバックを与えるのに対して，日本の教師は命令口調がすくなく，子どもに考えさせる場面でも，子どもの発言に対してフィードバックが少なく，ある子どもの意見を言い直して，他の子どもに意見を求めるなど，子どもたちどうしのやり取りを重視して，教師も子どもとともに学ぶという雰囲気を維持していた。教え込みを徹底した学習指導法であるプログラム学習が，一時わが国の教育界でブームになりながらも，やがて省みられなくなったのも，滲み込み型の教育観になじまなかった

ことが原因であると分析されている。

　わが国では，教えることと学ぶことが高い相関をもつ授業がいわゆるよい授業として評価される。あらかじめ指導案を準備して，一斉授業を展開しても，教えすぎてはいけないのである。教育学者の吉本は「教師が教えたいことを子どもが学びたくなるように転化する」と提言している。しかし，滲み込み型と教え込み型の摺り合わせが，不適切に行なわれる場合，たとえば，教師が子どもの発言をいろいろ引き出しても，つねに結論は1つということが明らかにみてとれるようであれば，子どもたちがかえって混乱したり，考えることを放棄して機械的な記憶に頼るなどの安易な学習方略を実行したり，やる気を失ったりすることは言うまでもない。

2節　学習目標の明確化

　教師は学習指導要領や教科書の記述を吟味し，児童生徒の実態に即して，学習目標を設定し，児童生徒1人ひとりがその学習目標に到達できるように指導しなければならない。

　しかしときおり，何を子どもに学ばせようとしているのか，いわゆる教師の意図が子どもたちにも，そして授業を参観している人々にも伝わって来ない授業がある。これは教師自身が何を学ばせるか（学習目標）について十分な検討をしていないことによって生じやすい。

　子どもが学習目標に到達できるために，教師は学習目標をできるだけ明確にしておく必要がある。この点に関して井上（1986）は①学習者が学習することによって到達すると考えられる最終行動（terminal behavior）で記述する。たとえば「説明する」「指摘する」「書く」「比べる」など観察可能な行為動詞で学習目標を記述する。②最終行動が起こると考えられる条件を明らかにする。たとえば，「雪の多い土地の人々の暮らし」を理解させるために「融雪歩道や雪おろしの写真やビデオを提示する」が条件として記述されていなければならない。③その学習目標に到達したと判断できる行動のレベルを明確にする。たとえば，「尻を付かずに跳び箱を5段跳べたら合格」などがそうである。

　もちろんすべての学習領域の学習目標の明確化が容易になされるわけではない。井上（1986）が指摘するように，単純な用語に想起にかかわることは比較的容易であるが，価値観，態度，社会性，創造性，学習意欲などに関することは，明確

化が比較的困難である。たとえば,「学習活動に関してやる気のある子ども」という目標を「授業中何度も手をあげる子ども」と明確化できても,それがはたして,本質的な意味で学習意欲の高い子どもなのかどうかについては疑問を抱く人もいるであろう。しかしいずれにせよ,学習目標を抽象的に記述した段階では,起こり得なかった論議が,学習目標をより具体的な記述に置き換えることにより,さまざまな視点からの疑問や批判が生じ,改善すべき点が明らかにされることがある。学習目標が単なるスローガンに陥らないためにも,学習目標を明確化する作業を怠ってはならない。

3節　さまざまな学習指導法

これまでの学習研究は,厳密な条件統制のもと,密室で行なわれ,教育現場の要請や問題意識とはかけ離れたものが多かった。しかし,近年心理学の知見を積極的に適用しようという試みが盛んになってきた。ここではそうした試みに位置づけられるものを中心にあげてみた。

1. プログラム学習

スキナー (Skinner, B.F.) によって提唱されたオペラント条件づけの理論に基づく学習法である。プログラム学習 (programmed learning) は表8-1に示すように5つの原理からなっている (持留ら, 1980)。

表8-1　プログラム学習の原理 (持留ら, 1980)

1. スモール・ステップの原理	最終目標に向かって,一歩一歩段階をおって進めていく。
2. 積極的反応の原理	単に頭で理解するだけでなく,各ステップの問題に積極的に反応させる。また,積極的反応があって,はじめて強化される。
3. 即時確認の原理	各ステップの問題に答えると,ただちにその正誤を知らせる。
4. 自己速度の原理	個人差に応じて,最適のペースで進めていく。
5. フェイディングの原理	最初は正解がでやすいように援助を多く与えるが,しだいに援助を減少させ,自分の力だけで正解できるようにする。

プログラム学習はスキナーによる「直線型プログラム」とクラウダー (Crowder, N.A.) による「枝分かれ型プログラム」とがある (図8-1参照)。直線型では,学習者は1つひとつの段階を順序に従い学習し,しかも各段階で正解しない限りは次の段階に進むことができない。これに対して,枝分かれ型では,学習者独自の論理に対応するための工夫がなされている。たとえば,学習者の反応に

よってはある段階をスキップして次の段階に移行させたり，誤反応に対しては，それを矯正させるために別経路の補償段階を設けたりしている。

プログラム学習は①学習者個々の能力や学習速度に対応できる，②学習者の反応に対して即座にフィードバックできる，というような長所をもつ。反面，短所として，①適用できる領域が算数や理科など確実に正解の出せる教科に限定される，②個別学習に終始するために教師や他の子どもたちとの意見の交換などが困難である，③教材があらかじめ一定の道筋にしたがって配列されているので，学習者の自由な発想が抑制されや能動的な学習態度が培われにくい，④課題が単調になりやすく飽きやすい，などが指摘されている。

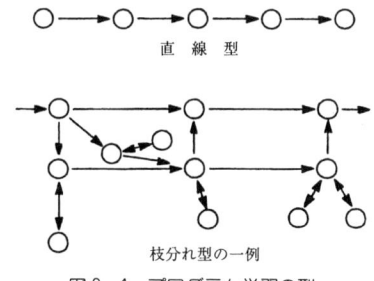

図8-1 プログラム学習の型

2．発見学習

ブルーナー（Bruner, J.S.）が自らの理論を基礎にして提唱した学習方法が，この発見学習（discovery learning）である。

現在の日本の学校教育では，知識の注入のみが先行している感がある。そのため，たとえば受験期が終われば，せっかく学んだ知識がたちまち忘れ去られてしまうというきわめて残念な結果に終わっている。

子どもたちの知識の習得は，彼らが疑問を抱き，それについて「知りたい」，「確かめてみたい」という切実な思いが生じ，学習に取り組むときに，深まっていく。発見学習とは，子どもたちが学習課題に直面したとき，自ら仮説を立て，自ら考案した方法によって，仮説を確認していく学習法である。発見学習では，既存の概念や原理が，生成されてきた過程を，子どもに追体験させることによって，自律的に学習に取り組もうとする態度を培うことを目的としている。

水越（1977）は発見学習の基本的過程として，学習課題の把握，仮説の設定，仮説のねりあげ，仮説の検証，発展とまとめ，をあげている。この過程に従い，理科の授業を例にすると，表8-2のようになる。

発見学習の長所として，①問題解決にすぐに役立つ知識を習得できる，②内発的動機づけを高める，③発見のスキルを習得できる，④学習内容の保持が高まる，などがあげられる。これに対して短所として，①教師側の準備の負担が大きく，

表8-2 発見学習の展開例（理科の場合）（水越，1977；持留ら，1980より）

金 属 の さ び （小学6年）

(1) 課題把握	第一次（2時） 1．鉄，銅，アルミニウムなどの金属片を対比する。 2．対比の観点を出す。（色，つや，硬さ，重さ）（磁性，電導性），（熱に対する性質） 3．4．実際にそれらの観点でしらべてみる。あるいはしらべ方を考えてみる。 5．金属を熱したときのようすで，「熱の伝わり方」「体積の変化」のほかに「色の変化」もあるのではないか（鉄），しらべてみる。
(2) 仮説を立てる	第二次（2時） 1．鉄を熱したら黒くなった。さらにしらべてみると，色の変化は表面だけで，内部は変わっていない。なぜだろう。 2．(a) すすがついたのだろう。 　　(b) 熱でこげて黒くなったのだろう。 　　(c) もとの鉄とは別のものになったのだろう。 3．a，b，c，の仮説のたしかめ方を考える。 　　(a) ならば——こすればとれるだろう。 　　(b) ならば——もっと強く熱したら中もこげるだろう。 　　(c) ならば——電導性がちがうだろう。 4．実験によって，仮説a, bをチェックアウトしていく。そして質変化という仮説cを確認する。 5．より高次な仮説にまとめてみる。「鉄は空気と熱によってもとのものとは質のちがった黒いものに変わるのではないか。」
(3) 作業仮説にたかめる	1．もし熱だけでなく，空気も関係しているのなら，それをどのようにしてたしかめたらよいだろう。 2．空気にふれる面とふれない面をつくって熱すればよい。 　　　　　↓ 3．（2枚の鉄板を密着させて熱したらよい）
(4) (5) 検証まとめ	4．実験する。 5．結果にもとづいて，熱したときの鉄の質変化（黒さび）の成立条件をまとめてみる。 　　　　　　（熱） 　鉄＋空気—→黒さび

いちおうの完了をみるまでに時間がかかる，②適用できる教科が理科などに限定される，③有効なのは，小学校高学年以降，などがあげられる。

3．有意味受容学習

　教師から児童生徒に一方的に学習内容の伝達が行なわれる講義形式の授業は，児童生徒の自発的な学習活動を損ないやすいという批判は少なくない。しかしオーズベル（Ausubel, D.P., 1918-）は伝統的な講義形式の授業は，それが効果的に行なわれるとき，学習者の認知構造のなかに，学習内容が選択的に関連づけられる能動的な過程であると主張し，有意味受容学習（meaningful reception learning）を提唱した。学習者が伝達される学習内容を既存の知識体系のなかに

8章　学習指導

	先行オーガナイザー有群		
	先行オーガナイザー	先行オーガナイザー無群	
5分	めしべ，おしべ，花びら，がくは，中側から順に並んでいる。		
5分	1　ハナダイコンの花の形態（実物観察）ほとんどの花は，めしべ，おしべ，花びら，がくを持っている。		5分
8分	2　チューリップ（実物観察）めしべ，おしべ，花びら，がくはどれか？内側はアブラナの花びら，外側はアブラナのがくと同じもの		8分
8分	3　タンポポ（実物観察）めしべ，おしべ，花びら，がくはどれか？		8分
2分	花には色々な種類，形があるが，アブラナやハナダイコンの花を参考にしてほかの種類の花も見ていけばわかりやすい．		2分
合計28分			
		サクラの花びらの一重と八重について	5分
		合計28分	

図8-2　先行オーガナイザー有群と無群の授業過程（川上ら，1987）

取り込む上で重要な役割を演ずるのが先行オーガナイザーである。これは学習内容に先立って提示される情報で学習内容よりも一般的かつ包括的な情報のことである。先行オーガナイザーをあらかじめ提示することによって，それが媒介となって学習内容が学習者の既存の知識体系なかに包摂されやすくなる。

川上ら（1987）は，中学校の理科の授業において，先行オーガナイザーの効果を学習成績との関連から検討している（図8-2）。彼らによると先行オーガナイザーの提示を受け

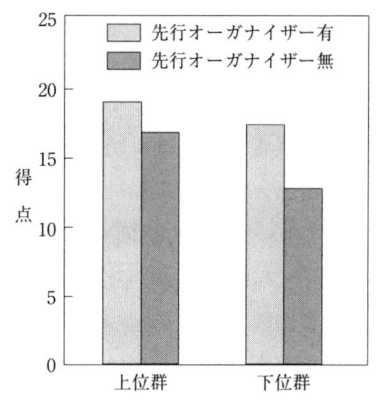

図8-3　転移テスト結果（川上ら，1987）

ることによって，授業で直接学習しなかった内容についての理解（転移テスト）がうながされ，しかも学習成績の下位の者ほどその効果が大きいことがわかった（図8-3）。ただし有意味学習が可能になるのは，概念や命題を言語的抽象的に理解できるようになる年齢（11―12歳）に達してからであるといわれている。

4．完全習得学習（マスタリーラーニング）

従来の教科指導では，子どもたちの学業成績は知的能力や適性に左右されるので，子どもたちの学習成績に差が生じるのは，避けられないこことされてきた。これに対して，ブルーム（Bloom, B.S., 1913-）らは，子どもの学習能力に応じ

〈基礎的な能力・適性の分布〉　教育活動　〈学力の分布〉　最低到達水準

A：一斉授業の結果として生じがちな学力分布
B：マスタリー・ラーニングの目標とする学力分布

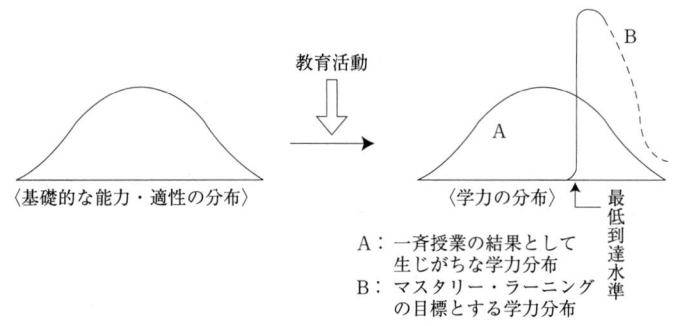

図8-4　教育活動の結果として形成される学力分布（梶田，1982；井上，1986より）

て，指導法や指導時間を変えることによって，すべての学習者を一定の学力水準に到達させることができるという完全習得学習（mastery learning）を提唱した（図8-4参照）。完全習得学習では，学習指導の過程で学業成績の評価とは直接関係のない診断的な目的をもつ形成的評価を実施し，その結果に基づいて学習者の状況に応じて，治療的な指導が行なわれる。

さらにこれらを実現するための具体的な手続きとして，①各教科の単元ごとに到達されるべき目標を明確にすること，②学習者が到達すべき最低到達水準を設定すること，③いずれの目標が到達され，あるいは到達されていないのか明確にするための形成的評価を実施すること。以上3点があげられている（梶田，1982）。ブルームらの完全習得学習は，集団の中で学習することの利点を生かし，適宜学習の個別化を図って行こうとする試みである。一斉指導を多く利用するわが国では実践報告も多い。

5．オープンプラン

われわれがよく知っているいわゆる8m×9mの教室は100年以上の歴史をもつ。つまりこの教室を中心として展開した日本の学校教育は，これまで学習内容の変遷はあったものの，教師が教材を子どもに提示して，子どもができるだけ多くの教材を効率的に消化できるようにする指導のやり方は一貫していたといえる。したがって，子どもが自ら疑問を抱き，それを自力で粘り強く解決できるような態度を培うには，これまでの教室ような学習空間では限界があった。

オープンプランによる学習指導法では，子どもが自主的にそして自由に学習に取り組むことができるような学習空間（オープンスペース）で，自分の興味や関心に基づき自ら学習プランを立てて自主的に学習活動に取り組んでいく。たとえ

ば，図8-5に示すようなオープンスペースの中でもワーク・スペース・タイプとよばれているもので，教室と廊下との間の壁が取り除かれて，教室が共有の空間と連続している。共有の空間には，教科ごとに資料コーナーがあって，子どもは自由に利用できるようになっており，必要な教材も常備されている。教師はよき相談役であって，けっして学習を強制しないことになっている。ときには，学級や学年の壁を越えて，子どもたちどうしが教えあうということもある。オープンプランによる学習指導を経験することによって子どもは，学ぶことへの意欲を高め，学習の方法を学ぶことにつながると考えられる。

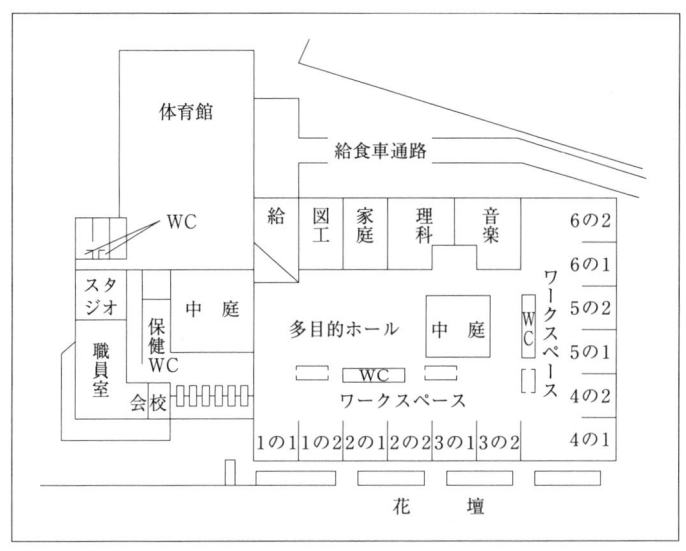

図8-5 愛知県東浦町立卯ノ里小学校におけるオープンプラン（奈須, 1997）

4節　学習の最適化（適性処遇交互作用）

学習内容は同じであっても，パソコンを通じて学習する方がうまく学ぶことができる子どもがいれば，教科書やプリントなどの印刷物を通じて学習する方が得意な子どももいる。クローンバック（Cronbach, L.J., 1967）は適性処遇交互作用（ATI：aptitude—treatment interaction）という名称を用いて，学習者の適性（能力特性とパーソナリティ特性）と学習指導法とのかかわりから学習の最適化を図るべきだと主張した。

スノーら（Snow, R.F. et al., 1965）は大学生を調査対象として，対人積極性

の程度と指導法の違いが（映画による指導と教師による指導法）とが物理の学習とそれに関する原理の学習に及ぼす影響について検討した。

その結果，対人積極性の高い学生は教師による指導のとき，これに対して対人積極性の低い学生は映画による指導によって，それぞれ成績がよくなることが見いだされた（図8-6参照）。

児童生徒1人ひとりの適性に応じた学習指導が常時行なわれることが望ましい

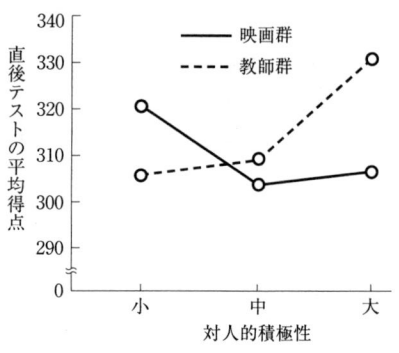

図8-6　教授法と学習者の対人積極性との交互作用（Snow, R.E. et al., 1965；岡林，1987より）

ことは言うまでもないが，現在の学校教育ではきわめて困難である。そこで教師はたとえば1つの単元をいくつかの指導法を通じて授業を行なうなど，多くの子どもがどこかで自分に合った学習指導を経験できるように工夫すべきである。

ただし，特定の学習指導法が子どもの特定の能力の発達をうながす点も無視できない。児童生徒の適性に応じた学習指導が子どもの学習の成果をうながす側面も重要であるが，あまりにもその点ばかりが注目されるとかえって子どもの発達の可能性を狭めてしまう危険性がある。

【用語解説】
導入—展開—まとめ：教科指導を行なう際に目安とされる授業の定型をいう。導入とは教師が提示する教材によって，学習者が切実な課題意識を抱く段階である。展開とは学習者個々の取り組みやクラス全体での討論を通じて明確化された学習課題に取り組み理解を深める段階である。まとめとは授業で分かったことやわからなかったことを整理して，次の授業につなげる段階である。
一斉授業（direct instruction）：多人数の学習者に学習内容を同じ方法によって一斉に学習指導する方法である。この指導法は教師主導型で授業が進行するために，学習者の学習意欲の低下が起こりやすいという批判が多い。しかし教師の工夫次第では学習者のやる気を引き出したり，一つの学習課題をめぐってクラス全体が活発に討論する状況をつくることもできる。

[理解を深めるための参考図書]
東　洋　1994　日本人のしつけと教育　東京大学出版会
福浦　薫　1996　児童の心理と教師の指導力　近代文芸社

北尾倫彦　1986　自己教育力を育てる先生　図書文化

9章 教育工学と情報教育

1節 教育工学とは

　教育工学（educational technology）とは，教育の諸問題を解決し，教育目的を達成するために，教育的諸資源（リソースとよばれ，教材，授業技法，教育機器，施設など学習者に関与するすべてのものを含む）の開発・組織化・利用のための体系的研究ならびに実践を行なう学問である。かつては，もっと狭義に，教育機器の開発と利用方法改善に限定されたこともあったが，現在では，この狭義の定義に加えて，上記のように，教育用メディアの開発・管理，あるいは授業計画の開発など広い領域を含むようになったといわれている（今栄，1992）。

　具体的には，教材の提示，訓練機器，情報科学技術に関する研究や，行動科学および認知心理学の成果を利用して効果的な教育内容の配列や教育方法の開発とシステム化の研究，また，人間工学的な知識を利用して，有効な施設設備，教材，教具を開発研究する。したがって，この学問では，教育学・心理学・理工学などの分野を含む学際的研究がなされている。

2節 教育工学と授業改善

　授業を行なうためには，授業の構成要素を理解しなければならない。田中（大野木ら，1991）は教育工学の立場から，授業を1つのまとまりあるシステムとし，

表9-1　授業システムの構成要素（田中，1991；大野木ら，1991）

①授業目標─認知的目標，技能的目標，情意的目標
②授業内容─要素的知識，概念的知識，原理的知識，関連的知識
③指導方法─講義，実験，発見法，演習，選択方式
④教授組織─一斉指導，ティームティーチング，ボランティアによる協力
⑤学習集団─学級，学年，異学年合同，全校，学校間交流
⑥学習形態─一斉学習，小集団学習，個別学習，異学年縦割り，学級解体
⑦学習活動─選択，創作，制作，視聴，身体表現，調査，観察，遊び・ゲーム，発表，実験，観賞，ドリル
⑧教材・教具─実物，模型，地図，絵画，磁石，実験キット，メディア教材
⑨学習スペース─教室，多目的スペース，体育館，運動場，特別教室，地域
⑩学習時間─標準単位，モジュール単位，2時間連続，ノーチャイム
⑪メディア─テレビ，ビデオデッキ，カセットテープレコーダ，コンピュータ，OHP
⑫評価の視点と方法─テスト法，質問紙法，面接法，自己評価，相互評価

授業をつくりあげているシステム要素を以下の12の項目に整理している（表9‐1参照）。

これらを参考にして，よりよい授業ができるように心がけなければならない。

3節　コンピュータを利用した学習

授業はある意味では情報の授受であるともいえ，その方法と内容を決定するためにコンピュータを用いて膨大な情報を処理することは教育活動上有効であるといえる。それは，教師だけではなく子どもにとってもいえることである。授業におけるコンピュータ利用の方法として，CMIとCAIをあげることができる（図9‐1，表9‐2参照）。

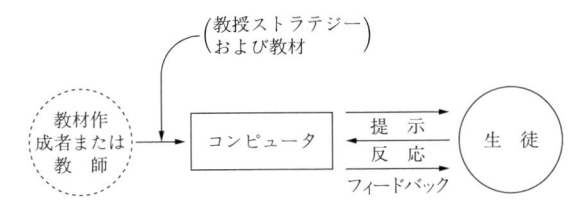

CAI：生徒はコンピュータの端末と直接対話する。

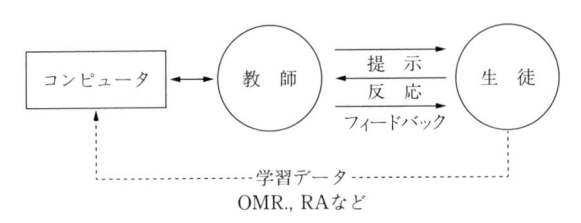

CMI：学習指導上の判断・決定のため教師がコンピュータを利用する。

図9‐1　CAIとCMIのちがい（丹野，1986）

CMI（computer managed instruction）は，教師がコンピュータによって，子どもに関するさまざまな情報を管理する情報処理システムのことをいう。教師は授業の計画準備，授業過程，授業の成果に関する評価，および，今後の方向づけなどに関して，さまざまな決定をしなければならない。このような場合，CMIは，即時的でより利用価値の高い情報を提供し，教師を支援する。坂元（1985）は，CMIの実際の使用例を，次のようにまとめている。

①授業計画：時間割作成，教材の組み立て

表9-2 コンピュータの目的別活用方法（文部省，1990）

---
1. 主体的な学習活動の道具としての活用
   ①データベース等による情報検索機能を活用した学習活動
   ②シミュレーション機能を活用した学習活動
   ③計測・制御機能，情報処理機能を活用した学習活動
   ④グラフィックス機能や図形作成機能を活用した学習活動
   ⑤文章作成機能を活用した学習活動
   ⑥コンピュータ通信を活用した学習活動
2. 学習指導の道具としての活用
   ①学習内容の定着を図るための学習指導（ドリル，解説指導）
   ②情報提示の教具として活用する学習指導
   ③データベースを活用した学習指導
   ④情報検索機能を活用した学習指導計画等の作成・評価
3. コンピュータ・リテラシーの育成を目指す道具としての活用
   ①コンピュータ・リテラシーの育成
---

②授業検索：教材，テスト問題，成績（ネットワーク使用を含む），授業分析，発言内容，頻度，進度予測

③教室管理：ソシオメトリー

④教育評価：採点，項目分析，行動分析

現在CMIは教育活動全般にわたって利用されている。

一方，CAI（computer assisted instruction）は，子どもがコンピュータと直接対話しながら学習をすすめていく，いわば学習者のためのシステムである。

CAIは次の4つに分類される（子安，1987）。

①ドリル・演習：すでに学習した内容の定着化のために，学習者に反復練習させるものである。算数・数学の計算練習，国語の漢字・熟語の知識の確認，英語の単語・文法の知識の整理など。

②チュートリアル：単に問題を出すだけではなく，事実や知識を教えたり，ルールや原理を学習させるために，必要な情報を適宜提示していく，特定の領域について予備知識のない者を親切ていねいに指導していく。

③シュミレーション：実際には観察することのできない事物や現象をディスプレイ上に模擬的に提示する。

④教育ゲーム：学習者に興味をもたせながら学習をすすめていくために，得点や勝敗といったルールを定めてゲーム形式で教材を提示したり練習問題を与える。

本来CAIは個別教育に大きな力を発揮するといわれている。しかし日本の場合，一斉授業のなかで，子どもにきめこまかく対応していくためにCAIを利用

するケースも少なくない。

以上のように CAI による教育が行なわれるには，コンピュータの利用能力を養わなければならない。すなわち，コンピュータ・リテラシー（computer literacy）の育成が必要である。

4節　メディアを利用した学習

教師はテキストを用いて授業をするだけでは効果があがらない場合もある。今日では，テレビ，ビデオ，スライド，OHP などの工学機器や情報機器を用いて授業の効率化をめざしている。こうした方法は，視聴覚教育とよばれている。

メディアは，従来からも基礎基本の教育内容の学習を促進する強力な道具として用いられていたが，社会の変化に対応する教育にもきわめて有効である。たとえば，インターネットを使って，地域の産業，特産品，風俗，習慣，自然，気象，環境汚染状況を自ら調査し，マルチメディアの資料にまとめ，世界各地の仲間と情報交換し，共同のマルチメディア報告を創ることができる（坂元，1998）。

1．視聴覚教育と教育メディア利用教育

教育メディアには，教師，教科書，黒板，掛け図，模型，スライドなどがあり，これらは子どもの学習を助ける。伝統的教育は，教師が教科書を黒板とチョークを用いて講義をすることであったが，最近では新しいメディアの開発・普及によって多様なものとなってきた（図9-2，表9-3・4参照）。

これらの教育メディアの利用は，1つには視聴覚教育に役立ち，他方，リテラシー（literacy）の育成が必要となる。

たがいの意志を伝えたり受け取る行為をコミュニケーションというが，代表的なコミュニケーション手段は言語である。そして，言語の読み書き能力をリテラシーとよぶ。最近では，言語の他にもコミュニケーション手段が増えてきた。これについてもリテラシーとよぶようになっている。

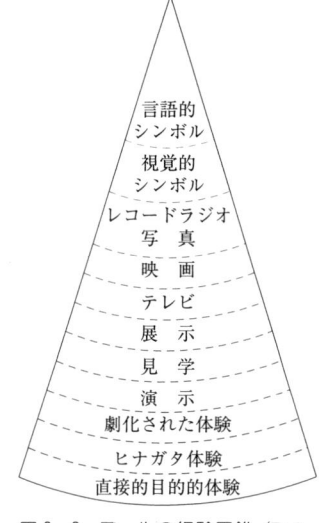

図9-2　デールの経験円錐（Dale, 1964；柳井ら，1998より）

表9-3 視聴覚メディアの種類と特徴（近藤，1980）

例	長所	短所	教科の例
写真 スライド テレビ 映画	具体的な判断	ナマの映像の場合，不要なもの，判断や思考の妨害となるものも含まれる場合がある。	社会科 理科 家庭科 美術科など
模式図 （花式図など）	簡明化，明確化 論理的思考	具体的判断や実感をそこねる場合がある。	理科 技術科 保健科など
図形 設計図 天気図	論理的思考，考えをまとめる。	現実感がないため，抽象化や捨象がおこりすぎる場合がある。	数学科 理科など

表9-4 視聴覚機器の特性（近藤，1980に一部加筆）

機器＼特性	一斉学習	個別学習	情報提示	反応制御（確認）	映像の動き	情報の保存性（速さ）	学習過程での使用頻度	コスト	容易性
16ミリ（8ミリ）	◎		◎		◎	◎		○	
テレビ	◎		◎		◎		◎	◎	◎
VTR	◎		◎	テレビカメラ◎	◎	◎	◎	○	◎
スライド									
OHP	◎		◎		△	◎	◎		◎
実物投映機	◎		◎						
コンセプトフィルム映写機	◎		◎		◎	◎	◎		◎
カセットスコープ	◎		◎		◎		◎		
シート式個別学習機		◎	◎			◎			
ラジオ	◎							◎	◎
テープレコーダー	◎		◎	◎		◎	◎	◎	
コンピュータ	○	◎	○	○		◎	△		

注）：◎はとくにすぐれていることを示す。

①映像リテラシー（映像によるコミュニケーション能力）
②コンピュータ・リテラシー（ここではコンピュータによるコミュニケーション能力）
③メディア・リテラシー（メディアによるコミュニケーション能力）

これまでの読み書きリテラシーばかりでなく，上記のようなリテラシーの育成と活用が期待されている。コンピュータがわかり，それらを活用することにより，

それらによるメッセージを読み取ったり、また、伝えたりすることが求められるようになりつつある。

2．メディア利用の長所と短所

ふつうの授業と違ってテレビやVTRなどを見せることは新奇性があり、学習への動機づけが高まる、聴覚系だけでなく視覚系も用いるので多種多様な感覚属性が参加し授業での情報量が増す、子どもが学習への参加が積極的で集中する、情動面などが扱いやすくなる、具体的に事物が提示でき、生徒の理解を助ける、ミクロの世界、高速の世界、宇宙・極地・危機場面など経験の困難な分野が扱いやすくなる、などの長所があげられる。

他方、多量の情報が与えられるので、なかには不要のものもあり、かえって学習の妨げになる、メディア利用により学習への動機づけが高まるとされる点については疑問がある、単に生徒に見せるだけに終ってしまい、生徒を積極的に学習に参加させる工夫を教師が怠るようになるなどの短所もある。

このように、すべての学習場面でメディア利用が有効であるとはいえないので、その特性を十分理解しておく必要がある。

3．メディア利用の留意点

メディアを授業に用いる場合、以下のような留意点があげられる。すなわち、①学習目標や学習内容に基づいて視聴覚材料を組み込む指導計画をしっかりと立てる、②生徒が視聴覚材料からの情報をしっかりと受け取るような練習を考えておく、③情報の提示は一過性であることが多いので、生徒の発達段階や情報処理能力にあった内容（質的、量的）かどうかの検討を十分に行なう、④一斉学習、個別学習、グループ学習などの授業形態によって、効果的なメディアの種類が異なってくることに留意する、⑤必要に応じて複数の種類のメディアを活用し、効果をあげるように心がけるなどである。

【用語解説】
子どもの個性を生かす授業：学習指導要領には、「情報化」、「国際化」、「個性化」の考え方がみられるが、その中の「個性化」に関連して、たとえばメディアの利用について言えば、個人差に応じた学習コースや学習形態を考慮する必要があろう。また、もともとわが国の場合には、一斉授業の欠点をコンピュータによって補っていこうという発想があった。多様な学習者の能力とその特性に応じた教育が望ましいが、多数の学習者を相手にしなければならない場合にコンピュータの助けを借りることになった。しかしコンピュータは全面的に教師にとって替わる

わけではない。教師には，コンピュータによる学習効果の評価と，よりよいソフトの改善と，コンピュータによらないより高度で個人差に応じた授業（たとえば，演習形式の）に当たるという役割がある。

[理解を深めるための参考図書]
東　洋・中島章夫(監修)　1990　授業技術講座－授業実践篇　ぎょうせい
東浦町立緒川小学校　1988　個性化教育の進め方　明治図書
水越敏行　1991　メディアを生かす先生　図書文化
水越敏行　1988　個性化教育への新しい提案　明治図書
坂元　昂・高桑康雄・平沢　茂・後藤和彦(編著)　1987　メディア教育のすすめ　ぎょうせい

10章 学習の評価と測定

1節 教育評価の歴史と機能

　子どもにとって，教育評価（educational evaluation）ということばはなじみが薄いかもしれないが，テストや試験に関係があるといえば，すぐに察しはつく。しかし，これらのことばから連想する学習の最終段階での「順位づけ」や「選抜」が教育評価のすべてではない。たとえば，新車の開発では，必ずエンジン性能試験や運転性能試験などを行ない，問題点の発見と改良箇所の確認などをくり返して新製品を完成させていく。同じように教育評価にも，このような「改善のための試み」と「確認」の意味が含まれていて，教育の結果のみならず途中段階でのプロセスと非常に関連が深い。

　教育評価を定義すると，教科や学習に関する教育目標に照らして，子どもの学習や行動の現状を調べ，教育目標達成の程度を検討し，今後必要となる手だてや処理を明らかにしようとする試みである。さらに広く，授業の評価や学校評価などを含むこともあるが，一般には学習者である子どもを対象になされるものを意味することが多い。

1. 教育評価の歴史

　選抜試験としては，6世紀ごろ，中国の隋の時代に行なわれた官吏登用試験の科挙が有名である。わが国でも，7世紀の天智期に創設された大学，国府などで，10日に一度の試験や学年末の試験が行なわれていた記録がある。古代ギリシャでは紀元前5世紀ごろにソクラテスが，質問をしてそれに答えさせるという問答法の中で，評価活動を教授の重要な一部としていた。このように，洋の東西を問わず，教育評価は古くから教育あるいは選抜制度で重要な役割をはたしてきた。ただし，これらの方法はどれも主観的な評価であったといわれている。

　20世紀に入って，評価を客観化し，信頼性の高いものにしようとする教育測定（educational measurement）運動が始まる。この運動の中心的人物がソーンダイク（Thorndike, E.L.）である。「存在するものはすべて量的に存在する」「量的に存在するものは測定することができる」という考えのもとに，教育事象の数量的測定が盛んに行なわれた。標準テストや評定尺度が次々と開発され，ま

たフランスでは，1905年にビネー（Binet, A.）による世界最初の知能テストが作られた。こうした教育測定運動の背景としては，それ以前の筆記試験の論文体テストが主観的な採点であるという反省や，また個人差測定への関心の高まりがあると考えられる。教育測定運動は，1920年代にわが国にも紹介され，いろいろな標準テストが作られた。

第一次世界大戦が終わり1930年代に入ると，教育測定運動は教育評価へと発展していく。教育測定では，測定によって客観的な資料を得ることに重点が置かれていたため，対象が数量的測定が可能な知識や技能などに限られていた。このため，社会性や情緒などを含めた全人格を対象にしようとする当時の新しい教育観に適さなくなっていた。また，教育測定運動には教育理念や教育目標との関連づけがあまり見られず，単に測定のための測定になりつつあるのではないかとの批判も出ていた。すなわち，測定を目的化するのではなく，教育目標の達成のために測定結果を活用し，あとに続く教育活動に生かす必要性が強調されてきた点が教育評価の特徴である。

なお，日本においては昭和初期の軍国主義が強まる時期であり，アメリカ文化を拒む風潮の中で教育評価への転換が遅れた。導入が本格化したのは第二次世界大戦後である（橋本，1981）。

2．教育評価の機能

教育評価には，指導的機能，学習的機能，管理的機能，研究的機能がある。表10-1は，橋本（1981）をもとに，これら4つの機能をまとめたものである。

表10-1 教育評価の機能（橋本，1981を参考に作成）

種類	対象者	主な内容	当該機能が比較的強い具体例
指導的機能	指導者	教育計画や指導法の選択・決定・修正	レディネステスト，単元末テスト
学習的機能	学習者	自己の到達度やつまずきの自己評価，動機づけ	単元末テスト，通知表
管理的機能	管理者	選抜決定，学級編成，成績や情報の記録・通知	入学試験，指導要録，単位認定試験
研究的機能	研究者	カリキュラム開発，指導法・教材・教具の研究	一斉学力テスト，標準学力テスト

指導的機能は，教師が自分の教育活動のなかで，どのように指導し何を改善すべきかを決定したり方向づけたりすることに関係する。教育目標の達成には不可欠で，非常に重要な意味をもつ。学習的機能は，学習者の視点に立つもので，特

に自己教育力の育成や，生涯学習においては欠かせない機能である。総合的な学習のような問題解決型の学習では特に，学習者自身が自分の学習状況を確認し，反省し，次のステップを決定する習慣が身についていないと，十分な学習効果を期待できない。なお一般に，同一の試験やテストが指導的機能と学習的機能を合わせもつことが多い。たとえば単元末テストは，教師が学習指導の適切さを判断できる資料であると同時に，学習者である子どもにとっては，自分の到達度についてのフィードバックを得る機会となる。

　管理的機能は，中国の科挙に代表されるように，教育評価の中心的なものであったが，現代ではその傾向はしだいに弱まりつつあるといえる。ただし，高校入試や大学入試のような選抜試験や，指導要録に代表されるように，社会的な関心は依然として高い。また，円滑な学校経営を行なうためには不可欠な機能であることに変わりはない。

　教育評価の研究機能は，これまでわが国ではあまり認識されてこなかった。しかし近年，何をどのように学習するのかというカリキュラム編成や教育方法の工夫が各学校に委ねられる傾向が強まっている。こうした新しいやり方の教育効果を確認したり，あるいは改善を試みるために，今後，研究機能の重要性は増加すると予想される。

2節　教育評価の方法

1．目標設定

　教育というのは，子どもを望ましい方向に導いていく働きであるから，必ず目標がある。各学校は，地域や子どもの実状にあわせた学校の教育目標を定める。それを教科や学年ごとに分析して，さらに教材のひとまとまりである単元ごと（例：かけ算），そして1時間の学習時間ごとの学習指導目標を決める。さらに，各授業の中でも学習内容の区切り（例：2位数×何十の復習→2位数×2位数の問題理解→計算方法を考える）にしたがって目標を分析していくことになる。

　表10-2は，こうした目標を分類し，また到達性についての特徴を説明したものである。目標の領域として，認知的領域，情意的領域，精神運動的領域（技能領域）がある。これまでは知識を教えたり理解を深めさせるといった認知的領域に重点があったが，近年は意欲，関心，態度などの情意的領域が重視される傾向にある。

　また，目標のタイプとして達成目標，向上目標，体験目標の3つが区別されている（梶田，1995）。達成目標というのは，1時間の授業の中で効果の出てくる

表10-2 目標類型と目標領域の観点から代表的目標の分類例 (梶田, 1995)

	目標類型	達成目標	向上目標	体験目標
領域	認知的領域	・知識 ・理解　　等	・論理的思考力 ・創造性　　等	・発見 　　　　等
	情意的領域	・興味 ・関心　　等	・態度 ・価値観　　等	・触れ合い ・感動　　等
	精神運動的領域	・技能 ・技術　　等	・練達 　　　　等	・技術的達成 　　　　等
到達性	到達性確認の基本視点	・目標として規定されている通りにできるようになったかどうか	・目標として規定されている方向への向上が見られるかどうか	・目標として規定されている体験が生じたかどうか
	目標到達性の性格	・特定の教育活動の直接的な成果	・多様な教育活動の複合的総合的な成果	・教育活動に内在する特定の経験
	到達性確認に適した時期	・授業中 ・単元末 ・学期末，学年末	・学期末，学年末	・授業中 ・単元末

ような目標で，目標に到達したかどうかが教師や子ども自身に確認できるものである。このためには，「～を説明できる」「～を言うことができる」といった行動レベルでの目標（行動目標とよばれる）にすれば観察ができる。一般に指導目標としてあげられることの多い「～を理解させる」「～に気づかせる」といったレベルでは，その到達を確認することは簡単ではないし，また主観的になりやすい。なぜなら，どういう状態であれば「理解した」ことになるのか，あるいはどの程度「理解した」ことになるのかがはっきりしないからである。

次に向上目標というのは，何時間もの授業によって少しずつ伸ばしたり深めていく目標である。別のことばで言えば，意欲や関心，表現力や創造力などがこれにあたる。これらは，明確な基準をもった行動としてのみ観察できるものではない。このため，たとえば関心が高まればこういう姿やこういう取り組み方をするだろうという予想をしておいて，観察や作品，学習行動などを総合して多面的に判断する必要がある。ここでは質的な評価が要求される。

最後に体験目標とは，効果が現われるのがいつなのか，またどういった形になのかはわからないが，そうした効果の土台となる体験を与えることを目標とするものである。つまり，子どもの変容そのものがねらいではなく，変容を生む可能性のある体験や経験の機会を提供することがねらいである。遊びの体験，自然体

表10-3　目標分析表・目標構造図・指導順路案（6年理科学習指導案，久保嶋忍／下館小学校）
（梶田，1995）

単元 熱の伝わりやすいもの・伝わりにくいもの （総時数　5時間）	到達目標	1　物には、熱の伝わりやすい物と、伝わりにくい物があることを、実験によって確かめることができる。 2　金属では、熱は加熱されたところから順に伝わっていくことが確かめられる。 3　熱は、温度の高い物から温度の低い物へ移っていくことを推論できる。	4　実験方法を工夫して、直接見えない熱の移動を見えるものや体感に置き換えて調べることができる。 5　熱の伝わりやすいもの・伝わりにくいものに関心を持ち、その性質を利用した道具を身の回りから見つける。

目　標　分　析　表

学習事項	知識・理解	実験・観察の技能	科学的思考	関心・態度	体験目標
1　熱の伝わりやすいもの・伝わりにくいもの	温まりやすさは、材料に関係していることが分かる。 熱は、温度の高いものから低いものへ移っていくことが分かる。 金属は、ガラスやポリエチレンなどに比べて熱が伝わりやすいことが分かる。 金属の棒や板の温まり方は熱の伝導によることが分かる。	材料の違う容器を使って、水の温まり方を比較実験することができる。 材料の違う容器で温まる速さを手の感覚で比較し、熱の伝わり方の違いを判別することができる。 ※金属の熱の伝わり方を調べる方法を工夫することができる。	温度の高い物と低い物が触れ合ったときの温度の変化を熱の移動で説明することができる。 身の回りの道具を使って温まりやすさを比較し、熱の伝わりやすさと結びつけて考えることができる。	湯と水の温度変化の様子を熱という言葉を使って話そうとする。 熱の伝わりやすい物と伝わりにくい物の利用の仕方について身の回りの道具から調べようとする。	熱の伝わりやすい物や伝わりにくい物を確かめて探す。

目　標　構　造　図

前提目標	基礎目標	中核目標	発展目標
® 加熱や冷却からその物の状態変化や温度変化が分かる。（知理）	①　材料の違う容器を使って、水の温まり方を比較実験し、温まりやすさは、材料に関係していることが分かる。（技1・知理1） ②　熱は、温度の高い物から低い物へ移っていくことが分かり、温度の変化を熱の移動で説明することができる。（知理1・思1） ③　材料の違う容器であたたまる速さを手の感覚で比較し、熱の伝わり方の違いを判別することができる。（技1） ④　金属は、ガラスやポリエチレンなどに比べて、熱が伝わりやすいことが分かる。（知理1） ⑤　金属の熱の伝わり方を調べる方法を工夫することができる。（技1） ⑥　金属の棒や板の温まり方は、熱の伝導によることが分かる。（知理1） ⑦　身の回りの道具を使って温まりやすさを比較し、熱の伝わりやすさと結びつけて考えることができる。（思1）	⑧　物には熱の伝わりやすい物と伝わりにくい物があることが分かり、熱は、温度の高い物から低い物へ移っていくことが説明できる。（知理・思） ⑨　金属では、熱は加熱されたところから順に伝わっていくことが確かめられる。（知理・技）	⑩　熱の伝導に気付き、金属以外の物の熱の伝わり方についても調べようとする。（体・関態）

指導順路案　第1時　①―②―⑧　　第2時　③―④―②―⑧　　第3・4時　⑤―⑥―⑨―⑦―⑧
　　　　　　第5時　㊤―補―深

験,労働体験などがこの目標の例であるが,教師としては豊かな教育環境を用意するという意味で,どのような体験が必要かを十分検討する必要がある。

実際の授業にあたっては,学習目標を分析する必要があり,これを表にしてまとめたものを目標分析表という。表10-3の上部は,熱の伝導についての学習指導の目標分析表である。表の中の「知識・理解」,「実験・観察の技能」,「科学的思考」が達成目標で,「関心・態度」が向上目標になる。表10-3の下部は,これらの学習目標の相互の関係を,前提・基礎から発展へという流れの中で構造化したものである。こうした構造にしたがって指導順路が決められ,さらに1時間ごとの学習指導のこまかい過程を計画していくことになる。

2. 教育評価の分類

(1) 基準の違いによる分類

どのような基準に基づいて評価を行なうかによって,表10-4のように絶対評価 (criterion referenced evaluation),相対評価 (norm-referenced evaluation),個人内評価 (intra-individual evaluation) の3つに分けられる。

表10-4 3つの評価(解釈)法の比較 (橋本,1979)

	評価の規準	その規準の性格		結果の表わし方
絶対評価	教育目標達成の有無・程度	教育目標に対し直接的	生徒に外在的	1. 合・否 2. 素点(正答率) 3. 段階評定 4. 誤答分析等
相対評価	所属する集団の成績分布	教育目標に対し間接的	生徒に外在的	1. 順位 2. 段階評定(%を考える) 3. パーセンタイル 4. 偏差値
個人内評価	同一生徒の示す他の教科・目標や過去の時点での成績水準		生徒に内在的	1. 長所・短所 2. 進歩の状況 3. プロフィル 4. 成就値等

絶対評価は,個人や集団に関係なく評価基準があり,それにどの程度達しているかどうかが問題となる。たとえば,全員が基準を満たしていれば,全員が合格したり,あるいはそれにふさわしい評価結果を得られる。到達度評価は絶対評価の一種であるが,特に評価する人とは無関係に何か客観的に達成が確認できる到達基準(例:20問中18問)を作って行なうものである。

絶対評価の長所として,個人や集団の進歩をとらえることができ,指導者にと

っても教育活動の効果や改善点を把握するのに大いに役立つ点があげられる。一方，短所としては，どのように達成基準（あるいは到達目標）を定めるのかということで困難があったり，また達成の評価が評価者（教師など）の主観に左右されることがある点である。到達度評価はこの点を改善してあり，学校教育以外でもたとえば資格試験や検定試験などで用いられている。

相対評価は，ある集団内での相対的な位置を表わす方法である。長所は，ある集団内での位置づけを示すという意味で，客観的でまたわかりやすい点である。特に選抜試験には有用で，批判されながらもよく使用されているのはこのためである。問題点は，ある個人の努力や成長が適切に評価結果に反映されないことがあるということである。これは，たとえば集団内の他の人が同じように進歩すると，相対的な位置関係は変わらないためである。このため，過度に競争心をあおることになり，また評価結果が向上しないとやる気を低下させることもある。指導者にとっての問題点として，集団全体の成長や進歩がわからず，指導に生かせるような評価を行なうことができないこともある点である。

個人内評価は，評価の基準が個人の中にあり，1人ひとりについて個別に基準を設けて評価する方法をいう。個人を深くとらえ最も適した指導を行なうことができ，個人の成長を重視するため動機づけが高まるといった長所がある。一方，学習者にとっては，自分の特徴や進歩を知ることができても，他者との比較ができないために，たとえばその学年としての標準に達しているのかどうか判断できないといったことが問題となることもある。

これらの評価法は，それぞれに特徴があり，他とは異なった役割をもっている。目的に応じた評価法を用いることが重要である。また実際には，複数の評価法をあわせて用いることがある。たとえば，相対評価の典型ともいえる入学試験で，入学後の学習のレディネスを確認するために，あらかじめ入学試験得点に基準点を設けることがある。これは到達度評価であり，ある受験者が募集人員内の順位であっても，得点がこの基準点に満たない場合には入学は許可されない。また通信簿（通知表）でも，到達度評価を中心にしつつ，たとえば前の学期の学習成果を考慮し，個人内評価を加味して成績をつけることがある。このように，目的に合わせた工夫が必要である。

(2)評価の時期による分類

評価を実施する時期の違いによって，診断的評価（diagnostic evaluation），

形成的評価（formative evaluation），総括的評価（summative evaluation）の3つに分類される。これらは，表10-5に示したように，評価の目的や用具等でもそれぞれ特徴が異なる。

表10-5 時期による評価の3タイプの比較（橋本，1979を一部改変）

	診断的評価	形成的評価	総括的評価
評価の時期	・単元始め，学期及び学年始め ・授業の進行中	指導・学習活動の進行中	・単元末，学期の中間 ・学期末，学年末
評価の目標	1. 適切な配置 　・学習の前提条件の確認 　・学力水準の確認 　・処遇に関係する各種の適性の診断 2. 学習困難とその原因の診断	・生徒の修得の有無・程度及び欠陥の発見 ・教師と生徒へのフィードバック ・治療的指導の方針の樹立	・指導計画の反省と改善 ・生徒の成績決定と記録・通知・証明
評価の用具	・自作の予備テスト ・標準学力検査 ・各種心理診断検査 ・観察・評定・面接	・口問口答，観察・評定 ・簡単な教師自作テスト ・アンサー・チェッカー等	・教師自作テスト ・標準学力検査
絶対・相対評価の別	絶対評価または相対評価による	絶対評価中心	相対評価中心 絶対評価によることもある

まず目標を設定したら，学習指導に入る前に診断的評価によって子どものレディネスや特徴（例：適性処遇交互作用における適性，8章4節参照）を調べる。それに基づいて，授業計画などを立案したり修正して，実際の学習指導活動を開始する。ただし，何らかのつまずきが発見された場合には，補習のための学習を行なうこともある。

授業の途中（授業の進行中や1時間の授業の最後）に行なうのが，形成的評価である。3種類の評価の中で，特にすべての子どもに一定の到達水準以上の学力を身につけさせることをめざす完全習得学習（マスタリーラーニング）では，形成的評価が重要である。優れた教師ほど，観察や質問，小テスト，家庭学習のチェックなどによって，きめこまかい形成的評価を行なっている。

学習指導の区切り（単元末や学期末など）に，まとめの意味で実施するのが総括的評価である。子どもにとっては，得点や出来不出来がいちばん気になる評価である。一方教師にとっても，児童・生徒理解と自らの学習指導を振り返る好機であり，重要な意味をもつことは言うまでもない。

3. 学力の測定

　学力ということばには多くの意味がある。大別すると，学習によってすでに身につけた知識や技能・技術を指す場合や，他方，今後の学習活動によって身につけることができる可能性，あるいは準備状態を意味することもある（赤木,1991）。近年は，特に学校だけで学習が終わるのではなく，卒業後も続けて学習し続けることが要求されている。こうした生涯学習の立場から，学力の意味も自分で新しいことを身につけることができる能力へと拡大しつつある。

　学校の教育実践では，学力を測定するために次のようないろいろな方法が用いられている。

(1)観察法　(p.218-220 参照)

　観察は，教育一般において非常に重要な意味をもつ。児童・生徒の理解にはじまり，教育方法の選択や実施，そして教育評価において基本的なものである。具体的な実施については，自然な状況での子どもの行動や態度を観察する自然的観察法と，観点や状況，あるいは時期・期間を定めて行なう統制的観察法がある。教師が日常の教育活動で行なうのは，大部分が自然的観察法である。

(2)作品法　(p.222-223 参照)

　作品や作文，レポート，子ども自身による記録などを使って行なう質的評価である。意欲や態度，関心，体験を重視する教育では，観察法とともに重要性が高まっている評価法である。

(3)教師自作テスト

　教師の学習指導と最も密接に関係している評価法である。診断的評価，形成的評価，総括的評価のいずれでも使用されている。内容や形式，実施時期などを自由に設定できるため，きめこまかくまた柔軟性が高いという長所がある。一方，短所は客観性に欠けることがあるという点である。

　このテストは具体的には，「～を説明しなさい」「～について書きなさい」という論文体テストと，簡単な数字や記号あるいは短い語句で答える客観的テストに分けられる。客観的テストはさらに，選択肢を用意してそこから正答を選ばせる再認テストと，語句や短い文章での解答を求める再生法に分けられる。再認テストは，提示された語句や文章などを自分の学習したものの中に認められるかどうかを調べるもので，判断力や理解力をみるのに適している。再生テストは，学習したものを記憶の中から思い出す必要があり，的確な記憶や知識の測定に向いて

いる。

(4)標準学力テスト

　標準学力テストは，標準化といって，広範囲の子どもにあらかじめ予備的に実施した結果に基づいて，得点を解釈する基準が作られている。全国の子どもの学力を基準にして，個々の子どもや学級，あるいは学校がどの程度の学力水準にあるのかを知ることができる。このため，客観性の高い学力評価を行なうことができる。

(5)業者による市販テスト

　特に小学校では，業者が作製した市販テストが利用されることが多い。教科書に準拠している，図表などの資料がよく工夫されている，実施が容易であるという長所がある。一方，学習指導の実態と直結しているわけではないので，たとえば子どもの実態にあわせて授業では省略した応用的題材が，テストには出ているといったことがある。また，テストにあるので授業で取りあげるといったように，テスト本意の学習指導に陥る危険性もある。これらの特徴を踏まえた利用が必要である。

4．測定用具・方法の条件

　何かを測定したり検査するときには，その用具や方法は必ず妥当性と信頼性の2つの条件を備えていなければ，適切なものとはいえない。

　妥当性（validity）とは，測定したいと考えているものを，どの程度的確に測定しているかを表わしている。長さや重さは直接的な測定ができるが，教育では直接の観察ができないものを測定しようとすることが多い。そのために，特に妥当性は重要である。

　信頼性（reliability）とは，評価の目標を一貫して測定していて，測定結果に安定性があるかどうかを示す度合である。つまり，実施条件がほぼ同じであれば，何度くり返しても，また誰が測定しても，同じような結果が得られるかどうかということを表わす。

　妥当性も信頼性も，それぞれさらに何種類かに分類でき，また妥当性係数，信頼性係数という数値も利用できる。特に，標準化されている学力テストや心理検査などの利用にあたっては，妥当性と信頼性をよく調べ，目的にあったものを選択・実施することが大切である。

5. 学力の表示

標準学力テストによる学力を表示するときに使われる指標を説明する。

〈**学力偏差値**（achievement standard sore）〉

該当する集団の平均を50に設定し，各個人の点数がこの平均からどの程度高いか低いかを表わす指標である。相対評価でよく使用される指標で，集団の平均点と標準偏差がわかっていれば，下の式で，学力偏差値を計算することができる。

$$学力偏差値 = \frac{10 \times (個人の点数 - 平均点)}{標準偏差} + 50$$

〈**教育年齢**（educational age）と**相当学年**（grade equivalent）〉

テストの得点を，各生活年齢の代表的な値と比べ，年齢で表わしたものである。たとえば，教育年齢8.5歳といえば，その子どもの実際の年齢（生活年齢）がいくつであるかに関係なく，年齢が8歳半の子どもと同じ学力であることを意味する。相当学年は，子どもの実際の学力が何学年の学力に相当するかを表わす。これも，生活年齢とは無関係で，たとえば小学3年生1学期の子どもが小学2年生3学期の学力しかないときには，相当学年は小学2年生3学期となる。

〈**教育指数**（educational quotient）〉

教育年齢と生活年齢との割合を百分率で表わしたもので，次の式で計算する。

$$教育指数 = \frac{教育年齢}{生活年齢} \times 100$$

教育年齢が生活年齢よりも上であれば，この値は100より大きくなり，逆の状態では100より小さくなる。

〈**成就指数**（achievement quotient）と**成就値**（achievement score）〉

これらの指標は，それぞれ次の式で得られる。

$$成就指数 = \frac{学力偏差値}{知能偏差値} \times 100$$

$$成就値 = 学力偏差値 - 知能偏差値$$

どちらも学力と知能との関係を表わすもので，知能にふさわしい学力であれば，成就指数は100，成就値はゼロに近くなる。学力が知能から予想される水準より

も低いときにはそれぞれ100以下，ゼロ以下となる。成就値が一定基準（1つのめやすとして－7が用いられる）以下の場合を学業不振児（アンダーアチーバー，under-achiever）という。原因としては，身体的要因，性格的要因，家庭的要因などが考えられるが，いずれにしても困難を取り除くような手だてが必要である。学力が知能以上にあるときには，成就指数は100以上，成就値はゼロ以上となる。これも一定基準（1つのめやすとして成就値が＋7）以上のとき，学業進捗児（オーバーアチーバー，over-achiever）という。

6．評価結果の利用

総括的評価の結果は，成績の記録としても利用される。その代表的なものに指導要録と通信簿（通知表）がある。

(1)指導要録

指導要録は法律（学校教育法施行規則）によって定められた法定簿で，校長の責任において，作成しなければならないことになっている。実際には学級担任が学年末に1年分の記録を記入する。内容としては，学籍に関する記録と指導に関する記録という2つの部分（表10-6）からなっている。学籍は戸籍のような性格をもち，本人や保護者の氏名と住所，いつ入学し，いつ卒業したのか，校長や担任は誰だったのかといった内容が記録される。指導に関する記録には，学習や行動の記録，出欠状況，その他の事項が記録され，担任による所見も記入される。各学校では，学籍は20年間，その他の記録は5年間の保存が義務づけられている。

指導要録には2つの目的・機能がある。1つは，継続的な記録により，指導に役立てることである。新しく担任となった教師が，1人ひとりの子どもの過去の評価や観察の記録が残されていれば，きわめて都合がよい。児童・生徒理解に非常に有効であり，またそれ以前の担任教師の指導方針とまったく無関係に指導を行なう危険性も低くなるからである。もう1つの目的・機能は，外部への証明を行なうときの原簿としての役割があることである。在籍・卒業証明，あるいは成績の証明ということで，必要なときに指導要録を用いて，証明書が作成される。

(2)通信簿

指導要録が教育法規で定められたものであるのに対して，通信簿には法律的な根拠はない。学校によって，名称（あゆみ，通知票，通知表など），表紙（顔写真，学年の集合写真，子ども自身の絵など）や様式などそれぞれ工夫されている。

10章 学習の評価と測定

表10-6 小学校児童指導要録

様式1 (学籍に関する記録)

学籍の記録			
児童	ふりがな 氏名	昭和・平成 年 月 日生	性別
	現住所		
保護者	ふりがな 氏名		
	現住所		
入学前の経歴			
入学・編入学等	平成 年 月 日 第1学年入学 / 第 学年編入学		
転入学	平成 年 月 日 第 学年転入学		
転学・退学等	(平成 年 月 日) / 平成 年 月 日		
卒業	平成 年 月 日		
進学先			

区分	学年	1	2	3	4	5	6
	学級						
	整理番号						

学校名及び所在地 (分校名・所在地等)	

年度	区分 学年	校長氏名印	学級担任者氏名印
平成 年度	1		
平成 年度	2		
平成 年度	3		
平成 年度	4		
平成 年度	5		
平成 年度	6		

様式2 (指導に関する記録)

児童氏名	学校名

区分	学年	1	2	3	4	5	6
	学級						
	整理番号						

各教科の学習の記録

教科	観点	I 観点別学習状況 学年 1 2 3 4 5 6
国語	国語への関心・意欲・態度	
	表現の能力	
	理解の能力	
	言語についての知識・理解・技能	
社会	社会的事象への関心・意欲・態度	
	社会的な思考・判断	
	観察・資料活用の技能・表現	
	社会的事象についての知識・理解	
算数	算数への関心・意欲・態度	
	数学的な考え方	
	数量や図形についての表現・処理	
	数量や図形についての知識・理解	
理科	自然事象への関心・意欲・態度	
	科学的な思考	
	観察・実験の技能・表現	
	自然事象についての知識・理解	
生活	生活への関心・意欲・態度	
	活動や体験についての思考・表現	
	身近な環境や自分についての気付き	
音楽	音楽への関心・意欲・態度	
	音楽的な感受や表現の工夫	
	表現の技能	
	鑑賞の能力	
図画工作	造形への関心・意欲・態度	
	発想や構想の能力	
	創造的な技能	
	鑑賞の能力	
家庭	家庭生活への関心・意欲・態度	
	生活を創意工夫する能力	
	生活の技能	
	家庭生活についての知識・理解	
体育	運動や健康・安全への関心・意欲・態度	
	運動や健康・安全についての思考・判断	
	運動の技能	
	健康・安全についての知識・理解	

教科	II 評定 学年 3 4 5 6
国語	
社会	
算数	
理科	
音楽	
図画工作	
家庭	
体育	

学年	III 所見
1	
2	
3	
4	
5	
6	

特別活動の記録

内容	I 活動の状況 学年 1 2 3 4 5 6
学級活動	
児童会活動	
クラブ活動	
学校行事	

学年	II 事実及び所見
1	
2	
3	
4	
5	
6	

児童氏名						

<table>
<tr><th colspan="7">行　動　の　記　録</th><th>学年</th><th>指導上参考となる諸事項</th><th colspan="6">出　欠　の　記　録</th></tr>
<tr><th colspan="7">Ⅰ　行　動　の　状　況</th><th rowspan="2">1</th><th rowspan="2"></th><th>区分
学年</th><th>授業日数</th><th>出席停止・
忌引等の日数</th><th>出席しなければ
ならない日数</th><th>欠席日数</th><th>出席日数</th></tr>
<tr><td>項目</td><td>学年</td><td>1</td><td>2</td><td>3</td><td>4</td><td>5</td><td>6</td><td>1</td><td></td><td></td><td></td><td></td></tr>
<tr><td colspan="2">基本的な生活習慣</td><td></td><td></td><td></td><td></td><td></td><td></td><td rowspan="5">2</td><td rowspan="5"></td><td>2</td><td></td><td></td><td></td><td></td><td></td></tr>
<tr><td colspan="2">明朗・快活</td><td></td><td></td><td></td><td></td><td></td><td></td><td>3</td><td></td><td></td><td></td><td></td><td></td></tr>
<tr><td colspan="2">自主性・根気強さ</td><td></td><td></td><td></td><td></td><td></td><td></td><td>4</td><td></td><td></td><td></td><td></td><td></td></tr>
<tr><td colspan="2">責　任　感</td><td></td><td></td><td></td><td></td><td></td><td></td><td>5</td><td></td><td></td><td></td><td></td><td></td></tr>
<tr><td colspan="2">創　意　工　夫</td><td></td><td></td><td></td><td></td><td></td><td></td><td>6</td><td></td><td></td><td></td><td></td><td></td></tr>
<tr><td colspan="2">思　い　や　り</td><td></td><td></td><td></td><td></td><td></td><td></td><td rowspan="6">3</td><td rowspan="6"></td><td>学年</td><td colspan="5">備　　　　考</td></tr>
<tr><td colspan="2">協　力　性</td><td></td><td></td><td></td><td></td><td></td><td></td><td>1</td><td colspan="5"></td></tr>
<tr><td colspan="2">自　然　愛　護</td><td></td><td></td><td></td><td></td><td></td><td></td><td rowspan="2">2</td><td colspan="5" rowspan="2"></td></tr>
<tr><td colspan="2">勤　労　・　奉　仕</td><td></td><td></td><td></td><td></td><td></td><td></td></tr>
<tr><td colspan="2">公　正　・　公　平</td><td></td><td></td><td></td><td></td><td></td><td></td><td>3</td><td colspan="5"></td></tr>
<tr><td colspan="2">公　共　心</td><td></td><td></td><td></td><td></td><td></td><td></td><td>4</td><td colspan="5"></td></tr>
<tr><td>学年</td><td colspan="6">Ⅱ　所　　　見</td><td rowspan="2">4</td><td rowspan="2"></td><td>5</td><td colspan="5"></td></tr>
<tr><td>1</td><td colspan="6"></td><td>6</td><td colspan="5"></td></tr>
<tr><td>2</td><td colspan="6"></td><td rowspan="2">5</td><td rowspan="2"></td><td colspan="6"></td></tr>
<tr><td>3</td><td colspan="6"></td><td colspan="6"></td></tr>
<tr><td>4</td><td colspan="6"></td><td rowspan="2">6</td><td rowspan="2"></td><td colspan="6"></td></tr>
<tr><td>5</td><td colspan="6"></td><td colspan="6"></td></tr>
<tr><td>6</td><td colspan="6"></td><td></td><td></td><td colspan="6"></td></tr>
</table>

　たとえば評価の表わし方は，◎○△の記号，ABC表記，3段階，5段階，10段階，試験の素点，教師による記述などいろいろある。また様式や内容は，一般の人でもわかるように平易な表現となっている。

　通信簿の目的・機能は，学校と家庭の間の通信や連絡にある。子どもと保護者に対して，学校での学習状況や進歩の状況を伝えることによって，話し合いと反省の材料を提供できる。子どもにとっては，これは自己評価と意欲づけの機会であるし，保護者には学校への関心を高めてもらい，協力を求めることができる。一方，教師にとっては，総括的評価の機会であり，子ども理解を深め，また評価を通して教師自身の今後の教育活動を改善するさいの参考となる。通信簿の中に，子ども自身が記入する箇所や，保護者から子どもへのメッセージ，あるいは学校への要望・通信欄を設けている学校もあり，こうした工夫は今後も増えると予想される。

3節　教育評価の最近の動向と問題点

1．ポートフォリオ評価

　最近のわが国の傾向は，知識を教えこむ学習指導から，問題解決能力を育てる学習指導，体験的学習を重視する方向へと向かっている。知識や理解の程度を調べるのであれば，これまでのように試験を実施して客観的な測定により得点化することができる。ところが，問題解決能力や体験を中心とした学習では，こうした方法を用いることはむずかしい。なぜなら，これらの学習では意欲・関心・態度といった情意的な側面が重要であって，量的な評価ではなく質的な評価が必要となるからである。

　ポートフォリオ評価（portfolio evaluation，またはプロファイルズ評価）は，こうした質的な評価に適した評価法の1つである。ポートフォリオとは，もともと書類入れのことで，学校では子どもの学習成果を示すいろいろな資料（レポー

表10-7　理科における記録基準（評価基準）（鈴木，1998）

(1) 身体技能上の進歩
　①○○（例：メスシリンダー）が扱えるようになる
(2) 社会的技能の進歩
　①グループの中で活動できるようになる
　②グループの中で自分の意見が言えるようになる
　③発見したことを，クラスの生徒の前で紹介できるようになる
　④グループ活動でまとめ役ができるようになる
(3) 態度の発達
　①好奇心をもつ，説明を求める
　②証拠を尊重する
　③批判的な考察ができる
　④考えの柔軟性
　⑤生き物を大切にし，環境にも配慮する
(4) 概念的発達
　①範囲の拡大
　②抽象化の技能
(5) 学習過程上の技能の発達
　①観察の技能
　②疑問点を示す
　③予想を立てる
　④仮説を立て，説明を加えようとする
　⑤組織的な実験・調査計画を立て，科学的な実験をする
　⑥データを課題に照らして解釈する
　⑦目的にあった報告，表現ができる

ト，作文，テストの解答用紙など）を入れた個別ファイルをいう。問題となるのは，何を記録するかという基準であり，これを重要な達成事項という。重要な達成事項とは，学習過程でみられる飛躍や成長を意味し，たとえば子どもがこれまでできなかったことにはじめて成功したり，概念や技能を完全に自分のものにしたと教師が判断できるときがこれにあたる（鈴木，1998）。

表10-7は，重要な達成事項である5つの観点と理科における記録基準（評価基準）を示したものである。この基準にしたがって，子どもの学習活動を評価し記録を行なう。例として，「ゼリーを作る」という学習活動（学習のコンテクス

---

① A君（7歳）の事例：「ゼリーを作る」
○学習のコンテクスト
　クラスで，ゼリーを熱い湯に入れた場合，ぬるま湯，水に入れた場合について話し合った。どうなるか意見を出し合った後，実験してみて意見を出し合った。A君は結果を自信ありげに記録した。
○A君の記録

11月2日

ゼリーと熱い湯（教師の書いた部分）
　ゼリーと熱い湯を混ぜると
　すぐに溶ける。

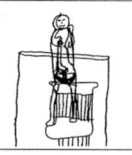

ゼリーと冷たい水（教師が書いた部分）
　ゼリーはぜんぜん溶けなか
　った。

ゼリーとぬるま湯（教師が書いた部分）
　ゼリーはゆっくり溶けた。

○なぜこれが重要なのか
　A君は，いつもはほとんど何も記録しようとしなかった。しかしこの実験では，初めて記録をした。このことは，観点の(5)「学習過程上の技能」の⑦「表現上の進歩」である。と同時に，記録についての態度変化は，(3)「理科的な態度の向上」でもある。
○どうして学習上の進歩が起こったのか
　A君は，ゼリーがとても好きなので，このような表現上，態度の進歩が見られたようである。

図10-1　ポートフォリオ評価の例（鈴木，1998）

ト）での子どもの記録と，この記録が重要なことの理由などを図10-1に示した。子どもの書いた記録用紙は，子どもの目の前でファイルへの記録を行なう。そのとき，教師が重要だと判断したことや子どもの行動・反応について，メモ書きをつけることもある。これも子どもに説明し，目の前でファイルに保存する。こうすることによって，子どもが自分の学習過程や学習成果を自己評価する能力を高めることができる。また教師と子どもの間のコミュニケーションと信頼関係を育て，その後の学習指導に生かすことにつながる。

2．教育評価における留意点

(1)光背効果 (halo effect)

1つあるいは少数の特徴によって，その他の特徴が不当に評価されることをいう。後光効果，ハロー効果ともいう。たとえば，性格がよいので成績もいいだろう，あるいは走るのが遅いからボール運動も苦手だろうといったものである。また，親が立派だとその子どもも優秀だろうと考えることもある。こうした評価のゆがみを避けるには，複数の教師で評価をしたり，また違った種類の評価方法（たとえばペーパーテストと観察）を組み合わせることが有効である。

(2)寛容効果 (positivity effect)

教師が子どもに対してもつ感情によって，その子どもに関する判断が影響を受けることをいう。教師と気の合うタイプの子どもだと，少々の欠点も気にならず全体的に好意的に解釈しがちだが，逆になんとなくしっくりしない，あるいは嫌いな子どもだと嫌な面ばかりが目につく。子どもの同じような行動が，前の学年の担任とその次の学年の担任でまったく逆の解釈になる（たとえば「よく発表する子」が「うるさい子」とみられる）のは，この寛容効果の影響によることがある。何事にも長短という二面性があることを，教師はつねにこころがけておく必要がある。

(3)教師期待効果 (teacher's expectancy effect)

教師が期待した児童・生徒の成績が，実際にその期待の方向に変化する現象をいう。ピグマリオン効果ともいい，次のようなメカニズムで説明されている（浜名ら，1988）。教師はそれまでの記録や行動のようすから，1人ひとりの子どもについて期待をもち，それが子どもへの接し方に違いを生じさせる。子どももそれに応じた行動や反応を取るようになり，ある程度の期間が立つと子どもの学習活動や成績が変化して，教師の期待通りの結果になるというのである。こうした

過程のすべてが確認されているわけではない。けれども，教育評価の途中で生じたり，結果として得られる教師の期待や願いが，子どもに影響することは十分に予想できる。これは，評価の重要性を別の側面で意味しているといえる。

【用語解説】
到達度評価（criterion-referenced evaluation）：あらかじめ到達目標を決めておいて，子どもがその目標にどの程度到達しているかという観点で評価する方法。絶対評価の一種であるが，絶対評価の評価基準が教師の主観（例えば，「この程度できれば5にしよう」など）に頼ることもあるため，客観的な到達基準（例えば，「8個以上の漢字書取ができれば合格」）を定めている点が異なる。

形成的評価（formative evaluation）：学習開始前に行なう評価を診断的評価，学習後に行なうものを総括的評価というが，形成的評価は学習進行中に実施する。教師にとっては子どもが目標に達しているかどうか，もし達していなければどのような対策（治療的指導など）が必要か，指導法をどう改善すべきかということを検討することができる。子どもには，自己評価を行なう資料を提供する意味で重要である。

妥当性と信頼性（validity and riliability）：これらは，テストや検査などの測定用具が備えていなければならない条件である。妥当性は，どの程度正確に測定対象を測定しているかを表す。信頼性は，測定で得られた結果がどの程度正確かを示す。例えば，2桁の数字どうしのかけ算力を調べるために九九の正確さだけを測定しても，あまり妥当性は高くない。また，1週間後にもう一度同じテストを実施したところ，結果が全く違っていたとしたら，そのテストの信頼性は低いと判断できる。

[理解を深めるための参考図書]
エスメ・グロワート／鈴木秀幸(訳)　1999　教師と子供のポートフォリオ評価―総合的学習・科学編―　論創社
梶田叡一　1995　教育評価―学びと育ちの確かめ―　財団法人放送大学教育振興会
佐藤隆博(編著)　1998　教育評価情報の活用とコンピュータ　明治図書出版
吉田辰雄(編著)　1995　教育評価の理論と実践　福村出版

11章 学習環境としての学級集団

1節　学級集団の特質と機能

1．学級の特質

　学級とは，学校における教育活動を効果的に運営するために人為的に構成された基本的単位組織である。児童・生徒にとっては，それは学校生活を送るうえで，さまざまな活動の拠点となる基本的所属集団でもある。すなわち，共同学習の場であると同時に，共同生活の場でもあるのである。ただし，学級の編成は，年齢や居住地などに基づいて，子どもたちの意思とは無関係に決められる。子どもたちには担任の教師や級友を選ぶ自由はない。しかも，いったんある学級に配属されると，なかば強制的に固定された仲間と一定期間活動をともにすることを余儀なくされる。仮に不満があっても自分の意思で学級を変わることはできない。また，学級における活動も，あらかじめ決められている内容を制度的に権威づけられた教師の統率のもとに進められる。学級はあくまで学校制度を維持するために設けられた公式集団（フォーマル・グループ，formal group）なのである。

　しかしながら，このような公式集団も一定期間集団としての活動を続けていると，情緒的色彩の強い非公式集団（インフォーマル・グループ，informal group）としての特徴をもつようになる。編成されたばかりの学級は，いわば「個人の寄せ集め」にすぎないが，時間が経つにつれ，学級内の子どもたちの間に情緒的結合に基づく人間関係や仲間集団が生ずるようになる。また，教師との間にも人間味のある親密な関係が育まれ，その学級全体を包む独特の雰囲気が感じられるようにもなる。このように学級のなかに生じてくる非公式な内部構造は，子どもたちの学習意欲をはじめ，社会性の発達や人格形成に大きな影響を及ぼす。したがって，教師は，このような学級集団の特質をよく踏まえたうえで，学級づくりや学級運営にあたらなければならない。

2．学級の教育機能

　学級のもつ教育機能は，大きく2つに分けられる。1つは学習面にかかわる機能である。単に知識や技能を習得するだけなら，集団で学習を行なわなくても，個人学習や個人教授により目的は達成されるかもしれない。しかし，同じ内容で

も，それを集団の場で共同学習することで，個人で学ぶ場合とは異なる効果が得られるのである。たとえば，仲間と比較したり競争することで，学習意欲が高まることがある。また，他の学級成員の意見や考えを聞くことで，新たな視点を獲得し，ものごとを多角的に見る態度が養われる。あるいは，たがいの意見や考えを交換し合うことで，総合的包括的な思考力や問題解決能力が鍛えられることもあろう。松浦（1970）は，集団学習が有効である場合として，①教材が多様な側面から成っていて，その理解のためには，さまざまな資料や事実をもち寄らなければならない場合，②1つの事態について多様な考え方が是認され，その解決には複数の意見を総合する必要のある場合等をあげている。学級は，このような学習機会を提供する貴重な場となりうるのである。

学級のもう1つの教育機能は，子どもの人格形成にかかわるものである。教師や仲間の存在は，子どもたちのさまざまな社会的欲求を刺激する。子どもたちは，教師や仲間が何を考え，自分に何を期待しているかを知ろうとするし，その期待に応え自分のことを周囲に認めてもらおうとするであろう。さらに，仲間と比較することで競争心が起こり，他に優越したいと思うようになることもあろう。あるいは，無条件に自分を受け入れてくれる相手や仲間を求めることもあるかもしれない。子どもたちは，学級の中でこれらの欲求を充足させる術を体得するとともに，欲求が満たされない事態に対する耐性を身につける。また，学級の仲間との連帯感が共感性の発達をうながし，子どもは利己的要求を抑え利他的行動をとるように動機づけられるようにもなる。さらに，集団生活を送るうえでのさまざまなルールやマナーを習得する過程で，集団への適応力や集団運営能力を獲得する。学級は，子どもの社会性を育てる重要な生活空間なのである。

2節　学級集団の理解

1．学級集団の発達過程

すでに述べたように，編成直後の学級は単なる個人の集合でしかない。しかし，ある期間，活動をともにしていると，それがしだいに集団としてのまとまりをもつようになってくる。田中（1975）は，学級集団の発達過程を表11-1にあるような7つの段階に区分してとらえている。

2．学級集団のダイナミクス

前項で述べた学級の発達段階は，必ずしも時間的順序に従って生ずるとは限ら

表11-1 学級集団の発達過程（田中，1975）

(1)探索	子どもたちは，期待や不安を持ちながら，他の子どもの様子を観察し関係を成立させるための糸口を探っている。
(2)集団への同一化	少しずつ学級に馴染んでくることで，子どもたちのなかに学級への帰属意識が生まれる。
(3)集団目標の自覚	学級全体が協力して取り組まなければならない課題や達成目標がはっきりしてくる。
(4)集団規範の発生	学級としてのまとまりや斉一性を維持するために成員の行動様式を規定する規範が発生する。
(5)「内集団―外集団」的態度の形成	自分の所属する学級（内集団）と他の学級（外集団）を区別する意識が生じ，前者には好意的態度を，後者には非好意的態度をとるようになる。
(6)集団雰囲気の醸成	その学級に独特の雰囲気（級風）が漂うようになる。
(7)地位と役割の分化	個々人の能力や適性に応じて，班長や学級委員が選ばれ，子どもたちの学級内の地位や役割が決まってくる。

ない。同時的に進行したり逆転する場合もある。また，教師の指導態度や学級を取り巻く状況によって，さまざまな集団力学が働き各段階の様相もかなり違ったものとなる。ここでは，学級集団の力学的側面について触れておく。

(1)学級規範

　集団が集団らしくみえる1つの要因に集団規範の発生があげられる。集団規範には，成員の斉一性を維持し集団の秩序を保つ機能がある。学級には，服装やことばづかい，授業や教師に対する態度，仲間の評価にかかわる規範が発生しやすい。規範が成立すると，その規範に従った行動をとらせるような圧力が働くため，その学級に特有のものの考え方や行動パターンがみられるようになる。規範への同調は，学級がよくまとまっているほど，子どもが学級に感じている魅力が大きいほど強くなる。学級規範はやがて子どもたち自身の価値規準として内面化されていくため，教師は教育的にみて好ましい規範が学級に定着するように配慮する必要がある。ただし，それが教師の権威に基づく押しつけになると，子どもは罰や非難を避けるためにうわべはそれに従っても，真に受容することはないであろう。むしろ，子どもたち自身の話し合いにより決定させる方が，規範に対する認識や理解が深まり，子どもは自主的に従うようになると考えられる。

(2)学級の集団凝集性

　集団凝集性とは，集団としてのまとまりのよさを表わす概念であるが，そのとらえ方はさまざまである。集団の成員どうしの親和的結合の総和によって表わす

ことも可能であるし，個々の成員が集団に対して感じている魅力，集団にとどまりたいと思う気持ちの総和であると考えることもできる。一般に学級の集団凝集性が高まりやすい状況として，次のような場合が考えられる。①担任の教師や級友に個人的魅力を感じている場合，②他の学級と競争的関係に置かれた場合，③自分の学級がよい評価を受け，学級の一員であることが誇りに思える場合，④学級活動における子どもたちの役割分担が明確になっている場合，などである。学級の集団凝集性が高くなると，級友との連帯感や一体感が強まるが，同時に，内集団―外集団的態度の分極化に拍車がかかり，「自分の学級さえよければいい」といった集団エゴイズムに陥る危険性もある。

3．学級集団の構造

(1) 学級集団のソシオメトリー

　学級内には子どもたちの情緒的結合に基づく人間関係のネットワークが存在する。学級内のこのような構造を把握するには，ゲス・フー・テスト（guess-who test）や学級社会距離尺度などの方法があるが，もっとも代表的なものは，モレノ（Moreno, J.L.）が開発したソシオメトリック・テスト（sociometric test）である。このテストは，子どもたちに，たとえば，「いっしょに遊ぶとしたらクラスの誰と遊びたいか」「誰とは遊びたくないか」という質問に答えてもらい，その回答結果から学級内にどのような下位集団（仲良しグループ）が存在するか，いずれの下位集団にも属さない孤立児や排斥児がどのくらいいるか，あるいは，もっとも人気のあるのはどの子どもかといった点が明らかにされる。テストの実施手順や結果の整理方法については，他に詳しい解説書があるので，それをご覧いただきたい（たとえば，小川，1979，田中，1967など）。なお，このテストの実施に際しては，慎重な教育的配慮が望まれる。テストの性質上，これを受ける子どもたちの戸惑いはかなり大きいと考えられるからである。実施に先立ち，その趣旨を十分説明し，結果の秘密は厳守することを約束するなど，子どもたちの心理的抵抗を和らげる工夫が必要であろう。

　学級集団のソシオメトリック構造には多種多様な様態が考えられるが，田中（1975）は，次のような5つの典型例をあげている。図11-1は，それらを模式的に表わしたものである。

①多数分離構造：子どもどうしの間の結びつきがほとんどなく，多くの子どもが孤立している。

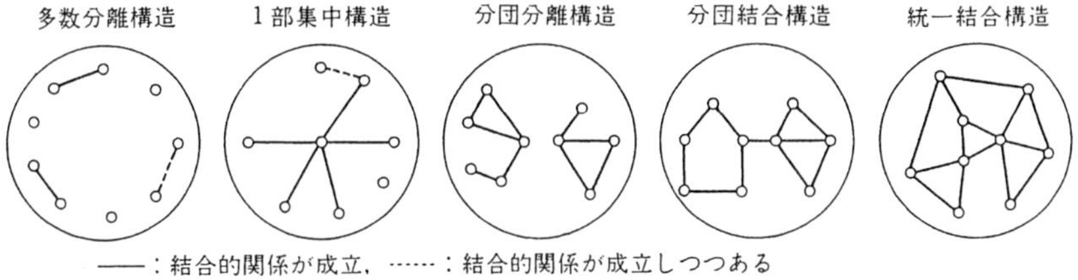

多数分離構造　1部集中構造　分団分離構造　分団結合構造　統一結合構造

―――：結合的関係が成立，………：結合的関係が成立しつつある
図11-1　ソシオメトリック構造の類型（高橋，1980）

②一部集中構造：特定の子どもに人気が集中し，他の子どもたちの間には結合関係が見られない。
③分団分離構造：いくつかの下位集団（仲良しグループ）が形成されている。下位集団内のまとまりはよいが，下位集団相互の関係は離反的である。
④分団結合構造：下位集団相互の間に友好的関係がみられる。
⑤統一結合構造：複数のリーダー格の子どもを中心に，すべての成員の間に友好的関係がみられる。

　一般に低学年では①や②が多く，中学年では同性どうしの仲間集団が分立する③がしばしばみられるようになる。さらに高学年になると，④や⑤が増えてくる。学級全体としてのまとまりは，①から⑤へ向かうほどよく，⑤が理想的である。しかし，学級を取り巻く状況や教師の指導のあり方いかんによっては，高学年になっても低い水準にとどまっていることもある。

⑵学級の地位役割構造
　学級内に前記のようなソシオメトリック構造が形成されると，その中心にいる子どもと周辺部にいる子どもの間で集団内での地位に差が生じてくる。中心部に位置する子どもは，他の多くの子どもから好かれている人気者であり，それだけ，他の子どもへの影響力も大きくなるであろう。また，学級委員などリーダー的役割を担う機会も増えることになる。前項でも述べたように，低学年では少数の子どもに人気が集中しやすいが，中学年，高学年になるにつれ，人気が分散し，多様な地位役割関係の分化と階層化が生ずる。これは対人認知の発達に伴い子どもたちの仲間を評価する観点が多様化するためだと考えられる。
　学級内の地位の高低を規定する要因としては，性格・行動特性，知能・学業成績，容姿，家庭環境等があげられる。なかでも，学級内での地位との関係がはっきりしているのは，性格・行動特性である。松山（1963）の研究では，協調的で

責任感が強く,社交的で積極的な者ほど地位が高いことが見いだされている。学級内での人気度や影響力は,本人の人格的資質に負うところが大きいのかもしれない。しかし,望ましい性格特性とその子どもの得ている地位は相互形成的であるということも忘れてはならない（長島,1967）。自分は仲間から受容され期待されているという自負心が,その子どもを明るくも積極的にもするからである。したがって,教師は,学級のなかのすべての子どもたちが適性に応じて何らかの役割を担えるように配慮する必要があろう。

3節　学級集団の指導

学級が教育目的を達成するうえで,教師のはたす役割は大きい。教師は自らの指導態度をつねに点検し,さまざまな指導法を採り入れながら創意工夫をしなければならない。

1．教師の指導性

教師の過度の統制や拒否的態度は,子どもたちの間に敵意や憎悪の感情を喚起し,学級内に非友好的で防衛的な雰囲気を生み出すが,子どもの自主性や主体性を尊重する態度は,許容的で支持的な雰囲気を作り出すことが知られている。レヴィンら（Lewin, K. et al., 1939）は,子どもたちをグループに分けて工作課題に取り組ませ,専制型,放任型,民主型の3種類の大人の指導態度が子どもたちに与える影響を調べる実験を行なっている。その結果を表11-2に簡単に示した。

表11-2　3種類の指導型が子どもに及ぼす影響

指導型	影響
専　制　型	作業量は多かったが質はあまりよくなかった。 子どもたちの間に攻撃的言動や冷淡な態度が目立った。
放　任　型	作業量も少なく質的にも劣っていた。 集団の統制がとれず,子どもたちの間に対立や争いがみられた。
民　主　型	作業量は専制型よりやや少なかったが,質では優れていた。 子どもたちの間に友好的言動や集団尊重の発言が多く見られた。

この研究以来,民主的なリーダーシップが教師の指導態度の1つの理想型と考えられるようになった。たしかに,実際の学級運営をみても,子どもたち自身に討議させて課題解決をはかるようにうながしたり,子どもたちの中から学級委員や班長を選び役割を担わせたりしている。これは,子どもたち自身のリーダーシップを養成する意味もある。ただし,それが教師自身の監督責任の一部を子どもに下請けさせるようなことにならないようにしなければならない。

11章 学習環境としての学級集団

教師の指導行動は，学級の課題達成に関するものと，学級内の人間関係の維持調整に関するものの2種に大別される。三隅ら（1977）は，PM理論を提唱し，前者をP機能（performance機能），後者をM機能（maintenance機能）と称して，それぞれの教師の指導行動を測定する尺度を開発している。進学率をあげたり規則を遵守させることにばかり力を注ぐ指導は，P機能に偏した指導であるといえる。これに対し，競争的場面をできるだけ排除し，子どもどうしの親睦を深めることにもっぱら関心を払う指導はM機能にかたよった指導といえる。一般的には，P機能とM機能のバランスの取れた指導が，もっとも好ましい効果をもたらすと考えられている。

2. 集団学習の技法

学級における学習指導は，一斉学習による指導と小集団学習による指導に大別される。一斉学習では，教師が学級全体を相手に一斉に講義し，適宜質疑応答や討論が行なわれる。指導能率は高いが，教師中心の授業であり，集団学習本来の

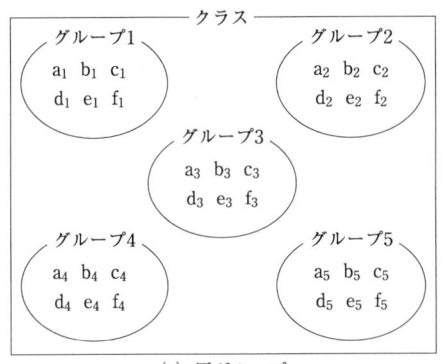

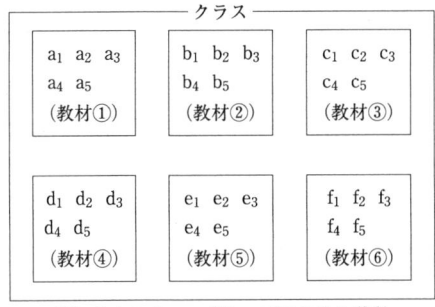

図11-2 ジグソー学習（蘭，1980）

注）：ピューリツァの伝記教材の分割
教材①ピューリツァ一家がアメリカへやって来た時
教材②ピューリツァの少年時代
教材③ピューリツァの受けた教育
教材④最初についた職業など
教材⑤中年時代
教材⑥晩年

もち味が十分生かされないことが多い。小集団学習は，学級をいくつかの小グループに分け，グループごとに討論や作業をさせるという方法がとられる。子ども1人ひとりの参加度は高くなり，たがいの意見交換も活発になる。代表的な技法としてバズ学習とジグソー学習がある。バズ学習では小グループに分かれて討論した結果を各グループの代表者がまとめて報告し，それらをもとに全体で討論を行なう。バズ学習を効果的に行なうためには，グループの人数を6人くらいとし，グループ内の異質性を高めた方がよいといわれる（塩田ら，1987）。ジグソー学習は，まず5～6人くらいの小グループを構成し，分割された教材の一部を各メンバーに分担学習させる。子どもたちは，自分が学習した教材を仲間どうし教え合うことで，教材全体を学習する（図11-2参照）。すべての子どもがグループに貢献できるため学級内の競争的雰囲気を協同的雰囲気に変えることができる（Aronson, E. et al., 1975）。

3．学級のなかの問題行動と対応

学級内には教育的にみて憂慮すべきさまざまな問題現象が生起する。そうした問題に対応するためには，それらが起こる心理的背景をよく理解しておく必要がある。

(1)孤立児の存在

学級のなかには，友達がなかなかできず，皆から孤立している子どもが存在することがある。孤立しやすい子どもに共通してみられる特徴として，たとえば，無口で内向的な性格であるとか，身体的に虚弱であるとか，運動能力などで他の子どもより劣っていたりするといったことが指摘されている。また，過去にいじめられた経験があるなど，何らかの理由で自らの殻に閉じこもり，仲間に背を向けている子どももいる。このようにその子どもの集団適応力の弱さに原因があるときは，本人に対する適切な働きかけも必要であろう。しかし，子どもが孤立するのは，必ずしも本人の特性のみに原因があるとは限らない。ハンディキャップを負い，皆についていけない者に対する周囲の子どもの無関心や思いやりのなさが，その子を孤立させていることもある。教師は，孤立児を出現させる学級の心理的風土にも目を向ける必要があるかもしれない。

(2)いじめ

現代のいじめは，「たかが子どものけんか」としてかたづけられないような深刻な様相を呈している。ときには，自殺や殺人事件に発展するほど，それは子ど

もの心を深く蝕んでいる。いじめの様態には，殴る，蹴るといった身体的暴力，からかい，悪口といったことばによる暴力，仲間外れや集団無視というような精神的圧迫などがあり，学年や性別により違いがある。いじめの今日的特徴については，手口が巧妙で陰湿であるとか，行為が残忍であるわりに罪悪感が薄いといったことが，多くの学者や教育関係者から指摘されている。そのなかで，特に集団指導の観点から見逃せないのが，いじめを学級全体の病であるとする見解である。

　いじめは，仲よしグループのなかで行なわれることが多い。市川（1986）は，この背景には学級内の主流と傍流をめぐる集団力学が働いていると述べている。学級内には勉学に興味をもてず学校生活の中で疎外感をもっている者どうしが集まり小グループが形成されることがある。このようなグループは，他のグループに比べ相互依存意識がとりわけ強く，仲間どうしのささいな行き違いが，グループへのたいへんな裏切りとみなされやすい。いじめは，いわばその制裁であり，仲間の団結を再確認するための手段となっている。そこに真の友情を知らない子どもたちの歪んだ集団心理を見ることができる。いじめのもう1つの大きな特徴は，それが学級内の一部に偏在する局所的現象にとどまらず，学級全体が直接，間接に関与する形を取っていることである。私たちは，いじめが起こると，まず，直接の当事者であるいじめっ子（加害者）といじめられっ子（被害者）に注目し，その原因を探ろうとする。しかし，このとき同時に目を向けなければならないの

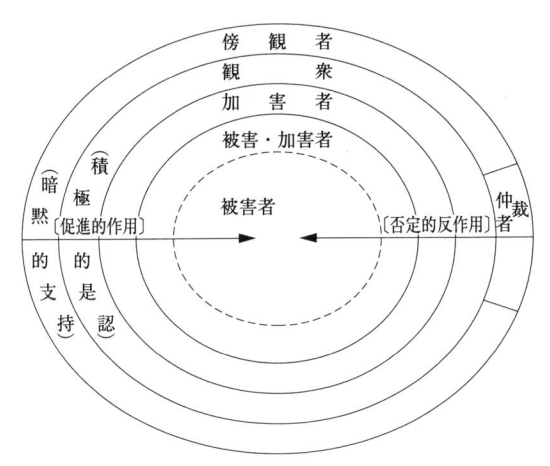

図11-3　いじめの4層構造理論（森田，1986を一部変更）

は，周囲の子どもたちの反応の仕方である。いじめが起こっていても，それを非難したり制止しようする者（仲介者）が1人もおらず，それどころか，いじめをはやしたておもしろがって見ていたり（観衆），あるいは，見て見ぬふりをする者（傍観者）が，学級の大半を占めるとしたら，学級全体が病んでいるとみなせるからである。森田（1986）は，いじめの起こっている学級は，図11-3のような4層構造をなしており，これは集団自体が本来もっている自浄作用が脆弱化した姿であると述べている。いじめの解決は，当事者だけへの働きかけでは不十分であり，学級集団全体の変革を試みることが求められよう。

(3)学級崩壊

最近，小学校では，子どもたちが教師の指示に従わず授業が成立しない「学級崩壊」が深刻な問題になっている。その様相は低学年と高学年では若干異なるようであるが，少数の子どもの身勝手な行動が起爆剤となって，瞬く間に学級全体に広がってしまうようである。低学年の場合，人の話を聞けない，集中できない，何かあるとすぐパニックなるなど基本的な生活習慣や社会性が身についていないと思われる行動が目立つ。一方，高学年では，教師に暴言を吐く，反抗する，物を投げる，教室を勝手に出ていくなど，イライラやストレスが原因と考えられる攻撃的な行動が多い（図11-4参照）。「子どもがわからなくなった」と悩み，心身ともに疲れ切って休職や退職に追い込まれる教師も増えている。このような学

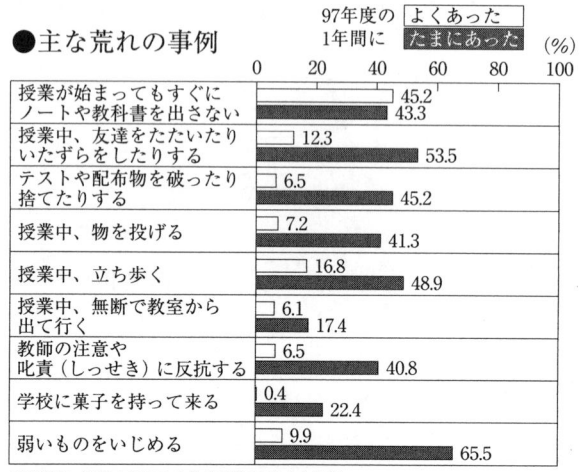

●主な荒れの事例　97年度の1年間に　よくあった／たまにあった（%）

事例	よくあった	たまにあった
授業が始まってもすぐにノートや教科書を出さない	45.2	43.3
授業中，友達をたたいたりいたずらをしたりする	12.3	53.5
テストや配布物を破ったり捨てたりする	6.5	45.2
授業中，物を投げる	7.2	41.3
授業中，立ち歩く	16.8	48.9
授業中，無断で教室から出て行く	6.1	17.4
教師の注意や叱責（しっせき）に反抗する	6.5	40.8
学校に菓子を持って来る	0.4	22.4
弱いものをいじめる	9.9	65.5

※大阪府、和歌山県内の小学校教師266人から回答
98年、授業研究所調査

図11-4　学級崩壊の実態（中日新聞，1999）

校現場の新しい「荒れ」は，家庭の教育力の低下やゆとりを失った日本の競争社会が影響しているといわれている。したがって，単に教師の指導力の向上を図るだけでは問題を解決することはできない。これまでの子ども観や教育システムのあり方を根本的に見直す必要があると考えられる（中日新聞，1999）。

【用語解説】
ゲス・フー・テスト（guess-who test）：さまざまな性格行動特性を表わした短文（e.g., 人の世話をよくする人は誰ですか？　みんなで決めたことを守らない人はだれですか？）を呈示し，該当する者の名前を記述させる。望ましい特性をもつ者としてあげられるほど，その子どもの集団内地位が高いとみなし，望ましくない特性をもつ者としてあげられるほど，集団内地位は低いとみなす。
学級社会距離尺度：自分以外の学級の成員すべてについて友好度を評定させ，その回答資料に基づき，個人と集団の距離を測定する。特定個人が他の成員から与えられた評定値の合計を求め，皆から友好的と評定されている者ほど，その子どもは集団との距離が小さく集団内地位が高いとみなす。また，ある個人が他の成員に与えた友好度評定の合計を求め，他の成員のことを友好的に見ている者ほど，その子どもは自己と集団の距離を小さくみており学級への帰属意識が強いとみなす。
PM理論（PM theory）：リーダーシップの機能を目標達成機能（P機能）と集団維持機能（M機能）からとらえる理論。リーダーが各機能をどの程度はたしているかによって，PM型（両機能とも高い），P型（P機能のみ高い），M型（M機能のみ高い），pm型（両機能とも低い）の4つの類型に分けられる。一般に，集団の生産性や成員の満足度は，PM型でもっとも高くなる傾向がある。これは，M機能によって集団内にもたらされた友好的雰囲気が，課題達成への動機づけを高めるからだと考えられる。

[理解を深めるための参考図書]
深谷和子　1996　「いじめ世界」の子どもたち―教室の深淵―　金子書房
森田洋司・清永賢二　1994　新訂版 いじめ―教室の病―　金子書房
小川一夫（編著）　1985　学校教育の社会心理学　北大路書房
尾木直樹　1999　「学級崩壊」をどうみるか　日本放送出版協会

◆◆◆第Ⅲ部　教育臨床の心理学◆◆◆◆◆

12章　学校教育相談
13章　教育臨床
14章　適応障害の理解と対応
15章　心身障害の理解と対応

　近年，学校教育における個々の子どもへの心理的援助の役割が重要になってきた。第Ⅲ部では，教育に携わる者に必要な教育臨床にかかわる基本的内容を紹介する。

　まず，教育相談の意義と役割，その組織と方法および心理学的診断と心理的処遇について概観する。教育相談が効果的に展開される前提の条件は，カウンセラーとクライエントの二者間に信頼関係が形成された良好な人間関係である。また，その二者関係の中で，カウンセラーは援助の基本的態度や技能をもつことが必要である。

　次に，教育臨床と教育相談の関係，スクールカウンセラーの活動内容および教育臨床の実際について概観する。教育臨床の必要性は，近年いじめや不登校などの件数とともに，深刻な事例が年々増加の傾向にあることから，強調されるようになった。文部省は，1995年より公立校にスクールカウンセラーを導入する施策を行なった。今後スクールカウンセラーは，学校経営組織に組み入れられた常勤職として活動できるようにしていくことが期待される。

　こうした事柄を円滑に進めるためには，子どもの環境への適応のしくみ，適応障害のタイプと，その障害発現の要因と対応を理解する必要がある。具体的には，子どもの適応障害発現の心理的誘因であるフラストレーションとコンフリクト，その緊張解消の手段である適応機制，心の不健康の予防手段に関する知識と技術，多様な適応障害の発現の予防と指導・治療的対応について述べる。最後に，心身障害と教育，身体的な障害および知的・情緒的障害と言語障害の理解と対応について概観する。具体的には，おもに，心身障害児（者）の特殊教育機関の種類，その教育対象となる障害の程度，障害の多次元的理解の必要性とすべての障害児の発達保障のための早期療育の重要性，統合教育の推進と分離教育のあり方，各種の障害児の理解と教育的対応の実際および介護等体験での基本的な対応の仕方について把握する。

　教師にまず求められるのは，カウンセリングの専門家としての能力ではなく，カウンセリング・マインドといった基本的態度・技能や専門相談機関との連携を図る上での専門的知識の修得である。

12章 学校教育相談

1節　教育相談の意義と役割

1. 教育相談の意義

　教育相談（educatinal counseling）とは，発達途上にある子どもたちの教育上の諸問題について，本人ないしは親や教師などに対して望ましい援助や相談活動を行なうことである。

　具体的には，中沢（1978）が述べているように教育相談とは，「人間性信頼を基本原理としながら，子どもたちの不安感や混乱感を除去し，不信感や反抗感を変化させ，消極的な否定的態度を積極的な肯定的態度に変容させ，子どもたちに望ましい人間関係を体験させ，人間不信感を人間信頼感にかえる態度変容や，行動変容に関する新しい原理や方法を開発している新しい教育活動である」といってよい。

　このように，教育相談とは，相談（カウンセリング）の場で，面接者（カウンセラー，counselor：教師など）と被面接者（クライエント，client：子どもなど）とが出会って，カウンセラーがクライエントの訴える悩みなどを話題にして語り合う相互交流の中で，悩みをもたらしている根源的な心理的問題を見い出し解決しようとする援助活動である。

　そうした教育相談が効果的に展開される前提の条件は，カウンセラーとクライエントの二者間に信頼関係（ラポール）が形成された良好な人間関係である。二者間にラポールを形成するには，カウンセラーはクライエントに次のような援助的態度を示すことが必要不可欠である。

　カウンセラーはクライエントが話す言語的な内容のみならず，その言語表現の際の口調，表情，姿勢・態度などの非言語的な面にも十分に留意して，時間をかけ，おちついてクライエントを見ながら耳を傾けて聞くことである。このようなカウンセラーのクライエントへの傾聴的態度によって，クライエントが「この先生に自分の悩んでいる話をしても拒否されることなく大切にものごとを処理してくれるであろう」といった感覚をもつことになる。言いかえれば，クライエントの不安感や混乱感が緩和され，安心感や信頼感を獲得し，二者間にラポールが形

成されるのである。教育相談はこのラポールの形成から始め，良好な人間関係を維持し展開していくことが最も望まれる。

2．教育相談の役割

学校における教育相談の主たる役割については，これまで小・中・高校において①問題をもった子どもの早期発見と心理査定，②親や教師に対する適切な援助・相談活動，③カウンセリング（心理療法）の活用，④学校外の専門相談機関への紹介，などがあげられている。しかしながら，教育相談の実際を真に理解する視点から，ここでは，教育相談を実施するに際して，カウンセラーに必要不可欠な援助の態度や条件について，ロジャーズ（Rogers, C.R.）のクライエント（来談者）中心療法を例にあげて述べることにする。

(1)純粋性

クライエントとの関係の中で，カウンセラーとしてありのままの感情や態度でいれるという純粋さが必要とされるばかりでなく，自分の感情や態度とクライエントに話し伝えることが一致していて，偽りがないということである。また，カウンセラーが「自分がクライエントとの関係の中で完全に1つになっている」などの心理的状態とされている。

(2)無条件の積極的関心

これはカウンセラーの社会的な価値観でクライエントを評価するのではなく，クライエントを1人のかけがえのない人間として尊重し，大切にして，思いやりのある暖かい受容的態度で処遇することである。したがって，カウンセラーはカウンセリング場面でクライエントが表現するすべての感情や態度に無条件の価値を認めてしっかりと受けとめる受容的態度で臨むことが必要である。

(3)共感的理解

カウンセリングの過程におけるクライエントの内的世界での「いま，ここで（here and now）」の感情体験について正確に追体験しながら感じとり，かつそのようにして感じとられていることをクライエントに伝え返していくようにする理解の仕方である。したがって，カウンセラーにはクライエントが語ることばに細心の注意を払って傾聴し，その内的世界を感情移入的に理解し，かつ理解しえた感情などを相手に伝え返していく相互交流的な活動が必要とされる。

以上のようなカウンセラーの援助的態度を，カウンセリングの過程でクライエントの発言に対して実践していく応答技法には，①感情受容，②感情の反射，③

くり返し，④感情の明確化，といったものがある。

3．教師のカウンセリング・マインド

　カウンセリング・マインド（counseling mind）とは，北島（1987）によれば，相手の気持ちを，相手の身になって感じることであり，相手と気持ちの通じ合う人間関係を大切にする基本的な態度や技能である。したがって，これは1人ひとりの子どもをかけがえのない人間として尊重し，彼らの価値を無条件に大切なものとしてしっかりと受けとめることであるといってよい。また，カウンセリング・マインドを日常の教育活動に活用することについて，文部省（1991）は，「教育相談の基本は，1人ひとりの児童の個性を大切にし，学校生活をより豊かに，より充実したものとすることをねらいとしており，これを広く教育活動全体に適切に生かすことは，きわめて重要な意義をもっている」と述べている。

　それでは，教師は1人ひとりの子どもに対してどのようなカウンセリング・マインドをもって，具体的に指導・援助をすることが望まれるのであろうか。これについては，村瀬（1987）が指摘した，①成長の可能性への信頼，②人間として対等にひびき合う，③ありのまま受けとめる共感的理解，④自分で変わり学ぼうとする姿勢，⑤固定的観念にとらわれない，⑥ともに歩む，⑦自尊心を大切にする，⑧共感的受容的態度と訓育的指導的姿勢とを統合する，の諸点を考慮にいれた指導・援助を実践することであろう。教科学習の授業を例にとれば，そうした指導・援助は，子どもを中心においた授業が展開されるものであって，教師中心の授業の展開よりも，子どもの創造性が高まるなど，多様な教育効果が期待されている。

　中山（1992）は，教師がもつことを望まれているカウンセリング・マインドと，カウンセリング・マインドを生かした指導について，以下の10項目をあげて，具体的に指摘している。これらの項目を教師が現実において総合的に把握すれば，教育実践上のきわめて高い教育効果をあげ得るものと思われる。

　①児童・生徒の心を映し出す良い鏡になる。
　②"今，ここで"の感情を大切にする。
　③問題行動の背景を理解する。
　④叱るとき，児童・生徒の人格・性格にふれずに，現状を話して解決する。
　⑤相手を責めるようなことばを用いない。
　⑥焦らずに待つことができる。

⑦反抗を自立の節目として理解する。
⑧声かけを大切にする。
⑨いっしょに遊ぶ時間を多くもつ。
⑩同僚教師の悪口をいわない。

こうした教師がもつべきカウンセリング・マインドを生かす指導を実践できるか否かは，教師自身の資質が大いに関与するが，それ以上に教師自らがプロフェッション（profession）としてカウンセリング・マインドを養う研修を行ない，さまざまな訓練や学習などの体験を積み重ねることが必要不可欠である。前出の中山は，その研修プログラムとして，①ブラインド・ウォーク（閉眼歩行），②"Who are you?"のみの質問形式による相互インタビュー，③集中的グループ経験，④対人的効果訓練，の4つをあげている。

2節　教育相談の組織と方法

1．教育相談の組織

近年において，教育相談は，その意義や役割がしだいに認識されて，大部分の学校で組織・運営されている現状にある。そればかりか，学校外に職をもつ心の専門家をスクールカウンセラーとして任用し，教育相談の機能をよりいっそう円滑にするための方法が検討され，教育相談は生徒指導の1部門として学校経営組織上にしっかりと位置づけられている学校も認められるようになっている。

さて，教育相談は，前述のように生徒指導の一環として位置づけられるものであり，その中心的役割を担うものである（文部省，1990）。生徒指導の具体的な内容については，文部省（1988）によれば，「1人ひとりの個性の伸長をはかりながら，社会的な資質や能力・態度を形成し，さらに将来において社会的に自己実現ができるような資質・態度を形成していくための指導・援助であり，個々の生徒の自己指導能力の育成をめざすものである」としている。したがって，生徒指導と教育相談の目的は，ほぼ一致しているものとみなすことができるので，生徒指導がすべての教師が行なうことが必要であるとされているのと同じく，教育相談もすべての教師が行なうものであって，その相談の中心は学級担任の教師という姿勢がきわめて重要である。とりわけ，小学校においては，この姿勢を重視すべきであろう。

ところが，その実態は，主として教育相談係の教師によってなされている実情

にある。そのことから、学校によっては、すべての教師や子どもたちに、教育相談の意義や教育相談係の教師の名前すらも十分に認識されていないことも想定できる。「教育相談は全教師によってなされるべきである」とは、単なるたてまえやスローガンとして、教師1人ひとりが受けとるべきものでなく、学校における教育相談活動を円滑にすすめるための前提の不可欠な条件である。その条件を満たすためには、学校経営組織の中に、教育相談を生徒指導の一環として明確に、かつしっかりと位置づけることが大切である。

図12-1は、学校における生徒指導の組織図を示したものである。この図からわかるように、教育相談が学校の中で全教員に認識され、有効に機能していくためには、第1に「生徒指導→教育相談」の系列関係が明確化されることが重要である。第2に、「生徒指導―進路指導―保健厚生など」の並列関係が明確化されることが大切である。言いかえれば、教育相談担当の教員は、その上層に位置する生徒指導部の一員として、進路指導部、保健厚生部などの他部門の教員との密接な連携をとることがきわめて重要なのである。こうした連携によって、学級担任への特定の問題をもつ子どもの援助の仕方についての適切な相談や助言を可能にするだけでなく、その子どもに対する全教員の共通理解に基づく学校としての一致した援助や指導方針と処遇がとれるといった利点がある。しかし、学校には、その種別を始めとして、規模や設置されている状況に相違が認められることから、学校経営組織の中に教育相談をどのように位置づけるかには、個々の学校単位での創意工夫が不可欠であるといってよい。

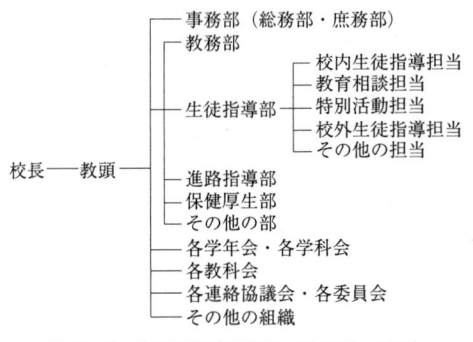

```
                    ┌─ 事務部（総務部・庶務部）
                    ├─ 教務部
                    │           ┌─ 校内生徒指導担当
                    │           ├─ 教育相談担当
                    ├─ 生徒指導部 ─┼─ 特別活動担当
                    │           ├─ 校外生徒指導担当
                    │           └─ その他の担当
   校長──教頭 ─────┼─ 進路指導部
                    ├─ 保健厚生部
                    ├─ その他の部
                    ├─ 各学年会・各学科会
                    ├─ 各教科会
                    ├─ 各連絡協議会・各委員会
                    └─ その他の組織
```

図12-1　生徒指導の組織図（文部省、1981）

2．教育相談の方法

学校での教育相談の方法については，さまざまな形式がとられているのが実情である。ここでは教育相談の基本的な過程を理解するために，専門相談機関でおもに行なわれている，図12-2を示して，その方法のありかたについて考えてみることにする。

予約は，専門相談機関と同じく子ども（クライエント）が学級・教科担任への呼びかけに応じた場合や定期学校教育相談日に自主的に相談室に来談した場合などに行なうことが望ましい。子どもの主訴を聞いて，その簡単な問題の内容を話して，相談日と時間（休み・あき時間，放課後など）を予約する。受理面接（intake interview）は，子どもが相談しようとしている主訴について3～4回程度の面接で，現在の問題の内容と経過を中心にして理解把握し，今後の教育相談の方針を説明する。この段階である程度の子どもの心理学的診断を行なう必要がある。すなわち，子どもの主訴について何が問題で，その問題発現の原因は何かや，どのような処遇が必要であるのかが検討されるのである。その際には，子ども理解のための資料収集の諸方法を用いて，子ども，その親や教師などから表12-1のような基本的な諸資料の収集が不可欠である。

ガイダンス（guidance）は，受理面接の結果によって，主訴の問題発現の原因が子ども本人の一般的な知識不足，判断の誤りや迷いのためである場合に適用される。1回から数回の相談の場で，心理学的診断の際に収集した諸資料をもとに，問題の内容や性質を適切に子どもに示して，正しい知識と判断を獲得させることによって，その問題の解決を図らせる助言指導が行なわれるのである。また，他機関への紹介は，受理面接の結果，たとえば子どもの問題に身体疾患や精神疾

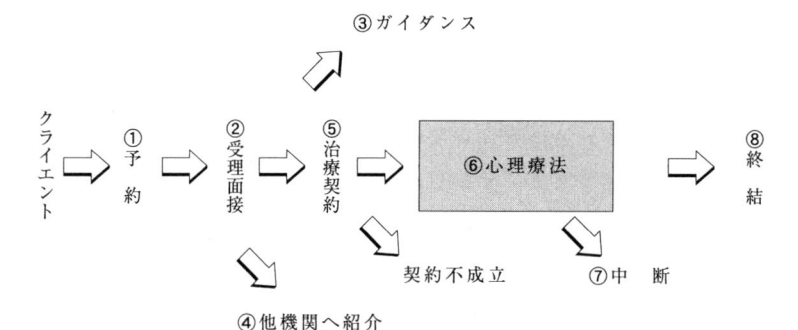

図12-2　臨床心理学援助のプロセス（川瀬ら，1996）

表12-1 生徒理解のための基本的な資料（文部省，1981）

一般的資料	生徒の氏名，住所，その他の資料。
生育歴	乳児期における病気，乳幼児期におけるしつけなど。
家庭環境	家庭の社会的，経済的状況，家族の生活態度，家族の教育的関心，両親の関係，本人に対する親の態度，家族間での本人の地位，両親のしつけの態度，兄弟姉妹間の関係，同居人，祖父母などと本人の関係，家庭に対する本人の態度など。
情緒的な問題	過敏性，爆発性，気分の易変性，精神的な打撃を受けた経験の有無やその内容，不安，反抗などの経験の有無など。
習癖	食事についての特異な傾向，睡眠の習慣や特異傾向，性についての特異な習癖など，神経症的な習癖，しかめっつら，顔面けいれん，つめをかむなど，排便，排尿についての習慣や便秘，消化不良の有無など，言語の異常や早口，無口など，攻撃的，反社会的な行動の記録など。
友人関係	友人関係の推移や現状，交友関係についての本人の特徴，問題グループとの関係など。
健康状態	病歴，身長，体重，栄養などの推移と特徴，精神身体的な問題の有無，女子の生理の状況など。
学校生活	教育歴—幼稚園（保育園を含む）や小学校から現在に至るまで。 学業成績—教科の好ききらい，得手不得手，学校や家庭での学習の習慣など。 出席状況—不規則な欠席，長期欠席，ずる休みなど。 学校に対する態度—本人，両親，兄弟姉妹などの学校や教師に対する態度など。 学校生活への適応—教師や友人との関係，集団内での役割，退学，停学，訓告などの記録など。
検査・調査結果	知能，学力，知能と学力との関係，性格，適性，悩みや問題行動，興味，趣味など，将来の希望，および進路など。
当面している困難点	身体的な困難，家族関係，学校生活—学業上の問題，学校における人間関係（教師との関係を含む），学校内外の交友関係，進路の問題など。

患が関与していると考えられ，学校での教育相談の対象とすることが望ましくないと判断された場合には，その子どもと保護者と相談の上，専門相談機関に紹介される。

治療契約は，専門相談機関では心理療法やカウンセリングなどの心理的処遇法の実践に先立って，治療の方針や目標を始めとして，通所回数・時間や料金などについて確認をとるという形で行なわれるのが通例である。これは，心理的処遇法の効果にも重要な影響を与えるものと考えられている。学校での教育相談においても，指導・治療の方針や目標，相談の回数・時間については，少くとも子どもに確認をとることが必要であろう。

心理療法（psychotherapy）については，前述のように，心理的処遇法の1種であり，その種類は多様である。これは通例，子どもの問題の解決を目標とする

方策であるが，言語的コミュニケーションと遊び・描画などを用いるものとに大別できる。年少児には，言語の未発達という特性を考慮にいれて，通例遊びや描画などを用いられることが多い。なお，ある特定の心理的処遇法が子どもに適用され，その過程が進展する中で，当初の治療の方針や目標などをやむをえず変更しなければならない情報が得られることもある。その場合は，再び心理学的診断をやり直し，その結果に基づいて新たな治療の方針や目標が立てられ，また新たな心理的処遇法が適用されることも起こりうることもあろう。

中断は，専門相談機関では心理的処遇法を適用後の過程においてさまざまなやむを得ない理由から起こることがある。子どもの家族の転宅に伴う転校や病気を始めとして，子どもと家族の治療方針，目標や効果などに対する誤解・無理解などから中断してしまうことがある。学校での教育相談でも，それと同様な理由で中断しなければならないこともあるだろう。

終結については，専門相談機関では当初に立てられた治療目標が達成された時に子どもと家族の了解を得て心理的処遇法の適用が打ち切られることになる。この終結のタイミングが重要であり，子どもの自立への不安や家族の心配も考慮にいれて，慎重に行なわれなけれもならない。学校での教育相談においても，そうした終結や子どもに終結を伝えるタイミングも重要であるといえるが，校内の子どもを対象にした教育相談であることから，専門相談機関よりも柔軟的に対処しやすいであろう。

以上の教育相談の方法は，冒頭で述べたように，そのままの形での教育現場への適用は，望ましくない。上述の基本的な方法の把握・理解をまず行なって，学校の種別・規模や教育相談係の教師における専門知識・技術の習得状況と経験年数などを考慮にいれて総合的に検討し，当該校に適した方法を採用することが不可欠である。

3節　教育相談のための診断と処遇

1．子どもの不適応行動の心理学的診断

　教育臨床の実践活動は，子どものパーソナリティ，不適応行動，指導・治療的働きかけによる行動の変化，および親子関係・家族関係や幼稚園・小・中・高校における友達と教師との対人関係の態様などを把握・理解することから始める。この当初の心理学的診断（心理診断，psychological diagnosis）において当該

児（者）の問題点をいかに把握・理解するかによって，その後の心理的処遇（指導・治療）の方向性にも相違が生じることもあるので，心理診断は教育臨床の実践活動の中でも重要な意義をもつものである。

通例，心理診断の目的は対象児（者）の不適応行動発現の要因，誘因や原因などが何かを可能な限り十分かつ正確に把握・理解し，その不適応行動を適応行動に改善することを目ざす指導・治療の心理的処遇に役立つ方策を見いだすことである（14章2・3節参照）。したがって，その診断の実際場面では対象児（者）がさまざまな家庭や学校生活などの中で，彼らの独自なパーソナリティに基づいて，それぞれの子どもらしい個別的・具体的な行動を適応行動と不適応行動とを含めて詳細に把握・理解することが大切である。子どもの不適応行動の心理診断を行なう場合には，不適応行動の規定要因は，適応行動と同じく，基本的に $B = f(P・E)$ という関数式で把握・理解されている。すなわち，子どもの行動（B）は，彼のパーソナリティ（P）と，彼をとりまく環境（E）の関数として把握・理解して，心理診断が行なわれるのである（p.75-76参照）。

以上のように，子どもの心理診断とは，パーソナリティ診断と環境診断の2つに大別できるものといってよい。しかし，対象児（者）のパーソナリティや，彼をとりまく環境について，どのような資料を収集し，そこから不適応行動をどのように把握・理解するかについては，通常，理論的立場によって異なる。そこで，ここでは学校教育相談において教師が適正に活用しやすい診断という視点から，主として行動論的立場から心理診断の過程の中で重要な段階における対象児（者）について把握・理解しなければならない事柄と，その資料収集の技法などを以下に述べることにする。

(1) 生育歴の調査

対象児（者）の現在の状況を把握・理解するためには，遺伝的素質と胎児期から現在にいたるまでの生活の歴史と，その各発達段階における家庭や学校生活に対し環境がどのような影響を与えたのかを明確にしなければならない。この調査で対象児（者）のパーソナリティの独自性や問題点と，不適応行動発現のメカニズムとを把握するために必要な諸資料がそろうことになるのである。また，この調査では，ふつう対象児（者）本人，その母親などの家族や教師などから，面接を通して対象児（者）の過去の状況についての記憶に基づいて報告を受けるといった方法で進められるので，客観的な資料収集ができるように工夫することが肝

表12-2　生育歴調査で把握されるべき事項と内容

事項		内容
発達状況など	遺伝的素質	血縁者の精神病，精神病質，知的障害，自殺，累犯，薬物依存症などの有無
	胎児期	在胎期間，母親の疾病の有無，母親の健康状態と就労状況，母親の出産に対する態度と情緒的安定の状況など
	周生期	出産状況（早産，熟産，難産），分娩の方法（鉗子分娩，吸引，帝王切開など），出産時の泣き声，生下時体重と身体の状況など
	新生児期	黄疸の程度，哺乳状況，けいれん・発熱・嘔吐の有無
	乳児期	授乳（母乳・人工乳・混合乳），吸引力，首の座り，始歩・始語の状況，身体発達の状況など
	幼児期	ことば・歩行の発達状況，離乳，身辺処理自立の程度，近隣の交友関係，情緒的問題の有無，保育園・幼稚園での状況，おしめのとれた時期，各種疾患・習癖・行動異常の有無など
	児童期	学校生活の状況（交友関係・教師との関係など），両親との関係，心身の発達状況，疾患・行動異常の有無，学業成績，学習塾・けいこ事の状況など
	青年期	交友関係，学校での適応状況，異性関係，家族関係，身体疾患・精神疾患・行動異常の有無の状況など

要である。表12-2は，この調査で把握しなければならない事項と内容を示したものである。

(2)適応行動・不適応行動とその発現場面の把握

　対象児（者）は，いつごろから生活のどの場面でどのような時に，どの程度の頻度でどんな形態の行動を現わしているのかを明確にとらえることが不可欠である。したがって，教師は対象児（者）が適応行動や不適応行動を現わしている家庭や学校などの生活場面について親や他の教師などとの面接で提供された情報や，その生活状況を自ら実地調査することによって得た資料などを整理統合し，その生活場面の実状を綿密に把握することが重要である。また，そうした生活場面で対象児（者）が現わしている多種多様な行動についても，問題となる行動とそうでない行動とを十分な情報に基づき，その実状を確認し評定することも大切である。

　学校教育相談で活用できる対象児（者）の行動評定法には，①行動観察法，②面接法，③心理検査法などがある。

　①行動観察法は，適応行動と不適応行動を客観的で観察可能な行動として把握することが基本的な原則である。しかし，行動はその個人の心の現われであるので，その内面にあるものを理解するように努めなければならない。この種類には，自然的行動観察法と統制的行動観察法とがある。両者には長・短所があるが，それらを補いあって用いることによって，対象児（者）の不適応行動や適応行動の

発見のみならず，他児（者）との相互作用の態様までも具体的，かつ個別的に理解する上で有効である場合が多いといってよい。

②面接法は，教師と対象児（者）との間に1対1のラポールが形成された関係で行なわれることが必要である。教師の口頭による質問に対し，対象児（者）個人が口頭で報告する行動それ自体，表現の仕方や内容などの諸情報は，彼らの不適応行動発現の動機や自己統制力の程度ばかりでなく，思考・感情・妄想などの潜在反応や私的世界の態様を分析し理解する上で有効である。

③心理検査法は，上述の2方法の補助的手段であるが，従来から教育臨床の場で客観的な行動評定法として広く活用されている。とりわけ心理検査法は，不適応行動を因果的に把握しようとする際に用いると有効である。その種類には，対象児（者）の能力（知能・発達・学力など）や行動傾向（性格・向性など）を測定し評定することを目的とした検査などさまざまなものがある（表12-3参照）。そうした諸検査を対象児（者）に施行する理由は，彼らの知能・発達の程度や性格の特性のいかんが不適応行動の形成と，その持続に関与する重要な要因となる場合が多いためである。

表12-3 主な心理検査の種類

①知能検査：(a)集団式知能検査：新制田中A式知能検査，新制田中B式知能検査，新訂京大NX知能検査など。
　　　　　(b)個別式知能検査：実際的個別的知能検査（鈴木・ビネー法），全訂版田中・ビネー式知能検査，WISC-Ⅲ，WAIS-R，WPPSIなど。
②パーソナリティ検査：(a)質問紙法：新制向性検査，Y-G性格検査，MPI日本版，MMPI日本版，学級適応診断検査（SMT）など。
　　　　　　　　　　(b)作業検査法：内田クレペリン精神作業検査など。
　　　　　　　　　　(c)投影法：ロールシャッハ・テスト，P-Fスタディ日本版，TAT，集団式TAT，精研式SCT，バウム・テストなど。
③精神発達検査：遠城寺式発達検査法，津守・稲毛式乳幼児精神発達診断法，ITPA言語学習能力診断検査など。
④職業興味・適性検査：改訂職業興味テスト，VPI職業興味検査，H-G職業指向検査，労働省編一般職業適性検査改訂新版など。
⑤道徳性・人間関係検査：道徳性診断テスト，教研式ゲス・フー・テスト，教研式田中ソシオメトリック・テスト，田研式親子関係診断テストなど。
⑥学力・創造性検査：標準学力テスト，学力向上要因診断検査（FAT），S-A創造性テストなど。

(3) 不適応行動発現の生活場面の明確化

対象児（者）をとりまく生活場面（環境）は，彼らの行動を発現させたり，その行動を持続させる要因になることから，生活場面を明確にすることが必要である。その際には，彼らがどのような生活場面でどんな不適応行動を現わしている

のかを刺激―反応関係で明確にとらえることが要点となる。また，彼らの不適応行動は誰が問題視しており，その行動の影響を誰が最も受ける可能性があるのかを明確にすることも大切である。それと同時に，不適応行動の発現状況，その結果生じる事柄などについての分析も不可欠である。

⑷動機・発達・自己統制力の分析と把握

まず対象児（者）の動機や発達については，彼らの不適応行動の形成や，その持続に関与する重要な要因となることから，その要因が何かを具体的に分析し把握する。また，自己統制力については，不適応行動の発現が対象児（者）のこの能力の有無や程度などによって左右されることから，自己統制が可能な行動の内容，程度や場面などを分析し把握することが不可欠である。

⑸社会的場面の分析と把握

対象児（者）をとりまく社会的場面は，彼らの不適応行動形成の重要な要因となることもあるので，この分析と把握が不可欠である。まず，対象児（者）の対人関係の中で，彼にとって最も影響力の強い重要な人は誰であり，その人はかかわりにおいてどんな行動の仕方をとるかなどを具体的に把握する。また，彼らの不適応行動と社会的・文化的背景（規範）との関係を具体的に分析し，その問題点の把握が大切である。

以上，心理診断の目的，方法や把握事項などについて，その概要を述べたが，対象児（者）の行動の細部に焦点をあてすぎて，複雑多岐にわたる彼らの行動の大局的把握を怠ることがないように留意すべきである。

2．子どもの不適応行動の心理的処遇

心理診断において対象児（者）の行動が不適応行動として判断され，その要因などや発現のメカニズムが明らかにされたならば，その結果に基づいて不適応行動を適応行動に改善するための指導・治療の心理的処遇指針が立てられ，具体的な心理的な処遇計画が仮に立案されることになる。ここで，実際に対象児（者）への心理的処遇法の展開過程が始まることになるのである。

⑴対象児（者）の心理的処遇法

対象児（者）の心理的処遇法には，カウンセリングと心理療法の2種が用いられている。

カウンセリングは，通例対象児（者）個人を対象としてことばを主たる媒介として，不適応行動発現の原因が彼の人格に内面化されている場合に適用される。

彼らはカウンセラーとの人間関係を通して，自らの不適応行動の本質を正しく認識することによって，その除去・改善を洞察し，ものの見方・考えかたや態度を変えて，最終的には適応的な人格に変容することを目標とするといった非指示的要素が比較的強い心理的処遇法である。しかし，カウンセリングの種類には，さまざまな理論的立場があり，①指示的カウンセリング，②非指示的（来談者中心）カウンセリング，③精神分析的カウンセリング，④行動論的カウンセリング，⑤折衷的カウンセリングなどがよく知られている。

一方，心理療法についても，さまざまな理論的立場があるが，対象児（者）個人や集団を対象として，ことばやそれ以外の治療的媒介物を用いて，前述のカウンセリングと治療対象や目標において類似性がみられるものであって，対象児（者）が自ら不適応行動を除去・改善することをセラピストが援助する，といった非指示的要素が比較的強い心理的処遇法である。佐治（1968）が示した次の心理療法の包括的な定義は，明確かつ妥当なものと考えられる。つまり心理療法（精神療法）とは，「情緒的問題をもつ人々，基本的に自らの生き方に問いをなげかけている人々に対する援助を与えることである。その際，訓練を受けた専門家が，患者（クライエント）との間に一定の特殊な関係を慎重に確立しようとする過程を通じて，現存する症状や行動的な障害を除去し，変容し，あるいはその発展を阻止するのみならず，さらに積極的に，人格の発展や成長を促進し，同時にその個人としての生き方の再発見を目的とする」と考えられている。

なお，カウンセリングと心理療法とは，それぞれの対象とする障害の軽重の程度によって適用上の区別がなされる場合もあるが，実際には両者を明確に区別することが困難である。そこで，以下においては，カウンセリングを心理療法の1分野として取り扱って述べることにする。

(2)学校教育相談で利用可能な心理療法

対象児（者）の不適応行動を指導・治療するために適用可能な心理療法の種類には，多種多様なものがある。表12－4は，学校教育相談で適用可能な主たる心理療法を示したものである。この表の治療技法には，高度の専門知識・技術や豊富な経験が不可欠なものから，比較的容易に教師が実施可能なものまで含まれている。とりわけ，来談者中心療法，精神分析療法や遊戯療法は，専門的研修を受けた豊富な経験をもつ教師かスクールカウンセラーが実施することが望ましい。

どの心理療法を対象児（者）へ適用するかについては，前田（1981）が指摘し

表12-4 心理療法（山下, 1971）

	指示的療法	来談者中心療法	精神分析	行動療法	遊戯療法	心理劇
主唱者	Williamson, E.G. Thorne, F.C	Rogers, C.R.	Freud, S.	Eysenck, H.J.	Freud, A. Axline, V.M.	Moreno, J.L.
人間観	知的・理性的存在とみる。	情緒的存在とみる。自ら適応し、自己決定・自己洞察のできる存在とみる。	無意識的存在とみる。	学習あるいは条件づけの可能な存在とみる。	無意識的・情緒的存在とみる。自己決定のできる存在とみる。	自発性をもつ社会的存在とみる。
適応障害観	知識ないし情報の不足。	自己概念と経験する自己のギャップ情緒による知識の拘束。	libidoの抑圧、コンプレックス、不適切な自我の防衛機制。	あやまった学習。	精神分析の立場。来談者中心療法の立場。	感情や葛藤の抑圧による自発性の拘束。
治療の主眼	知識ないし情報の提供。	治療者の純粋性・無条件の肯定的配慮→共感的理解→自己概念の変化（パーソナリティの変化）。	無意識の意識化・無意識の解放→自我の機能の正常化→洞察。	適応異常の条件反射の消去と望ましい条件反応の確立。	精神分析の立場（児童分析・遊戯分析）。来談者中心療法の立場（共感的理解による自己概念の変化）。	ロール・プレイによる自発性の回復。
治療の過程	分析→総合→診断→予診→カウンセリング→follow up	自発来談→場面構成→感情の表現→否定的感情の受容→積極的感情の表現・受容→行動化。	来談→場面構成→自由連想・夢分析・支持・中間過程（転移・防衛・退行）の操作→洞察。	（系統的脱感作療法の場合）筋肉の弛緩訓練→不安階層の作成→脱感作。	精神分析の立場。来談者中心療法の立場。	主題・配役の決定→場面設定→ウォーミング・アップ→ドラマの進行。
治療の技術	解釈、情報提供、訓戒、批評、賞賛、忠告、支持、説得、再保証など。	rapportの形成、受容、内容の再陳述、感情の反射、明確化など。	自由連想、夢分析、行動の解釈、支持、転移操作など。	系統的脱感作、負の練習、オペラント条件づけ、嫌悪療法など。	精神分析の立場。来談者中心療法の立場。	（役割操作の技法）独自法、二重法、鏡映法、交換法など。
おもな適応症	進路・修学相談（ガイダンス）など。	情緒障害、非行、性格問題、悩みなど。	神経症、適応障害など。	恐怖症、各種チック、吃音、性的異常など。	児童の行動障害、習癖、恐怖症など。	対人関係の障害、対人関係の訓練。

た、いずれの方法でも①支持、②訓練、③表現、④洞察の4つの基本的要因が何らかのかたちで組み合わさっているという見解を考慮にいれることが大切である。教師は、対象児（者）の不適応行動の種類、内容、性格や程度などに応じて、いずれかの要因を強調したり、処遇の経過に従って、各要因の組み合わせを変えたりすることによって、この4つの基本的要因を適切に活用することが不可欠である。そのために教師は、1つの心理療法を完全無欠なものであるかのようにと

らえるのではなく，いろいろな療法の性格と基本的要因を十分に把握・理解して，どの療法が対象児（者）の不適応行動の改善・除去にとって効果的であるかといった視点から，取捨選択できるようになることが重要である。

たとえば，精神分析療法（psychoanalitic therapy）は，1880年代にフロイト（Freud, S.）によって創始されたもので，今日でも神経症や適応障害などに広く適用されている。この伝統的な療法では，精神分析理論に基づいてクライエントの行動や態度などに含む無意識的な意味について洞察を求めるための解釈という治療技法などを用いて，セラピストの言語的介入が試みられている。これに対し，行動療法（behavior therapy）は，精神分析療法を批判し，アイゼンク（Eysenck, H.J.）らによって唱えられた，1950年代後半から急速に発展してきた比較的新しい心理療法である。この療法では，現代の学習理論や行動理論などに基づいた治療技法をクライエントに適用し，誤って学習したために発現している不適応行動は消去し，一方新しく望ましい適応行動は積極的に習得させることを治療目標として，行動変容の一般的な治療手続きに従って訓練が進められるのである。

以上のように理論的背景や基本的要因などがまったく異なる2つの療法であっても，対象児（者）個人の処遇の経過に応じて，適切に組み合わせる折衷的方法で適用し，問題の解決にとって効果的である場合もあるといってよい。

【用語解説】
心理療法の基本的要因：この要因について，前田（1981）は次の4つを指摘している。①支持的要因：催眠療法や助言・指導の指導・激励に含む要因。②訓練的要因：行動療法や自律訓練法などの実際的な行動や体験に含む要因。③表現的要因：告白やカタルシスなどの心の奥にうっ積するものの感情表現で気持ちの軽減を図ることに含む要因。④洞察的要因：精神分析療法やカウンセリングなどの問題の背後にある心理的要因の直視で明確化することに含む要因。
コラージュ療法（collage therapy）：コラージュとは仏語で「糊づけ（すること）」を意味するものであり，現代美術の重要な技法の1種である。つまり，パンフレットや雑誌などからハサミで切り抜いた絵や写真を，画用紙の上で再構成し，糊づけして作品にする方法である。この方法が我が国で心理療法として用いられるようになったのは，1980年代後半からである。絵画療法に比べて，絵を描く抵抗感もなく，技術的にも簡単であることから，広い範囲の年齢の多様な問題をもつクライエントへの適用が可能である。
専門相談機関：教育相談の活動の中で，学校内での指導・治療が限界を越えると想定される子どもの問題などの場合には，教師は学校外の専門相談機関を必要に応じて利用したり，その機関と連携することが望ましい。そうすることによって，子どもの問題の根源的把握が可能とな

り，その問題解決や処遇が効果的になる。その機関には，精神保健センター，病院（小児科・精神科など），教育研究所や児童相談所などがあり，利用目的に応じて専門家の援助を受けることが必要である。

[理解を深めるための参考図書]
福島脩美（編著）　1998　スクールカウンセラー事例ファイル5　学習　福村出版
諸富祥彦　1999　学校現場で使えるカウンセリング・テクニック（上）（下）　誠信書房
坂野雄二（編著）　1999　スクールカウンセラー事例ファイル3　情緒・行動障害　福村出版
坂野雄二（編著）　1999　スクールカウンセラー事例ファイル6　性　福村出版
田上不二夫（編著）　1998　スクールカウンセラー事例ファイル1　いじめ・不登校　福村出版
田上不二夫（編著）　1998　スクールカウンセラー事例ファイル2　生活態度と習慣　福村出版
高野清純（編著）　1998　スクールカウンセラー事例ファイル4　非行・校内暴力　福村出版

13章 教育臨床

1節　教育臨床と教育相談の関係

1．学校の現状とスクールカウンセラーの必要性

　臨床ということばは，もともと教育の場面に用いられることのなかったことばである。広辞苑によると病床に臨むことと説明されており，病人など病気をもつ人に対して実際に診断・治療することをいう。

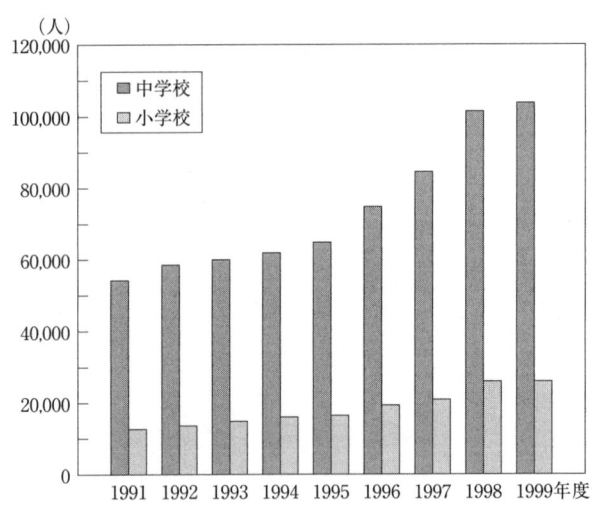

図13-1　不登校児童生徒数の推移（30日以上）（文部省，2000他より作成）

　そこで，健康な子どもたちを対象に健全な発達をうながすことを目標にする教育現場で，この臨床ということばをあえて用いるというのは奇異に受け止められるかもしれない。しかし，現実には学校はさまざまな問題に直面しており，不登校，いじめ，自殺，薬物乱用など児童生徒の適応上の問題が続発している。

　先ごろ発表された文部省の「学校基本調査」で，不登校を理由として30日以上学校を欠席した小・中学生は約13万人であり，少子化で子どもの数は減少傾向にあるにもかかわらず増加傾向にある（図13-1）。小学生は283人に1人，中学生は39人に1人で，中学校では約1学級に1人という計算になる。

　また，不登校の理由は，表13-1のように，学校に行きたくても登校の朝にな

表13-1 1998年度の不登校状態が継続している理由別内訳（文部省, 1999）

理　由	小学校	中学校	計
学校生活上の影響	1,519人 (5.9)	8,238人 (8.2)	9,757人 (7.7)
遊び・非行	244 (0.9)	13,408 (13.4)	13.652 (10.8)
無気力	5,152 (19.9)	21,957 (21.9)	27,109 (21.5)
不安など，情緒的混乱	8,623 (33.3)	24,783 (24.8)	33,406 (26.5)
意図的な拒否	1,059 (4.1)	5,371 (5.4)	6,430 (5.1)
複　合	6,836 (26.4)	21,718 (21.7)	28,554 (22.7)
その他	2,477 (9.6)	4,637 (4.6)	7,114 (5.6)
計	25,910人	100,112人	126,022人

注）：調査対象は公立だけ，かっこ内は％

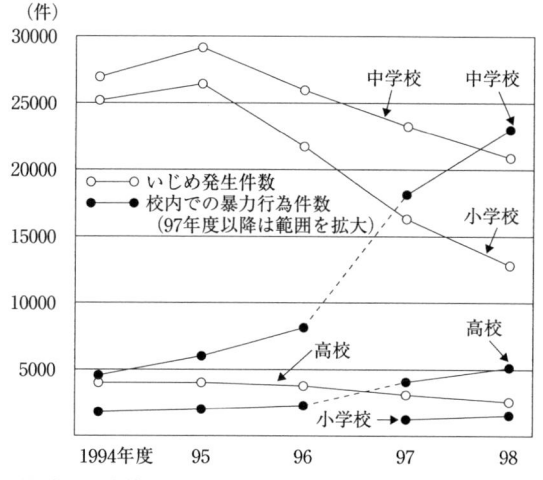

図13-2 学校での暴力といじめの発生件数（文部省, 1999）

るとおなかが痛くなったり，下痢になったりと，強い不安におそわれ家から出ることができない「不安など情緒的混乱」によるもの，何となく登校しない「無気力」，これらの複数の要因が絡んだ「複合」タイプの3つで，70％を占めている。つまり，不登校の多くは，心理的・情緒的要因で学校に行くことのできない状況にある。

また，同じく文部省が公表した「生徒指導上の諸問題の現状」調査で，1998年度の公立小中高の児童・生徒が起こした暴力行為は3万5千件を越え（図13-2），最近再び増加の傾向にある。小・中・高のうち校内暴力が発生した学校は，全体の15％で，高校では5校に2校，中学校でも3校に1校にあたる。表13-2にみるように，暴力の形態は生徒間の暴力が全体の約50％で最も多い。中学

表13-2　1998年度の暴力行為件数の内訳（文部省，1999）

区分 形態	小学校		中学校		高校		小計		合計
	校内	校外	校内	校外	校内	校外	校内	校外	
対教師暴力	192 (12.6)	3 (1.7)	3,629 (15.8)	62 (1.6)	577 (11.2)	11 (0.7)	4,398 (14.8)	76 (1.4)	4,474 (12.7)
生徒間暴力	728 (47.6)	134 (75.3)	10,655 (46.3)	2,564 (67.6)	3,333 (64.7)	974 (61.2)	14,716 (49.6)	3,672 (66.0)	18,388 (52.2)
対人暴力	30 (2.0)	41 (23.0)	104 (0.5)	1,166 (30.7)	46 (0.9)	46 (0.9)	180 (0.6)	1,813 (32.6)	1,993 (5.7)
器物破損	578 (37.8)	—	8,603 (37.4)	—	1,196 (23.2)	—	10,377 (35.0)	—	10,377 (29.5)
小　計	1,528	178	22,991	3,792	5,152	1,591	29,671	5,561	
合　計	1,706 (4.8)		26,783 (76.0)		6,743 (19.1)				35,232

（対人暴力は学校への訪問客や通行人への暴行など，—は調査対象外，かっこ内は％）

校・高校において器物破損の件数が急増しており，今までふつうに友達と談笑していた児童・生徒が，まわりから見ると何でもないことばに突然怒りだし，ガラスを割るということも起こっている。

いじめの発生件数が一見減少しているように見えるが，より深刻な暴力であると判断できる凶暴なものへと移行していたり，表立って見えてこない現代の陰湿ないじめの性質から，今回のこの数字が氷山の一角であると考えた方が妥当であろう。

「かつてとは違い，教師経験がまったく通用しない」と現場の教師が嘆く実態は，3年ほど前から話題になり始めた「学級崩壊」「学校崩壊」ということばによっても証明された感がある。文部省が1995年にスクールカウンセラー（学校カウンセラー）派遣事業に着手したのは，このような児童・生徒の諸問題が深刻であり，現場の教師の努力だけでは事態は変わらず，いっそう混迷の色を濃くしてきたためである。

2．教育臨床の意味

ここでスクールカウンセラーとして任用されたのが，学校外部に職をもつ臨床心理士，精神科医，心理学専門の大学教員など，高度な心理的技術や知識を有している者であった。従来より学校に存在していた教育相談という機能に対し，心の専門家による活動を教育臨床とよぶことにする。すなわち教育臨床とは，教育場面において，児童生徒の心の問題や病理，社会適応上の問題に対し，高度な心理的技術や知識をもった専門家が，その技術や知識でもって問題解決を図り，適

応的行動へと変容させる活動のことである。

このようにスクールカウンセラーによる活動が始まり、いじめや不登校などさまざまな学校内における適応上の問題に、これまでの教師の視点とは異なる視点が提供され始めた。生徒指導にはなかった問題の新たな意味づけは、教師の追いつめられた気分や先の見えない指導に、新しい風を吹き込むことになった。すなわち、児童・生徒の問題を学校だけで考えるのではなく、かかわる人すべての人が責任を負うのが望ましいという認識を教師がもち始めたといえる。

3．教育臨床と教育相談の関係

「スクールカウンセラー活用調査研究委託事業」が1995年に始まった際、スクールカウンセラーに登用された専門家たちは、学校現場にすでにある秩序やルールに不慣れであることから、スクールカウンセラー任用者の役割の徹底を図るために臨床心理士会によって「ガイドライン」（1995）が作成された。そのとき作成されたガイドラインを大塚（1998）は、以下のようにまとめている。①文部省のスクールカウンセラー活用事業に関連して、学校（小・中・高）に関与する外部の心理専門家を学校臨床心理士と呼称し、現場の教諭で教育相談活動を行なっている者を教師カウンセラーと呼称することとする。学校臨床心理士が現場教師の行なっている活動を援助こそすれ、代換するものでないことを明確にするためである。②各地域の学校の実状は区々としている。一律的な対応技法のないことを認識し、柔軟かつ総合的に判断してかかわること。③不適応状態の児童生徒の担任への助言と援助を優先し、本人や保護者への直接的なかかわりは十分慎重に行なうこと。④学校内関係者の小グループ形式等による話し合いや学内研修の開催などに配慮し、校内関係者の相談活動を活性化させるように努力すること。⑤学校組織、校務分掌、生徒指導係等の役割と機能に精通するように努力するとともに、これらをふまえた学校臨床心理士と教師との連携・協力体制・協力要請等のあり方を明確にすること。⑥学校外の地域関連機関（教育委員会、児童相談所、医療機関等）との連携的援助のあり方についても配慮すること。これらの関連資源の活用には、当該コーディネーター担当者と常々コンタクトを図っておくこと。⑦狭義の守秘義務を全面に出すのではなく、学校全体で守秘義務の大切さを考えていく方向を念頭に置くこと。

このようにスクールカウンセラーの立場を、教師カウンセラーとは明確に分け、スクールカウンセラーの高度な専門性の活用は、教師へのコンサルテーション

(p.186参照)やカウンセリング的態度の伝達など、あくまでサポートすることに中心に置いた。

スクールカウンセラーが活用される以前、学校での問題解決に用いられたカウンセリング理論は、もっぱらロジャーズ（Rogers, C.R.）の来談者中心療法をモデルにしたものであった。特に共感、受容ということばに象徴されるカウンセリング・マインドは広く教育現場に浸透し定着したが、それだけでは教育的指導が成立せず、共感・受容のみを強調した教師の態度は時にさらに生徒たちの混乱を招いたということもあった。試行錯誤の末、生徒指導という側面とは別に、来談者中心療法をモデルにした今日の「教育相談」が発展してきたのである。

教育相談の中身の多くは、学校不適応の児童生徒やその親への対応である。そのような意味で言えば、スクールカウンセラーと教師カウンセラーは共通の活動領域をカバーすることもある。しかし、本来教育が専門である教師カウンセラーと心理学をベースにするスクールカウンセラーでは、当然児童生徒の問題の見方や発展の方向が違う。異なる視点でケースを抱え込まずにネットワークを組み、意見を交換しあうことが、それぞれの役割を最大限に生かすことになるのではないだろうか。

4．スクールカウンセラーの専門性

スクールカウンセラーは、いったいどの程度の専門性をもっているのであろうか。

まずスクールカウンセラーに求められるものとして、カウンセリングではなく心理治療ができるということであろう。一般的には、12章でも述べられているように、カウンセリングと心理療法とは同義と考える傾向があるが、ここでは両者を区別する明快な見解を紹介してみることにする。たとえば、渡辺(1994)は、カウンセリングとは、「専門的な援助活動であり、それは、大部分が言語を通して行なわれる過程であり、その過程の中で、カウンセリングの専門家であるカウンセラーと、何らかの問題を解決すべく援助を求めているクライエントとがダイナミックに相互作用し、カウンセラーはさまざまな援助行動を通して、自分の行動に責任をもつクライエントが深め、『よい』意思決定という形で行動をとれるようになるのを援助することである。そしてこの過程を通して、クライエントが社会の中でその人なりに最高に機能できる自発的で独立した人として自分の人生を歩むようになることを究極的目標とする」、さらに「カウンセリングは一種の

学習過程であり，クライエントはカウンセラーの援助を通して問題を解決しながら，問題解決の能力や姿勢を身につける過程である」としている。

また一方，心理療法については「心理治療のための諸技法の総称であり，心理治療とは，心理的・行動的障害や症状を診断し，予測し，治療，矯正を通してそれらを軽減することを目的とする」とし，カウンセリングは教育的・発達的視点でかかわり，心理療法は治療的・矯正的視点でのかかわりで問題を抱えた個人を援助すると述べている。

そこでスクールカウンセラーに必要な資質や職能には，カウンセリングだけでなく，不登校の初期の心身症的症状に対応できたり，自殺や対人恐怖，過食・拒食症など，病的症状にも的確な判断で対応できることが望まれる。これら教師の努力やカウンセリングだけでは解決できないものを見きわめ，教師の責任としてとらえる風潮や抱え込み過ぎて教師自身もちこたえられなくなるようなことを防止しなければならない。また，的確な判断ができると信頼されるまでに，スクールカウンセラーとしての知識や技術が高度でなければならない。

しかし，一口に心理療法といっても多くの学派や治療理論および技法がある。それらのうちのどの学派や理論がスクールカウンセリングに合うのかを問われると言明できないが，どの学派でもよいので1つの学派に深く学んだ上で，精神分析療法・行動療法・人間性心理学の3本柱の学派や治療理論は頭の中に入れておきたい。現実にはスクールカウンセラーの多くは折衷主義をとり，問題によって技法や理論を使い分けたり，組みあわせているようである。

このようにカウンセリングではなく，心理療法を行なうことのできる高度な専門性を，スクールカウンセラーが習得している必要がある。なぜなら，次節で詳しく述べるが，スクールカウンセラーの仕事内容には教職員へのコンサルテーションという活動が中心に据えられていることからもいえる。これは，これまでの学校にない視点の提供や，解決に向けての理論的裏付けをもつ具体策を，教育現場は求めているということである。それに応えるためにはスクールカウンセラー自身が豊かな心理臨床の経験をもち，実践を重ね，スーパーバイザーからの厳格な指導体験をもっていることが望ましい。

平成10年3月の時点で，スクールカウンセラーとして任用される約9割の者が臨床心理士であった。臨床心理士の資格取得に関する受験資格は指定第1種に該当する大学院修士課程を修了した者，または指定第2種に該当する大学院修士

課程を修了後1年の心理臨床経験を有した者とされ厳格な基準が設けられている。この臨床心理士を中心としてスクールカウンセラーに登用される心の専門家は，厳しい訓練や教育を受け，人としても陶冶された魅力をもつことは必須のことであろう。

2節　スクールカウンセラーの活動内容

　1995年4月にスクールカウンセラー事業が始動し，全国154校にスクールカウンセラーが派遣された。この事業に当たって，文部省はスクールカウンセラーの職務内容を「スクールカウンセラー活用調査研究委託事業実施要項」において以下の4項目に定めている。

　スクールカウンセラーは，校長等の指揮監督の下に，おおむね以下の職務を行なう。①児童生徒へのカウンセリング，②カウンセリング等に関する教職員および保護者に対する助言・援助，③児童生徒のカウンセリグ等に関する情報収集，④その他の児童生徒のカウンセリング等に関し，各学校において適当と認められるもの。

　以上この4項目に従って，スクールカウンセラーの活動が始まった。しかし，活動を始めてみると，特に④の職務内容は曖昧でわかりにくい。ここでは石隈（1994）がスクールカウンセラーの活動を4種類の援助サービスに分けているのを参考に，その活動内容を考えてみたい。

　石隈はスクールカウンセラーの実践内容には，生徒への援助，教師・保護者への援助，学校組織への援助，そしてそれらの基盤となる心理・教育アセスメントがあると述べている。それを参考に，心理・教育アセスメントを基盤とするスクールカウンセラーの活動の関係を図13-3に示した。

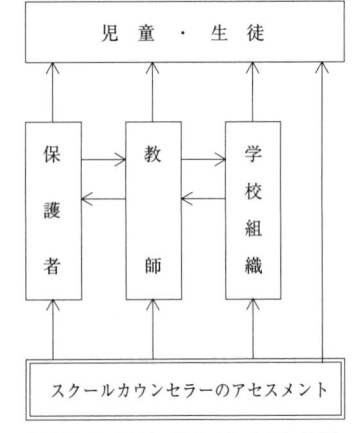

図13-3　スクールカウンセラー活動の関係（石隈，1994）

　スクールカウンセラーの最初の活動はアセスメントを行なうことであり，最終的には児童・生徒に還元される。児童・生徒が学校生活を通して出会うさまざまな問題を解決し，困難に出会ったときに自らの勇気と英知で立ち向かい解決する

能力をもてるようにサポートしていかなければならない。

　さて，ここでは石隈の提案をもとに心理・教育アセスメントを加えて説明していく。

1．心理・教育アセスメント

　石隈（1994）の説明によると，心理・教育アセスメントは「学校教育上の問題について意思決定するための情報を収集し分析するプロセスである」と述べている。

　学校教育上の問題とは，生徒の発達面・学習面，心理・社会面，進路面における状況や生徒の生活する環境への適応の問題であり，スクールカウンセラーはそれを総合的に理解し，援助や指導の必要性を判断することである。場合によって必要な指導計画や援助計画を立てることもある。

　ここに医療臨床や犯罪臨床にないスクールカウンセラーならではの独自性が存在している。教育を通して，そしてグループ活動の中で児童・生徒の成長を援助する教師の指導方法を理解し，学習する主体としての児童・生徒を尊重できなければならない。カウンセリングだけ，心理療法だけしていればいいというのではなく，教育という場面に組み入れられた1つのパーツであるという自覚が求められ，全体とのバランス感覚が必要である。

　またアセスメントにおいては，心理テストをすることもある。客観テストのデータの裏付けがあれば，面接や間接的情報での印象にとどまることなく，安易な判断を防ぐことができる。しかし，逆にテストをしてすべてわかったかのように思いこむことも，厳に慎まなければならない。教育活動の前線で児童・生徒と日々対面しているのは教師であり，時にはその教師のもつ印象と心理テストの結果が異なるときがあるが，その違いがどのように違うのかなど，児童・生徒を理解する情報を得ることができる。

2．児童・生徒への援助

　生徒へのスクールカウンセラーの援助には，直接的なものと開発的なものがある。

　直接的カウンセリングといえば，まず問題をもって相談室に相談に訪れる児童・生徒との対面面接がある。1対1もしくは1対複数での面接場面が一般的であるが，場合によって関係教師が加わることもある。どのような構成をとるかは，児童・生徒の要求で決定することが原則であろう。

開発的カウンセリングにはスクールカウンセラーがクラス単位に，または大きなグループを単位にして直接実施することのできるグループエンカウンターがある。教育場面で行なう場合，あらかじめ実施するエンカウンター内容の構成を決めてから行なったほうが効果的である。クラスメートなどグループのメンバーとの話し合いを通して，自分とはどういう人間なのか，自分はどのようなことを要求しているかなど，自分自身について考える。これを通して，成長をうながし，クラスメートとの関係づくりを図ることができる。

また，このような設定された場面ではなく，相談室便りなどを発行したり，何気なく児童・生徒に声をかけることも開発的カウンセリングとなる。

3．教師・保護者への援助

スクールカウンセラーの活動の中心はこの教師・保護者への援助である。その援助には，コンサルテーションとカウンセリングの2つの形態が考えられる。コンサルテーションとは，異なった立場や役割をもった者が，対象である児童・生徒のことについて検討し，その問題について的確な判断を共有し，その上で今後の方策を話し合うことである。したがってコンサルテーションにおける教師，保護者およびスクールカウンセラーの立場は対等である。コンサルテーションを行なうことによって，直接児童・生徒と対面する教師の専門的なかかわり方や保護者の役割が変化し，児童・生徒の変容へとつながっていく。

またもう1つ教師・保護者へのカウンセリングという側面がある。たとえば，我が子が不登校であったり家庭内暴力があったりすると，児童・生徒も辛いときであるのはもちろんだが，その親も眠れなかったりいらいらしたりと，憔悴していることが多い。親のメンタルヘルスのためにカウンセリングを行ない，癒されることを第1目的とする。これによって親がおちつき，子どもが安定してきたということも少なくない。

教師へのカウンセリングの場合，教師の職員間での葛藤や，対児童・生徒との関係で教師としての資質に自信を失うなど，教師自身が悩んでいることについてカウンセリングを行なう。しかし，教師や保護者へのカウンセリングを，限られた活動の中で長期間にわたり行なうことは望ましくない。そのようなときには，外部の専門機関を紹介することがよいであろう。

4．学校組織への援助

児童・生徒の問題が起こったとき，担任教師がすべて問題を抱え込むのではな

く，各教師の役割の確認，それぞれのできることなど関係調整をしていくこともスクールカウンセラーの活動である。つまり，教師1人ひとりが別々に問題に取り組むのではなく，他の教師との関係を図りながら自らの役割を遂行することができるように，学校のシステムそのものが変化するように働きかけていくことも時には必要となる。

　大阪市内の中学校の報告（竹島，1998）によると，すでにスクールカウンセラーを迎えるときに，学校の組織そのものが活性化し組織だっているという。当該中学ではスクールカウンセラーを活用するために校長，教頭，生徒指導主事，生活指導部長，養護教諭らとともにプロジェクトチームを作り，問題発生の都度担任も加わるという流動的チームが組織された。そしてこのプロジェクトチームを核にして，活動が始まっている。プロジェクトチームの役割を①カウンセリングルームの条件整備，②生徒の実態把握（情報交換を含む），③生徒・保護者への啓発，④教職員の研修計画と実施，の4点にしぼり，実践されている。たとえばカウンセリングルームの条件整備のため「ごきげんルーム・あす」と相談室に名前をつける段階で，スクールカウンセラーを含めた話し合いが行なわれている。

　またスクールカウンセラーは，問題によってはさらに外部機関，たとえば医師，児童相談所，あるいは大学の専門家などに支援を求めるリエゾン機能も必要に応じてはたす。

　スクールカウンセラーを積極的に受け容れようとしている学校では，このように事前に学校組織を変革させていることも多い。スクールカウンセラー活用事業が開始されたことそのものが，学校という組織をすでに変えているといえるのではないだろうか。さらに学校にもたらした成果には，学校内で児童・生徒の問題を抱えるのではなく，外部の専門家やコミュニティの支援を受けることが教育専門家の専門性を傷つけることにはならないということである。むしろその時々に必要なネットワークを速やかに組むのできるということは，人的資源を多くもつ有能さの証明となるであろう。

3節　教育臨床の実際

1．発達段階によるスクールカウンセラーのかかわりの違い

　スクールカウンセラーが現在参入しているのは，小・中・高等学校および関連機関である。スクールカウンセラーの活動の仕方は，対象である児童・生徒の年

齢によって異なる。たとえば小学校低学年においては，ことばを用いたカウンセリングよりも，抱っこしたり体の一部を触れるなど，身体接触をしながら遊戯療法を行なうのが効果があるようである。

小学校高学年になるとおしゃべりを中心にしながら，やはり身体接触も時に織り交ぜ進めていくのがよいようである。グループで相談室に来室する事も多く，学校の中にありながら，さながら家庭にある子ども部屋のような雰囲気となることもある。

中学生では1対1の面接になることもあるが，集団で来室し雑談を楽しむなかで問題を出すことが多い。出入り自由という雰囲気の中で，生徒の対人関係の修正や何かわからないイライラをゲームをしながら大きな声を出して発散したりという場面も多く見られる。筆者の経験では相談室には常時教室に行けない特定の子がおり，そして放課ごとに「遊びに来た」となだれ込んでくる「少し学校に不適応気味」の生徒たちが利用していた。この2つのグループは問題の質が異なるので，「少し不適応気味」の生徒が来室したときは，戸を隔てた隣の部屋に「常時利用生徒」は避難するということを行なっていた。しかし「少し不適応気味」の生徒といっしょに過ごせる「常時利用生徒」は，成長とともに隣の部屋から出てくるようになる。

高等学校では，1対1の面接形式をとり，いわゆるカウンセリングもしくは心理療法を用いて面接を行なうことが多い。人間関係，自分の性格のこと，進路，性のトラブルなど問題が学校の規範にふれるようなこともあり，慎重に対処しなければならないときも多い。

以上のように，発達段階によって問題が異なったり，対象のグループの大きさが異なってくる。スクールカウンセラーは，自身の専門とする心理療法にこだわらず臨機応変にかかわり方や技法を工夫しなければならない。

2．グループを通しての不登校生徒の成長への援助

筆者が活動していた中学校の相談室での変化を，1つの事例として概略を紹介する（以後名前はすべて仮名である）。スクールカウンセラー（以後カウンセラー）として初めて筆者が出勤した時，相談室には常時教室に行きにくい生徒が4人在籍していた。構成は3年の女子が1名，2年の男子3名である。他にスクールカウンセラーの出勤する日にだけ登校するようになった2年と3年の女生徒1人ずつが後に増えた。相談室は，以前宿直のために使われていた畳の部屋を改装

したところで，座布団が置かれており，まるで家庭の1室のようであった。

　カウンセラーが出勤し始めて2週間ほどは，カウンセラーが行くまでは個々に思い思いのことをしており，到着すると生徒たちが一斉にカウンセラーのまわりに集まってきた。その中でも特にことばの少ないAくんのそばにカウンセラーは座り，相談室日誌を広げた。そこにすかさず，「あんた，誰？」と聞く2年のBさん。先回会っているにもかかわらずこの質問で，その後数回はこのことばからBさんはカウンセラーに接近してくるようになった。「わたし？　わたしはBさんの友達」と，毎回応えてあいさつをした。

　カウンセラーを媒体に，それまでバラバラにいた子どもたちが1か所に集合し，カウンセラーに話しかけながらじつは相談室のメンバーの反応を見ている。かかわり合いたくても，かかわる方法にとまどうためにバラバラに行動している彼らの行動が，カウンセラーというワンクッションでつながり始める。「Bさんは何がしたい？」と問いかけるカウンセラーの語調や立ち居ふるまいは，そのまま子どもたちに吸収される。たとえば我勝に話そうとする態度から話をしている人があればそれを最後まで聞くという態度への変化が起こり，コミュニケーションがスムーズに進むようになる。カウンセラーが冗談好きであれば，笑い声の絶えない部屋となるであろう。

　子どもたちはカウンセラーの姿を通して友達とのやりとりのノウハウを身につけ，グループでいることの心地よさを味わい，受容されている「この自分」を肯定し始める。教育相談担当の教師とは，少しの時間でも打ち合わせを行ない，見逃しがちな子どもの言動の意味と対応について伝えるように心がけた。カウンセラーの出勤しない日は教育相談担当の教師があたり，しだいに彼らはメンバーだけでルールを決めてゲーム等に興じることができるようになっていった。メンバー相互のやりとりを通して，個々の問題に直接向き合わなくても心地よい交流の仕方を身につけ，適応的行動を自然のうちに行なうようになることもある。そして，彼らは徐々に教室に向かう日が増えていった。子どものコミュニケーションのモデルとして，またコミュニケーションの媒体としての役割，そして，自分の気持ちを安心して話せ，そこに肯定的な意味を見いだす役割をはたしていたと思われる。

　スクールカウンセラーの活動の一端を紹介したが，あえて言えば，教師カウンセラーとスクールカウンセラーの学校における相談活動の実際に大きな違いとい

うのはない。しかし，教育とカウンセリングの活動内容は，まったく異質なものであり，1人の教師がそれをしようとするとすると，一生懸命であればあるほどギャップに苦しむ。今後学校求められるものは，外部の非常勤カウンセラーではなく，学校組織に常勤として組み入れられた教育相談および教育臨床を行なう専任カウンセラーを存在させることではないだろうか。教師とカウンセラーがネットワークを組み，児童・生徒に多角的にかかわることが健康な発達・成長をうながすことになると考える。

【用語解説】
遊戯療法（play therapy）：遊びを中心にした心理療法で，主に言語表現が十分ではなく対面式面接が困難である子どもに対して行なわれる。アンナ・フロイト（Freud, A.）やクライン（Klein, M.）の児童分析の流れをうけ，来談者中心療法のアクスライン（Axline, V.M.）が遊戯療法を発展させた。アクスラインは，「子どもが遊戯療法を心の底から楽しみくつろぐと，自ら考え決定し，個性を発現し始める」と言った。

エンカウンター（encounter）：一言で言えば，集団体験を通して自己の気づきを促し，自己成長することである。エンカウンターには，構成的エンカウンターと非構成的エンカウンターとがあり，構成的エンカウンターはファシリテーターがリードして，課題に取り組み，気づきを半強制的に促していく。一方非構成的エンカウンターでは，課題も役割もなく，参加者が主体的にその内容を決めていくという方法である。ファシリテーターは世話人であり，リードは参加者がとる。

[理解を深めるための参考図書]
村上正治・山本和郎(編)　1995　スクールカウンセラー　ミネルヴァ書房
岡堂哲雄　1998　スクールカウンセリング学校心理臨床の実際　新曜社
上林靖子(監修)　ダルル・アギ　1998　スクールカウンセリング入門　頸草書房
鵜養美昭・鵜養啓子　1997　学校と臨床心理士　心育ての教育をささえる　ミネルヴァ書房

14章 適応障害の理解と対応

1節　適応のしくみ

1. 適応の意義

　子どもたちが安定感をもち，自らの能力を最大限に発揮して，充実した日常生活を営んでいくためには，まず彼らをとりまく環境の中でも，直接相互作用する家庭や学校の要請と期待に適合するように行動する必要がある。それと同時に，子ども個人がもつ要求も充足できるように行動しなければならない。このような適応行動を通して子どもたちは，家庭や学校など種々さまざまな環境に適応（adjustment）しているのである。

　ところが，子どもたちの中には，家庭や学校を始めとして，社会や文化の規範に適合しない行動，つまり不適応行動を現わす適応障害児（者）がいる。また，彼らの中には，親や教師などから非難，叱責や処罰を受けて，精神内界に強い不満，不安や緊張が生じる不適応（maladjustment）な状態におかれて，それに耐えることができなくなって不適応行動を現わす適応障害児（者）もいるのである。

　以上のように，適応とは，「子ども個人が自らもつ要求を満足させながら，環境の諸条件との間に調和のある満足すべき関係をもつ行動をするように自己や環境を変容させる過程である」と考えられている。当然ながら，適応という概念は子どもだけに用いられるものでなくて，われわれ有機体がさまざまな環境の中での営みを意味するものであって，環境に応じて自らの条件を変えていくことや，安定した状態を得るために環境を積極的に変容させていくことが必要とされるものとして用いられているのである。

2. 不適応行動（適応障害）発現の心理的誘因

　人間行動の基底にあって，その行動発現の原動力となるものは，要求である。したがって，家庭や学校などの場での子どもの行動理解には，彼らの要求の種類やその充足過程について把握することが，親や教師にとって重要である。

　通例，子どもたちには，日常生活の中で，生得的な1次的要求や生後の学習によって習得された2次的要求に大別される多種多様な要求が次から次へと生じているものといってよい。そうした多様な要求も彼らの要求充足のありようを中心

に考えると，基本的には次の3つに分類することができる。

①要求が何らかの方策によって充足され，緊張の解消が図られている状態

②要求が何らかの障害によって阻止され，充足されていない緊張状態（要求不満）

③同じ強さの要求が2つあるいはそれ以上同時に存在し，いずれもが充足されていない緊張状態（葛藤）

以上の3類型があるが，子どもの日常生活は，そうした要求の充足・不充足および葛藤の状態が，相互に複雑に入りまじった状況の中で連続的に営まれているといってよい。ところが，そのような生活で，彼らがもつ要求の充足がいつまでも図られず，欲求不満（フラストレーション；frustration）や葛藤（コンフリクト；conflict）といった緊張状態が持続し，それに耐え得る限界が越えることがあるならば，直接的に不適応行動が発現することになるのである。したがって，フラストレーションとコンフリクトの事態は，従来から教育臨床において不適応行動発現の心理的誘因として重視されている。

3．フラストレーションとコンフリクト

⑴フラストレーション

これは，子どもの精神内界に要求があるにもかかわらず，何らかの障害や妨害によって，その要求が充足されていないために緊張が解消されず，不満・不快感に苦悩している状態をいう。つまり，要求がありながら充足されていない緊張状態であり，適応行動発現を妨害する障害が精神内界に形成されている状態である。

フラストレーションは，①外部的ないしは内部的原因によって生じる要求充足が阻止される状況，②情緒的・生理学的な内的緊張状態，③外的にあらわになる不適応反応（行動）の3段階に分けられる時間的過程である。こうした過程を親や教師が理解することによって，子どもたちの不適応行動発現の予防措置をとるための有効な情報収集が可能である。

以上の他に，フラストレーション状況は子どもの発達段階によって異なることにも留意することが生徒指導上大切である。通例，乳幼児期のような発達の低い段階におけるフラストレーション状況は，物理的障害，物質的欠乏や他人の干渉などといった環境的条件，つまり外部的原因によってもたらされることが多いといえよう。これに対し，児童期から青年期へと発達が高次の段階になるに伴って，外部的原因の他に心理・社会的条件，つまり内部的原因によるものがしだいに増

加し，かつその状況のあり方においても単純なものからしだいに複雑なものへと変化していくことが認められるようにる。とりわけ青年期において，そうしたフラストレーション状況から強度の緊張状態におかれて，その状態が持続することがあるならば，非行や自殺といった深刻で重篤な不適応行動発現にいたることもまれではないので，こうした子どもの早期発見と対応とが急務となるであろう。

(2)コンフリクト

これは，2つあるいはそれ以上の同じ強さの矛盾し合う要求が同時に存在し，そのいずれかの選択に迫られて思い悩むような状態である。前述のフラストレーションと同じく，緊張が強まる傾向や適応行動発現を妨害する障害が精神内界に形成されることが認められる。コンフリクトには，①接近―接近型，②回避―回避型，③接近―回避型の3つの基本型が考えられている。

以上の他に，コンフリクトについては，その生起原因が子どもの発達段階によって異なることにも留意し理解を深めておくことが大切である。まず，乳幼児期では自我構造が未分化であるため，主として外部的刺激によって起こる諸要求間のコンフリクトが多く認められる。次の児童期には，義務感や道徳意識の間に起こるコンフリクトの経験が多くなってくる。最後に青年期では，しだいに自我が確立するに伴って超自我とイドとの間にあって自我のコンフリクトが深刻化し，かつ性，年齢や所属集団別による社会的制約が義務感として受けとられるようになることから，その義務感によってコンフリクトが生じることも多くなってくるといわれている。

4．適応機制

フラストレーションやコンフリクトは，子ども個人の適応過程において発生する緊張状態としてとらえることができる。したがって，それらによって生ずる緊張が長びくと意識的・無意識的にも以下に示す，心理的機制によって解消されることになる。こうした個人と環境との間に生じた緊張を解消しようとする心理的操作を，広く適応機制（adjustment mechanism）という。つまり，適応機制とはフラストレーションやコンフリクトに基づく緊張を解消する手段であると同時に，究極的には自己を防衛しようとする心の働きといってよいものである。

適応機制の分類は通例，要求充足による緊張解消を環境的条件との調和において達成する際の効率性を基準にして，次の2つに大別される。

(1)合理的方法

　これは，積極的に障害を克服や除去したり，ないしは障害を迂回して他の通路から目標に到達したりして要求の充足を図るといった方法である。この適応の仕方は，要求が阻止された現実の事態を十分に認識し，それに応じた深みのある考えをめぐらして判断することによって，その事態を克服しようとする努力が必要とされる。それだけに，真の事態の解決につながる最も効率的な方法であるといってよいが，こうした方法を緊張状態のなかで適切に用いることができるか否かは，子どもたち個々人のパーソナリティの成熟度が密接に関与するといえよう。

(2)非合理的方法

　この方法には，フロイトのいう自我防衛機制（ego defence mechanism）がある。彼によれば，その機制は要求が満たされず不安が引き起こされると，この不安を回避し自我を防衛するためにとられるものであって，その最も基本的な機制が抑圧（repression）である。

　なお，この方法には，表14-1に示されるように，抑圧のほかにも，さまざまな機能をもつ多種多様なものがある。これらは，非合理的な適応の仕方であるが，必ずしも異常とも病的ともいえないものであって，適応障害に発展するのは特定の機制が過度に，または不適切に用いられた場合に限るものといってよいであろう。

5．適応と心の健康

　今日の家庭，学校や社会生活の中で，子どもたちが何をなす場合でも何らかの障害によってフラストレーションやコンフリクト状況に遭遇することは避けられないといえよう。そうであるならば，子どもたちにそうした状況を適応的に解決する手段や適応性を向上させる方策についての基本的な知識や技術をもたせるようにすることが親や教師にとって不可欠である。

　まず第1に，子どもが適応しているとは何かについて真の理解が親や教師にとって必要である。本章の冒頭で述べたように，適応という概念には，単に子どもが環境に対して順応しているといった，消極的な面のみならず，環境を変革しつつ子ども自身と環境との適合性を改善していくといった，積極的な面もあることに留意することが大切である。

　第2に，子どもたちの心の健康を増進し，彼らが能率的に，生きがいのある生活を楽しめるようにすることが必要である。そのためには，子どもの心の健康と

表14-1 適応機制の内容（岡田，1976：荒木，1987より）

適　応　機　制		機　　能
(1)葛藤あるいはフラストレーション状況を，直接的でなく代償的に解決しようとする機制	①補　償 (compensation)	——望ましい特性の強調によって弱点をカバーするなどで，劣等感に関係する。
	②置きかえ (displacement)	——ある要求の対象が無意識のうちにほかの対象に置きかえられることで，例えば上司に対する不満が，部下に対する叱責に置きかえられるなどをいう。
	③同一化 (identification)	——ほかの特徴，特権，業績などをあたかも自分に属するようにみなし自己価値観を増すこと。例えば，所属学校の優越性を，自分自身の優越性のように感じ，それを誇示したりする傾向。
	④昇　華 (sublimation)	——性的あるいは攻撃的な衝動を直接的に充足しないで，社会的価値に従って有用な目標に向けかえることをいい，芸術活動，スポーツなどはその典型例とみなされる。
(2)葛藤状況にあるものを一応そのままの姿でもち続けながら緊張を軽減するやり方でその状況を支配していこうとする機制	⑤知性化 (intellectualization)	——経験から感情面を切り離して知的に客観化することにより，心理的距離をおいてながめ，感情的な混乱や恐れからのがれようとする機制。
	⑥合理化 (rationalization)	——自分の行為や，おかれている苦痛な状況を，正当化するような理由づけを行なうこと。
	⑦分　離 (isolation)	——同時に両立しがたい感情が，別々の対象や場面に現われること。
	⑧復　元 (undoing)	——感情や動作をたえず繰り返すことにより要求を再現し，それと直面し，それと取り組むことにより，それを無視し支配しようとする。
(3)緊張状況から非現実的な仕方で逃避しようとする機制	⑨白日夢 (day dreaming)	——阻止されている要求を空想によって充足すること。
	⑩投　射 (projection)	——自分に属する特質や態度を他人に転嫁しようとする機制。
	⑪退　行 (regression)	——以前の発達段階に逆行して，より未成熟で未分化な反応を示したり，より低い目標や要求水準に退き当面の困難さや責任を回避しようとする傾向。
(4)本来の要求そのものを意識的に認めないようにする機制	⑫否　定 (denial)	——要求やそれに関連する感情や観念を自ら認知するのを否定することによって，不快な現実から自分を守る機制。
	⑬抑　圧 (repression)	——恐ろしい，あるいは受け入れがたい不安を伴う要求や，これと結びついている観念や感情を意識から締出し自分に気づかないようにする過程。
	⑭反動形成 (reaction formation)	——自分にとって危険な要求が存在するとき，それと正反対の要求に従うような態度をとり，前者の表出をふせごうとする機制。敵意を抱く相手に親切をつくすなどがこの例にあたる。

は何かを十分に理解しておくことが親や教師にとって大切である。たとえば，高橋（1978）によれば，①明朗であること，②自己のもつ仕事，あるいは任務に精励し精進すること，③人と協力ができること，という3つの条件を具備して生活することによって，人間の生活は好ましいものとなるとしている。つまり，その3条件を満たしている子どもは，心の健康状態にあるといってよいのである。

第3に，子どもがフラストレーションやコンフリクトに耐える能力である耐性（tolerance）を学習することが必要である。具体的な生活場面での耐性には大きな個人差が認められ，子ども個人によってさまざまであるといってよい。こうした耐性の強弱の程度は，①体質的に決定された個人の生理的心理的構造，②生育史の中で形成されたパーソナリティ構造や特性，③課題解決に必要な知識や技術，といった要因によって規定される（高橋，1978）。この3要因のなかでも，耐性は②と③の要因によって規定されることが大きいので，家庭や学校において親や教師が子どもに対し訓練・しつけを通じて養成したり強化したりすることが大切である。具体的には，子どもの発達過程においてフラストレーションやコンフリクト状況の経験を適度に与えること，それらの状況を解決する知識・技術を習得させることが訓練やしつけのポイントである。

2節 適応障害のタイプ

1. 身体的問題

第1に，視覚・聴覚など感覚器官や肢体不自由・脳性まひなど身体諸器官に障害があり，そうした障害が原因して2次的に適応障害が生じる場合があげられる。このような障害をもつ乳幼児には，発達障害の早期における発見，治療や教育が重要な課題となる。そのような早期の教育的対応によって，障害児の全面的発達をうながす可能性が大きくなるだけでなく，2次的に生じやすい，パーソナリティ障害や強い劣等感といった適応障害の予防にもつながるものといってよい。

第2に，心身症の問題がある。これは，身体疾患のなかで，その発症や経過に心理社会的因子が密接に関与している，器質的ないし機能的な障害が認められる多種多様な病態である。たとえば，表14-2のⅠの欄に示されているような心因性の身体の適応障害として現われる多様な身体反応の障害をいう。この表からわかるように，中枢神経系，心臓循環器系や呼吸器系など身体の各系に現われるさまざまな症状がある。そのなかでも，呼吸器系に現われる症状としては，気管支

表14-2 心因性の精神および身体の適応障害として表われる表徴あるいは症状（高木，1986）

I	身体反応の障害 pychophysiologic (psychosomatic) disorders	中枢神経系 心臓循環器系 呼吸器系 消化器系 泌尿器系 四肢および筋肉系 感覚器系	頭痛，偏頭痛，嘔気，失神発作 起立性調節障害，心悸亢進，頻脈，不整脈，心臓痛， 過呼吸症候群，気管支ぜんそく，息止め発作，神経性 咳嗽（がいそう） 唾液分泌異常，ヒステリー球，反すう，空気嚥下（え んげ），神経性嘔吐，神経性下痢，腰痛，便秘，遺糞症 神経性頻尿症，夜尿症，尿閉 ヒステリー性運動まひ，（チック），（吃音） ヒステリー性盲，ヒステリー性聾，ヒステリー性感覚 鈍ま，過敏，倒錯
II	神経性習癖 neurotic habits	食事障害 睡眠障害 言語障害 身体がんろう癖 その他	食欲不振，偏食，拒食，異嗜症，多食 不眠，夜驚，悪夢，夢中遊行 吃音，吶（とつ），緘黙（かんもく） 指しゃぶり，爪かみ，自潰，チック，左利き
III	情緒・行動の障害 behavior disorders	情緒上	神経質傾向，不安，恐怖，憤怒，嫉妬，反抗，わがま ま，孤独，内気，無口，白昼夢，敏感，遅鈍，内向的
		行動上	癇癖，嘘言，破壊癖，けんか癖，残酷，盗癖，性的非 行，不登校，家出，放浪，放火，暴力（家庭内，校内）

ぜんそくや息止め発作などがある。気管支ぜんそくは，その発作の誘因となるのは，さまざまなアレルギー物質であっても，発作の増幅と固定化には，幼児期における親子関係や家族関係の歪みに基づく心理的問題である。また，息止め発作は，4～5歳までの幼児に多くみられるが，離乳期の乳児にもよく現われるといわれている。たとえば，乳児への哺乳を突然にやめさせた時などに，乳児はその激しい不満により泣いているうちに，急に呼吸をとめる症状を示すことがある。これは，離乳の強制などにみられる，親や保育者の乳児へのや過干渉などの誤った養育態度によるフラストレーションに起因して生じるものと考えられている。その他，幼児期には中枢神経系の症状として頭痛などや，四肢および筋肉系の症状としてチックなどもよく生じる。

なお，身体的問題として分類されるものには，他に肥満ややせすぎなどの発達や体格上の問題があり，2次的に劣等感や不安感が生じ適応障害が現われる場合もある。

2．情緒的問題

これは，神経性習癖ともよんでいるが，親や教師などの誤った養育・教育態度などによる何らかの情緒的・心理的理由に基づいて子どもがパーソナリティを機

能的に働かせることができなくなるような適応障害である。この問題は，表14-2のⅡ欄に示されている心因性の多様な症状があり，比較的に乳幼児期に現われやすいものといえるが，ここでは次の3つに分けて述べてみよう。

(1) **基本的生活習慣の不適応問題**

第1に，食事に関する問題があり，食欲不振，偏食，拒食などをあげることができる。これらは，おもに母親の養育態度が直接の原因になっていることが多いといわれている。母親が乳幼児の食事に神経質になりすぎたりすることが，そうした適応障害発現につながることもある。

第2に，排泄に関する問題があり，前述の心身症のなかで，泌尿器系に現われる症状であるが，幼児期には夜尿症がよく問題にされる。これは，3歳以上になっても就寝中に尿をもらすことをいうが，その原因には心理的な不安や葛藤が原因となる情緒的問題によるもの以外に，①夜の排尿の訓練・しつけ不足によるものや，②泌尿器系の器質的・機能的な疾患によるものなどがあることに留意すべきである。

第3に，睡眠に関する問題として，不眠や夜驚などがあり，医学的に異常が認められない眠りの適応障害である。乳幼児の日常生活の仕方に問題があったり，彼らの睡眠行動に対する親の理解不足や誤った養育態度に起因することが多いとされている。

(2) **言語の不適応問題**

これには，吃音，構音障害，言語発達遅滞などがあるが，幼児期では吃音が問題にされることが多い。吃音とは，幼児が話をする際に，つかえたり，くり返したり，ひきのばしたりして，なめらかに話ができない状態をいうが，その多くは言語発達の著しい2～4歳のある時期から始まることや，女児に比べ男児に多いことなどが知られている。その原因論では，素因論，神経症論，学習論の諸学説が唱えられているが，今日では学習論が広く支持されている。通例，幼児は心理的要因，特に親の厳しい干渉過剰な養育態度が強く作用して吃音が生じる症例も多いといってよい。

(3) **身体がんろう癖の不適応問題**

この代表的な問題として，爪かみは，5歳ごろの幼児から成人にいたるまで幅広い範囲にわたり発現する。これに対し，指しゃぶりは，乳児からみられ，特に1歳半から2歳ころに目立つが4～5歳ごろになると減少するといわれる。両者

の原因については，かつて坪郷（1978）があげているように，前者では精神的緊張解消説や模倣説など，後者では欲求不満代償説や退行現象説などが唱えられている。

3．集団生活への不適応問題

この問題は，原因論的には大部分のものが情緒的・心理的理由によるものであるが，子どもが保育所・幼稚園，小・中・高校や社会の集団生活場面で現わすことが多い適応障害である。たとえば，表14-2のⅢの欄に示されているような心因性の情緒や行動上の適応障害として現われる多様な症状があるが，ここでは次の2つに分類して述べてみよう。

(1)非社会的行動（asocial behavior）

これは，子どもが対人的・社会的な接触を避けようとする適応障害であり，直接的には社会的に大きな迷惑をかけないが，子ども自身が日常生活において支障が生じたり，不利な状況におかれやすいものである。具体的な問題となる行動には，幼児期では引っ込み思案，恥ずかしがりや，臆病，こわがり，孤立，口をきかない，積極性がない，友達と遊べない，集団になじめない，いじめられる，登園をしぶるなどがある。こうした諸問題が結びついて，児童期から青年期になると，学業不振，緘黙，いじめ，不登校，自閉的障害といったより問題性の大きいものに発展する可能性がある。

(2)反社会的行動（antisocial behavior）

これは，子どもが社会規範（法律・道徳など）や秩序に従わなかったり，学校や社会などの集団を悩ませたりする適応障害であり，直接的に社会的な迷惑をかけ，集団生活を乱しやすいものである。具体的な問題となる行動としては，幼児期では強情，わがまま，落ちつきのなさ・多動・注意集中の困難さなどがある。児童期から青年期になると，学習障害，怠学，乱暴，けんか，反抗，いじめ，暴力（家庭内・校内），虚言，盗みや重大な社会問題となっている暴行，殺人，覚せい剤取締法違反，売春防止法違反，凶器所持，不純異性交遊，睡眠薬・シンナー遊びなどの多種多様な非行がある。

4．精神障害の問題

子どもは，児童期後期（前思春期）から青年期前期（思春期）ころを境としてそれまでの比較的緩慢で安定した発達の時期から，心身の発達ともに急速な変化を遂げる時期を迎えることになる。こうした子どもの心身の激しい変化は，彼ら

の潜在的な精神障害を顕在化させるだけでなく，青年期特有の新たな精神障害を現わしやすくすることになる。

精神障害の問題とは，精神機能がさまざまな原因で異常な変化ないしは低下して，かつ病的な状態を呈したために，正常な社会生活への適応が困難となる適応障害である。この原因分類については，通例3つに分けられている。

(1)内因性適応障害

先天的なものと素質的なものとが原因として推定されているが，まだ原因が不明な適応障害である。具体的な疾病には，統合失調症，気分障害があり，両者ともに青年期に好発する。

(2)外因性適応障害

脳の1次的ないしは2次的障害が原因して起こる適応障害である。具体的な疾病には，第1に，脳外傷・炎症・脳血管障害・脳腫瘍などの脳の1次的障害によって生じる器質精神病がある。第2に，伝染病・内分泌障害・代謝障害など脳以外の身体疾患によって2次的に脳が冒される症状精神病がある。第3に，アルコール・覚せい剤などの薬物依存によって2次的に脳が冒される中毒精神病がある。この疾病については，最近青年期の子どもたちのシンナー・トルエンなどの有機溶剤の吸引によるものが問題視されている。

(3)心因性適応障害

心理的・社会的（環境的）な原因で生じる適応障害である。具体的な疾病には，神経症・心身症・心因性精神病が代表的なものであるが，いろいろな心因による急性または軽度・一過性のストレスによって生じる不適応な反応もある。青年期と関連の深い神経症ないしは心身症には，近年，対人恐怖症と摂食障害（過食・拒食）が問題になっている。また，この3つの原因分類の1つに入れることができない，つまり神経症と統合失調症とも鑑別診断しがたい，心因性と内因性の適応障害の境界線上にあるとされている，思春期境界例も近年増えつつある。

3節　適応障害発現の要因とその対応

1．適応障害発現の要因

子どもたちは，生涯を通じ家族，保育所・幼稚園，小学校・中学校・高校や社会などいろいろな集団に属し，その生活の中で完態（成人）に向かって発達していく存在である。そうした発達過程で，彼らはまた，発達障害など身体的・心理

的障害と，親子関係や学校における教師との関係・学級仲間との関係など環境の心理的・物理的障害などの複数の要因が交互に関連しあって，自らの要求を満たすことのできない，フラストレーションやコンフリクトといった緊張状態におかれることも多いものといってよい。

しかしながら，もしそうした緊張状態が何らかの方策によっていつまでも解消されないならば，やがて子どもによっては，そのストレスに耐えることができなくなって，彼らの健全な発達や学習過程が妨げられたり，日常生活への適応が困難となるような，ストレス反応としてのさまざまな適応障害を現わすことになるのである。したがって，適応障害は単一の要因によって起きるものではないといえるが，就学前後の発達途上にある子どもたちのその発現には，幼稚園・小学校・中学校・高校の学校における彼らの不快な体験，つまり「学校ストレス」とも表現しうる要因が重要な役割をはたしているといっても過言ではない。

具体的には，ある子どもが学級のなかで，仲間や教師との関係が良好であると感じているか否かや，自らの学業成績に対して満足しているか否かなどを見きわめることが，学校でストレスを体験しているか否かを理解・把握する上での要件である。もしも，ある子どもにおいて，そうした学校での不快なストレス体験をいくつも有し持続することがあるならば，かなりの確率で無気力，不安・身体や攻撃といったストレス反応が生じるものと考えられている。

2．適応障害の予防的対応

適応障害の発現を予防するためには，まず第1に，子ども1人ひとりが学校での不快なストレス体験をもたないような，快適で楽しい学校ないしは学級を構築することである。教師にとっては，12章で述べた，カウンセリング・マインドを生かした授業を実践することが大切である。また，佐久間（1999）が指摘しているように，「知識丸暗記主義から脱却し，"新しい学力観"に基づいて授業をつくる」ことも重要である。

第2に，1節の「5．適応と心の健康」の中で，述べたことに関連しているが，子ども自身が学校で体験したストレスへ対処する技能を習得することである。教師は授業時間外のお昼休みや放課後などに子どもたちと遊んだり，リクレーションやスポーツをしたりする機会をもち，その中で彼らのストレスを解消させるように務めるべきであろう。

第3には，学校でストレスを感じている子どもを真に理解・把握し援助しよう

とする親，教師や親友が傍にいることが大切である。そうした子どもにとっては，自分のまわりに親を始めとした人たちがいること，それ自体が安心感をもつことができるだけでなく，大きな心の支えとなり，ストレス解消につらなるものといえる。そのためには，教師は親と連携して，すべての子どもたちに対して，受容的・許容的態度で接し，ラポールの形成につとめておかなければならないだろう。

3．適応障害の指導・治療的対応

適応障害の指導・治療は，その障害発現の要因，誘因や原因が何かをでき得る限り正確に理解把握し，その除去や改善を目指す指導・治療の方策を発見するための心理学的診断の結果に基づいて実践することが原則である（12章3節参照）。

(1) 心理学的診断の過程

この診断の実際場面では，教師は指導・治療に先立って行動観察法，面接法や心理検査法などを用いて，対象児（者）たちの発達・知能・学力の程度，性格の特性や環境の特質を理解把握しなければならない。その理由は，彼らの個性や環境のいかんが適応障害の形成と，その持続に関与する重要な要因となる場合が多いからである。また，子どもの発達との関連で彼らの適応障害発現の背景的要因をとらえる場合に，「子どもたちの適応障害の大部分のものは，彼らの発達の段階や程度によって異なる」ということを考慮にいれることも必要不可欠である。その理由は，表14-3に示されているように，発達の低い段階（乳児期）と高い段階（思春期以降）とでは心から起こりやすい問題と，その問題発現の誘因となりやすい事項に相違があるためでもある。それゆえ，対象児（者）たちの発達の段階や程度を正しくとらえることは，彼らの適応障害発現の背景的要因の理解だけでなく，その除去や改善を目指す指導・治療の方策を決定する際にも大切である。

教師が学校で対象児（者）たちの心理学的診断を行なう場合には，彼らの適応障害発現の原因などが多様であり，しかもその中には身体疾患や精神疾患が関与していることも多いので，小児科医，精神科医や心理臨床家など専門家による診断が不可欠であることに留意すべきであろう。そうした専門家との連携によって，教師は対象児（者）たちの適応障害の根源的把握が可能となり，彼らの全体的理解にもつながり，その指導・治療も効果的に実践できるものといえよう。

(2) 心理的処遇の過程

上述の心理学的診断の結果に基づいて，教師は適応障害児（者）たちへの指

表14-3 心から起こりやすい問題とその誘因（高木，1986）

	起こりやすい問題	誘因となりやすい事項
乳児期	幽門けいれん，下痢，便秘，全身の発育障害	母親のいらいらした感情，きちょうめんすぎる育児態度（綬乳，離乳，排尿，排便などの訓練），愛情の欠乏，放任
幼児期	嘔吐，下痢，便秘，腹痛，食欲不振，拒食，憤怒けいれん，頻尿，夜尿，どもり，気管支ぜんそく，指しゃぶり，性器いじり，反抗	弟妹の出生，嫉妬心，同胞間の玩具の取り扱い，競争心，感情的育児態度，両親の共かせぎ，愛情の欠乏
学童期	頭痛，嘔吐，腹痛，関節痛，頻尿，夜尿，目まい，足の痛み，気管支ぜんそく，チック症，どもり，爪かみ，不安神経症，強迫神経症，登校拒否，転換ヒステリー反応	同胞との関係（嫉妬心，競争心），親子関係（厳しいしつけ，甘やかし），友人関係，教師との関係，学業，おけいこごと
思春期以後	起立障害症，気管支ぜんそく，心臓神経症，腸管運動失調症，神経性食欲不振症，どもり，自慰，登校拒否，不安神経症，強迫神経症，転換ヒステリー反応，非行，自殺	個人の能力（学力，体力，体格，運動能力），身体的欠陥，親子関係，友人関係，教師との関係，異性関係，進学の問題，人生観，社会観

導・治療，つまり心理的処遇の実践を始めることになる。適応障害は，子どもが親や家族に依存していることや，教師などの働きかけによる影響を受けていることを無視しては十分に理解できないので，その指導・治療では，子どものそれと並行して親，家族や教師なども対象とするのが通例である。つまり，子どもとその親，家族や教師などは，親子関係や教師と子ども関係の歪みなど情緒的・心理的原因による子どもの適応障害と家族や学校問題などの治癒ないしは解決を主眼とした，心理的処遇法を受けることになるのである。

子どもや親などへの心理的処遇法には，表12-4（p.175参照）に示されているものなど多種多様なものがある。学校で教師が活用できるものとしては，年少児（2・3歳～11・12歳）では言語能力の未発達という特性を考慮にいれた，遊びを媒介にした遊戯療法を用いることができ，年長者（11・12歳以降）になるに伴い言語的コミュニケーションを中核としたカウンセリングや心理療法が併用可能である。一方，親などへは，ガイダンス，カウンセリングや心理療法が適用できる。

なお，近年，専門相談機関では，新たな視点に基づき適応障害を示す子どもを含む，その家族集団全体への心理的処遇法としての，家族療法（family therapy）を用いることが多くなってきている。

【用語解説】

適応障害(maladjustment):個人が外的な環境とうまく適応していない異常な状態をいう。これをまた,不適応や適応異常とも呼ぶ。このような状態には,個人自身に問題がある場合と個人をとりまく環境に問題ある場合,ないしは両者に問題がある場合とがあって,情緒の不安定,非社会的行動,反社会的行動や神経症・心身症・精神病といった精神障害など,多種多様な形態をとって現われる。

コンフリクト(conflict)**の基本型**:これには,①接近―接近型,②回避―回避型,③接近―回避型コンフリクトの3つの基本型が考えられている。①は2つの正の誘意性(魅力があり引きつけられる要因をもつもの)の間に立って,2つの対象のいずれを選ぶかの選択に迫られている場合である。②は2つの負の誘意性(魅力がなく遠ざかる要因をもつもの)の間に立って,その選択に迫られている場合である。③は1つの対象に接近(正)と回避(負)の傾向が同時に作用している場合である。

ストレス(stress):外界からの様々な有害刺激や個人内の諸条件によって個人の人格内部に生じた心身の歪みの状態をいう。具体的には,自律神経系に変化をもたらすような身体的・心理的緊張の状態であり,かつ個人のもつ全エネルギーを用いて,その防止が不可欠となる状態でもある。このようなストレス状態から多種多様な心身症や不登校など不適応行動発現のメカニズムが明らかにされている。最近,子どもの学校ストレス状況を測定するための尺度も開発されている。

[理解を深めるための参考図書]

河合隼雄・山中康裕(編) 1994 臨床心理学入門 こころの科学増刊 日本評論社
河合隼雄・山中康裕・小川捷之(総監修) 小川捷之・村山正治(責任編集) 1999 学校の心理臨床 心理臨床の実際2 金子書房
倉光 修 1995 臨床心理学 現代心理学入門5 岩波書店
宮本忠雄・山下 格・風祭 元(監修) 中根 晃(編) 1991 自閉症 こころの科学37 日本評論社
宮本忠雄・山下 格・風祭 元(監修) 上野一彦(編) 1992 学習障害 こころの科学42 日本評論社
宮本忠雄・山下 格・風祭 元(監修) 山崎晃資(編) 1993 不登校 こころの科学51 日本評論社
宮本忠雄・山下 格・風祭 元(監修) 河合隼雄(編) 1996 いじめ こころの科学70 日本評論社

15章 心身障害の理解と対応

1節　心身障害と教育

1．心身障害とは

　心身障害 (mental and physical handicaps) は，視覚障害，聴覚障害，肢体不自由，病弱，知的障害，情緒障害，言語障害に大別される。

　心身障害児・者（以下，心身障害児と略記する）に対する教育，つまり障害児教育は，学校教育法では「特殊教育」という表現が用いられる。この特殊教育ということばには，1人ひとりの子どものもつ障害に応じたきめこまかな教育を行なう，という意味が賦与されている。特殊教育は，心理学や教育学のみならず，医学，社会福祉学，工学など，心身障害関連諸科学の連携を必要とする，学際的な領域でもある。

2．教育機関

　心身障害児に対する教育を行なう場には，いわゆる特殊教育諸学校とよばれる盲学校，聾学校，養護学校と，特殊学級，通級学級がある。

　盲学校には盲児や強度弱視児が，聾学校には聾児や高度難聴児が在籍している。盲学校と聾学校の歴史は古く，1948年（昭和23年）には義務制が施行された。

　養護学校には肢体不自由養護学校，病弱養護学校，知的障害養護学校があり，それぞれ子どもの障害に応じた教育が行なわれている。しかし，養護学校の義務制が施行されたのは1979年（昭和54年）からと，盲・聾学校に比較すると大きく遅れている。

　1978年（昭和53年）の学校教育法施行令第22条の2では，盲・聾・養護学校の教育対象となる障害の程度を，表15-1のように規定している。ただし，精神薄弱という用語は，1999年（平成11年）より知的障害に改めるよう法改訂がなされたため，本表でも知的障害という用語を用いた。

　なお，特殊教育諸学校には，一般の学級のほかに，重複障害学級（2つ以上の障害を合併した障害児を対象とする）や，訪問学級（常時介護を要する障害児のために，家庭，施設，病院を教師が訪問する）がある。

　特殊学級には，弱視児，難聴児，肢体不自由児，病弱児，知的障害児，情緒障

表15-1 盲・聾・養護学校の教育対象となる障害の程度

区　分	心　身　の　故　障　の　程　度
盲　者	1. 両眼の視力が0.1未満のもの 2. 両眼の視力が0.1以上0.3未満のもの，又は視力以外の視機能障害が高度のもののうち，点字による教育を必要とするもの，又は将来点字による教育を必要とすることとなると認められるもの
聾　者	1. 両耳の聴力レベルが100デシベル以上のもの 2. 両耳の聴力レベルが100デシベル未満60デシベル以上のもののうち，補聴器の使用によって通常の話声を解することが不可能又は著しく困難な程度のもの
知的障害者	1. 精神発達の遅滞の程度が中度以上のもの 2. 精神発達の遅滞の程度が軽度のもののうち，社会的適応性が特に乏しいもの
肢体不自由者	1. 体幹の機能の障害が体幹を支持することが不可能又は困難な程度のもの 2. 上肢の機能の障害が筆記をすることが不可能又は困難な程度のもの 3. 下肢の機能の障害が歩行をすることが不可能又は困難な程度のもの 4. 前3号に掲げるもののほか，肢体の機能の障害がこれらと同程度以上のもの 5. 肢体の機能の障害が前各号に掲げる程度に達しないもののうち，6月以上の医学的観察指導を必要とする程度のもの
病弱者	1. 慢性の胸部疾患，心臓疾患，腎臓疾患等の状態が6月以上の医療又は生活規制を必要とする程度のもの 2. 身体虚弱の状態が6月以上の生活規制を必要とする程度のもの

備考　1．視力の測定は，万国式試視力表によるものとし，屈折異常があるものについては，矯正視力によって測定する。
　　　2．聴力の測定は，日本工業規格によるオーディオメータによる。

害児，言語障害児のための学級がある。小学校，中学校および高校に設置できるという規定があるが，多くは小学校や中学校に設置された知的障害学級あるいは情緒障害学級である。

通級学級とは，障害のある子どもが通常の学級に在籍しながら，特定の曜日や時間に，障害に応じた個別の指導を受けられるように設置された指導教室のことである。

3．障害の多次元的な理解

障害という概念は，ノーマライゼーション（normalization）の理念に基づいて多次元的に理解する必要がある。WHO（世界保健機関）では，障害の概念を図15-1に示すような3つのレベル，すなわち機能・形態障害（impairment），能力障害（disability），社会的不利（handicap）に分けている。

機能・形態障害とは，何らかの原因で疾患にかかったために生じる，心理的，生理的あるいは解剖学的な障害である。能力障害とは，機能・形態障害の結果として生じる障害である。社会的不利とは，機能・形態障害や能力障害によって生

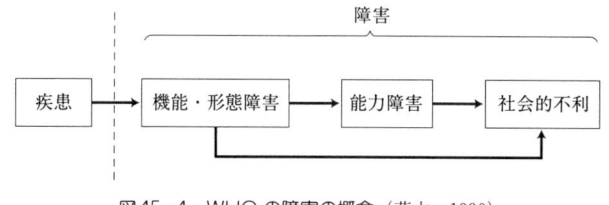

図15-1 WHOの障害の概念（茂木，1990）

じる障害であり，たとえば就学や就業など実際の社会生活場面で表面化する不平等や不利益のことである。

このように障害を多次元的にみることで，障害とよんでいるものが，社会のありようで決まることを理解しておきたい。心身障害児を，社会的不利という障害のレベルからも理解する姿勢が望まれる。

4．発達の保障とQOL

心身障害にはいろいろな種類があるが，障害の種類や重症度にかかわりなく，すべての子どもの発達を保障する必要がある。そのためには，早期教育が重要となる。心身障害児に対する早期教育では，子どものもつ障害の特徴と発達段階に相応しい学習内容を選ぶことが肝要である。まずその子が今どのようなことができ，どのようなことができないかをよく観察しながら，1人ひとりの子どもの能力査定を行なう。たとえば，食事の時に箸は使えるか，身辺自立はできているか，コミュニケーションの道具としてことばが機能しているかなど，子どもの発達の水準を見定めたうえで学習課題を設定する。

ただし，これまでの障害児教育は，機能・形態障害や能力障害の克服に重点が置かれすぎていたきらいがある。教育，治療，あるいはリハビリテーションという名のもとに，心身障害児を社会にあわせるべく，過剰な努力を子ども本人に強いてきた。これからは，障害児にやさしい社会の実現をめざすとともに，子どものQOL（quality of life，生活の質）を高める教育への転換が望まれる。

5．統合教育と分離教育

現在，心身障害児が健常児といっしょに教育を受けるという，統合教育の推進が求められている。しかし，重度の障害をもつ子どもは，通常の学校で健常児と共同の学習活動を行なうには困難を伴いやすい。特殊教育本来の理念に基づいて，個々の子どもの障害に応じた，いわゆる分離教育は否定すべきではない。

ただし，どのような障害をもっていようとも，可能な限り健常児とともに教育

を受ける機会の保障が必要であることは言うまでもない。統合教育の充実のためには，教育環境条件のさらなる整備が待たれる。

6．介護等体験

　1997年（平成9年）に，「小学校および中学校の教諭の普通免許状授与に係る教員免許法の特例等に関する法律」いわゆる「介護等体験特例法」が公布された。平成10年4月の大学等の新入生から，小学校あるいは中学校教諭の普通免許状取得希望者は，7日間の介護等体験が義務づけられた。

　7日間の内訳については，「社会福祉施設等5日間，特殊教育諸学校2日間とすることが望ましい」とされている。ただし，「介護等に関する専門的知識および技術を有するものまたは身体上の障害により介護等の体験を行なうことが困難」な者には，この規定は適用されない。

　この法律は，盲・聾・養護学校での心身障害児との交流をはじめとする障害者や高齢者への，介護，介助，あるいは交流等の幅広い体験を通して，障害への理解を深めるとともに，有用な教員になるための資質の向上を意図している。人の心の痛みを理解し，人間1人ひとりのもつ違った能力や個性を認められるようになることが期待されている。

　実際の介護等体験では，介護や介助のほかに，話し相手になったり，散歩のつき添いをしたり，あるいは清掃作業を手伝うなど，その内容は幅が広い。それぞれの障害の特徴に配慮した対応に心がけるとともに，障害児1人ひとりの個性を尊重した，受容的，共感的な対応が求められる。

　なお，介護等体験の期間中に知り得た個人情報を外部に漏らしてはならない。学生といえども守秘義務を伴う。

2節　身体的な障害

1．視覚障害

(1)定義

　視覚障害（visual impairment）は，学校教育領域では盲と弱視に大別される。盲とは，両眼の矯正視力が0.1未満のことである。点字が必要となる。一方弱視とは，同じく両眼の矯正視力が0.1以上0.3未満で，拡大文字やレンズを使えばふつうの文字が読める場合を呼ぶ。なお，学校教育領域で視力という場合は，裸眼視力ではなく，メガネ等を使用した矯正視力のことを指す。

(2)対応

視覚障害の様態はさまざまであるが、心身の調和的発達をうながしながら、二次的な障害を予防し、自立を支援していく教育的配慮が必要である。特に、子ども自身の経験や身のまわりの具体的事物と、ことばを連合させるような指導に心がけながら、ことばを正しく活用できるように支援する。

盲学校における盲児の教育では、点字による教科指導が行なわれる。同時に、触覚、聴覚、嗅覚などを積極的に活用した教育的対応も行なわれる。最近は、コンピュータを使った教育も盛んである。

弱視児の教育を行なう場合は、特別ないすや机、あるいは照明器具を使用するなど、子どもの残存視覚に配慮した教材や教具を用いる。なお、弱視児は普通学級や弱視学級だけでなく、盲学校にも多く在籍している。

介護等体験で視覚障害児と接する際は、受容的、共感的といった基本的な対応に加え、ことばによるコミュニケーションに心がける。特に誘導の際は、腕や肩に手をあてながら上手なことばかけを行なうといった、安全への配慮が望まれる。

2．聴覚障害

(1)定義

オーディオメーターで測定した聴力損失が、20デシベル（dB）以上を聴覚障害（hearing impairment）と定義する。デシベルとは、数値が大きくなるほど聴力損失が大きいことを表わす単位である。

表15-2　WHOの聴覚障害の分類

分　類	平均聴力レベル
軽　　度	26～40デシベル
中 等 度	41～55デシベル
準 重 度	56～70デシベル
重　　度	71～90デシベル
最 重 度	91デシベル以上

WHOの聴覚障害の分類を、表15-2に示した。WHOでは聴力レベルにより、軽度（mild）、中等度（moderate）、準重度（moderately severe）、重度（severe）、最重度（profound）に分類している。

ただし、学校教育領域では、100デシベルと60デシベルに基準が設定されていることは、すでに表15-1で紹介した。聾学校には、100デシベル以上の子どもと、60デシベル以上100デシベル未満であるが補聴器を使用しても通常の話し声を解することが困難な子どもが通学している。

(2)対応

聴覚障害は早期発見が重要である。発見がおくれれば、単にコミュニケーションの障害をもたらすだけでなく、抽象的概念や論理的思考の障害を招くおそれが

ある。こうした危険性を防ぐためには，乳幼児期からの日常場面での積極的な対人的かかわりを通して，情緒の発達とともに言語の獲得を促進させることが肝要である。

聾学校では，従来から口話法による言語訓練が行なわれていた。話し手の口の動きを読む読話訓練，音声言語獲得のための発音・発語を行なう構音訓練が中心であった。しかし最近は，口話法に加え，手話や指文字，ジェスチャーなどを用いたトータルコミュニケーション教育が盛んである。

介護等体験で聴覚障害児と接する際は，ジェスチャーを交えながら，子どもの正面から自然なスピードではっきりと話すように心がける。口元に手をあてたりして，読話の妨げにならないように注意する。

3．肢体不自由

(1)定義

体幹や上肢，下肢に運動機能の障害がある状態を肢体不自由 (physical handicap) とよぶ。医学や福祉領域では，肢体障害，あるいは運動障害という用語も用いられる。

肢体不自由の原因はさまざまであるが，学校現場でみられる疾患を表15-3に示した。近年は乳幼児検診や医学の進歩の結果，肢体不自由児のなかでは脳性まひに代表される脳性疾患の比率が圧倒的に多い。

表15-3　肢体不自由児の起因疾患（柳本，1998）

脳　性　疾　患―脳性まひ，脳外傷性後遺症，もやもや病など
脊椎・脊髄疾患―脊髄損傷，二分脊椎，脊柱側彎症など
神経・筋疾患―脊髄性小児まひ（ポリオ），進行性筋ジストロフィー症，重症筋無力症など
骨　　　疾　　　患―骨形成不全症，胎児性軟骨形成異常症，くる病，ペルテス病，骨髄炎，モルキオ病，脊椎カリエスなど
関　節　疾　患―先天性股関節脱臼，関節リウマチ，先天性多発性関節拘縮症，関節炎など
形　態　異　常―内反足，フォコメリアなど
外傷性後遺症―変形治癒骨折，切断，瘢痕拘縮など

(2)対応

肢体不自由児には運動機能障害がある。運動機能の回復訓練には，早期の取り組みが必要となるが，そのためには，医師，理学療法士，作業療法士などの専門家との連携が重要となる。

脳性まひ児の場合は，運動機能障害のほかに知的障害や言語障害を伴っていることがある。いわゆる重複障害である。しかし，言語障害を伴っていても，知的

には何ら問題のない脳性まひ児もいる。外見による判断は、子どもを二重に傷つける。

肢体不自由養護学校では、日常生活動作の自立ができずに全面介助を必要とするような重度の障害をもつ子どもや、重複障害をもつ子どもの在籍が多くなっている。介護等体験で肢体不自由児とかかわる際は、特に安全な介助に留意する。たとえば、子どもを車椅子に乗せたり降ろしたりする際は、子どもの自立心や自尊心を損なわないような配慮をしつつ、事故を起こさないように留意する。

4．病弱
(1)定義

学校教育の場では、病弱という概念は幅の広い概念である。表15-4のような、慢性の疾患をもち長期間の医療の対象となる病弱と、特定の基礎疾患をもたず長期の医療の対象となることはないが体が弱い身体虚弱を含んでいる。

表15-4 病弱児の起因疾患

気管支喘息　腎臓病　心臓病
てんかん　白血病　肥満　心身症
進行性筋ジストロフィーなど

(2)対応

病弱児は病気への不安が強く、情緒不安定になりやすい。行動の制限を受けるため、周囲の人への依頼心も強い。こうした病弱児の教育では、子どもの健康状態への配慮をしつつ、病気に対する不安の解消を目指した健康相談や、健康回復への意欲を育てる指導が求められる。

病弱養護学校は、ほとんどが病院に併設されている。特殊学級は、学校のなかにある特殊学級と、いわゆる院内学級とよばれる病院のなかにある特殊学級がある。いずれも、学校と病院の密接な連携が必要である。

介護等体験では、子どもの病気に関する基本的な知識が必要となる場合がある。たとえば、免疫機能の低下した子どもがいれば、風邪をうつさないように、清潔な服装に心がけたり、手洗いやうがいを励行するなど、感染予防に留意することが要求される。

3節　知的・情緒的な障害と言語障害

1．知的障害
(1)定義

知的障害（intellectual disorder）の定義や名称には、時代的な変遷がみられ

る。学校教育法ではこれまで精神薄弱という用語を用いてきたが,「精神薄弱の用語整理のための関係法律の一部を改正する法律」によって,1999年（平成11年）4月より知的障害という用語を用いることになった。用語改訂運動の経緯は,松本（1998）に垣間見ることができる。

知的障害の分類に関しては,基本的には知能指数(IQ)を基にした分類法を用いることが多い。表15-5に示すように,IQ 50～70程度を軽度,IQ 20-25～50程度を中度,IQ 20-25以下を重度,と分類している。

表15-5 知的障害の分類

分類	知能指数
軽度	50～70程度
中等度	20-25～50程度
重度	20-25以下

(2)対応

知的障害児には,知的機能の障害,とりわけ学習能力の障害や記憶能力の障害がみられる。抽象的な思考や論理的な思考の障害も生じる。加えて,適応行動上の障害も認めやすい。一部の知的障害児は,興奮,多動,自傷などの異常行動を示す。食事や排泄,衣服の着脱などの身辺処理活動,日常生活の指導が必要な子どももいる。

知的障害児の教育に関しては,通常学級での一斉指導を基本とした教科学習指導にはついていけない子どもが多い。養護学校や特殊学級での,子どもの能力査定をもとにした,きめこまかな個別指導が必要となる場合が多い。

介護等体験は,知的障害児に対する偏見や差別意識を払拭させる機会でもある。子どもの人格を尊重し,受容的,共感的な対応をとる。障害の意味を考える姿勢も求められる。こうした姿勢は,次に述べる情緒障害児や言語障害児についても同様である。

2．情緒障害

(1)定義

情緒障害（emotional disorder）とは,緘黙や習癖の異常,あるいは登校拒否のような心因性の行動障害と,自閉症に代表される脳の器質的な障害を背景にもつ発達障害を含んだ概念であるが,明確な定義はない。心因性の障害については,すでに述べられているため,ここでは自閉症（autism）について紹介する。

現在,自閉症は何らかの神経生物学的な障害であると考えられているが,親の誤った養育態度が自閉症の原因である,という心因性の障害と考えられていた時期もある。

自閉症によくみられる特徴を，アメリカ精神医学会の診断基準であるDSM-Ⅳ（American Psychiatric Association, 1994）を参考に，表15-6に示した。

表15-6 自閉症の特徴

対人的相互反応における質的な障害
意志伝達の質的な障害
行動，興味，活動が限定され，反復的で常同的

自閉症児には，対人的相互反応における質的な障害がある。たとえば，視線が合わない，発達水準に相応した仲間関係を築けない，楽しみや興味などを他人と分かち合えないなど，対人関係の形成が困難である。

意志伝達の質的な障害もある。話しことばが遅れていたり，欠如していたり，あるいは相手のことばをオーム返しに反復する反響言語（エコラリア）があり，コミュニケーションの障害が認められる。

さらには，行動，興味，活動が限定され，反復的，常同的である。手をひらひらさせたり，儀式的，強迫的な反復行動も目立つ。

こうした自閉症児にみられる症状は，遅くとも3歳以前に始まるといわれている。

(2)対応

自閉症児の教育は，何らかの器質的・機能的障害をもった発達障害児ととらえた治療教育が必要である。子どもの能力査定をもとに，対人関係能力や言語能力の形成を目指す等の，個別プログラムを立てた治療教育を行なう。また，心因論が優勢であったころは，母親は非難の対象であったが，現在では母親は養育者であるとともに，治療教育の協力者としての役割が期待されている。

3. 言語障害

(1)定義

言語障害（language disorder）とは非常に広範な概念であり，その定義はさまざまである。

田中（1966）は，その社会のふつう一般の聞き手にとって，話の内容に注意がひかれるのと同じ程度にあるいはそれ以上に，ことばの話し方そのものに注意がひかれてしまうような異常な話し方をする状態，およびそのために本人が欲求不満やひけめを感じたり，社会生活に不都合をきたしたりするような状態を，言語障害と定義している。

言語障害の分類法もさまざまであるが，表15-7におおまかな分類を紹介した。

発声の障害とは，声の高さ，声の強さ，声の質の異常を中心としたものである。アデノイド，ポリープ，変声など器質的なものと，失声など機能的なものがある。

構音の障害とは，発音が不明瞭となる障害である。中枢神経系や末梢神経系の障害による麻痺性の構音障害や，口蓋裂に伴う器質的な構音障害と，機能的構音障害があるが，通常は後者をさすことが多い。

プロソディ（韻律 prosody）の障害とは，話しことばのリズムや流暢さの障害である。吃音に代表されるが，脳性麻痺や口蓋裂によっても生じる。

言語機能の障害とは，話しことばや言語の理解，あるいは表現の障害である。言語発達遅滞や緘黙に代表される情緒障害や，失語症にみられる。

表15-7 言語障害の分類

発声の障害
構音の障害
プロソディの障害
言語機能の障害

(2)対応

言語障害児の教育では，構音の異常を修正する等の言語療法が必要な場合が多い。しかし，言語は自分の意志や感情を伝達するコミュニケーションの道具でもある。対人場面で意志の疎通がうまくとれない言語障害児は，しだいに対人場面を回避する行動をとったり，劣等感をもちやすい。このような子どもには，対人関係の修正に重点を置いた指導が必要となる。

【用語解説】

重複障害（multiple-handicapped condition）：教育行政では，障害児の中で，視覚障害，聴覚障害，肢体不自由，病弱，知的障害の二つ以上を併せ持つ子どもを，重複障害児と呼んでいる。現在，盲・聾，養護学校，いわゆる特殊教育諸学校に在学する子どもは，重複障害児が多くなっている。

ノーマライゼーション（normalization）：障害児（者）は，その障害の重症度にかかわらず，等しく個人の尊厳が重んじられ，個々の障害に適した処遇を受ける権利が保証されるという考えである。北欧にはじまり，世界に広まった思想であり運動である。ノーマライゼーションの理念に基づく，特殊教育が保障されなければならない。

QOL（quality of life）：もともとは「暮らしの豊かさ」と言う意味で，1960年代のアメリカの高度経済成長に伴う環境破壊や社会問題に対する反省から，社会学や経済学の分野で使われ始めた概念である。しかし，80年代からは「生活の質」と言う意味が賦与され，保健医療分野を含む多領域で使われている。人生あるいは生活に満足しているか，幸福であるか，といった内容を含む概念である。

[理解を深めるための参考図書]

石部元雄・柳本雄次（編著）　1998　障害学入門　福村出版

田中農夫男(編著)　1994　心身障害児の心理と指導　福村出版
山口　薫・宮崎直男(編)　1983　学級担任のための心身障害児の理解と指導　教育出版
全国特殊学校長会(編著)　1998　盲・聾・養護学校における介護等体験ガイドブックフィリア　教育新社

◆◆◆別章　子ども理解の方法◆◆◆◆◆

1　研究方法
2　教育統計

別章　子ども理解の方法

1　研究方法

1節　資料の収集方法

　子どもを正確に理解するためには，その対象や領域によってさまざまな方法が考えられる。言語能力が不十分な乳児期や幼児期の初期の子どもに対しては，ことばを通しての方法は困難であり，文字を媒介とした質問紙による調査も小学校の高学年までは，適切な方法とはいえない。したがって，年齢が低い場合には研究方法も限られてくる。一方，観察によって資料を収集する場合には，幼児であれば観察されていることに気づくことも少なく，たとえ気づいていても行動に変容をきたす可能性も低いが，青年期以降の場合には，観察法を用いる場合には注意する必要がある。

　また，研究領域によって適切な研究方法を採用することも重要である。通常，集団を扱い一般的な法則の樹立をめざすが，教育臨床の領域では，目的は他の分野と同じであっても一個人へのかかわりのなかで収集された資料が重みをもち，その結果他と比べて質，量ともに深く多くなる。

1．観察法

(1)自然的観察法

　子どもの理解に限らず多くの科学における基本的研究法は，この自然的観察法（natural observation）である。この方法の最大の特徴は，生活体に人為的な統制を加えないで，そこで生起する行動をありのまま観察するところにある。研究者の側からの意図的な働きかけが加えられないので，対象を全体としてありのままの姿で理解できるという自然性が最大の長所であり，観察者が直接対象をみることができ，特に乳幼児研究には，欠くことのできない方法でもある。しかしながら，観察者の能力に負う部分が大きいので，未熟なものが安易に使用すると資料そのものの信頼性が低くなるので，事前に十分に訓練や経験を積む必要がある。また，行動の最初から経過にそっていけることから，要因探索的な研究目的にはかなうが，その原因についてはいくつかの状況要因のうちいずれかを決定することはむずかしく，因果関係を追求する場合には向かない。

　観察方法は，日誌法，時間見本法，行動見本法などに分類できる。日誌法はも

っとも基礎的なもので，通常日常生活のなかでの新しいエピソードを観察し，ことばによる記述が中心になる。育児記録や教師による児童・生徒の生活記録などがあり，観察の観点にかたよりがでたり量的に扱い難いという問題がある。時間見本法は自然的観察法のなかで最も広範囲に用いられ，一定時間内に起こった行動を観察する方法である。観察対象や目的・状況に応じて観察時間や間隔を決め，前もって用意した行動観察カテゴリー等にそって記録される。量的に整理することが可能で，研究を効率的に進めることができ客観性も保証される。ただ，選ばれた時間が被観察者の行動を正確に代表しているか否かが重要であり，精度を高めるために複数回の観察を実施することが肝要である。観察カテゴリーの設定や記録方法が研究の可否を決定する要素であるので，予想される行動を厳密に設定し，もれがないか，分類が容易かなどを確認する必要がある。また，あまりみられない行動を観察するには適切ではなく，授業中の子どもと教師の相互作用などしばしばみられる行動にふさわしい方法である。行動見本法は，経緯を追ってあらかじめ目標とした行動を発生から終結まで観察する方法である。ここでも通常観察カテゴリーを用い，目的は限定されないが，攻撃性や愛他性のような，いつ発生するか予測しにくい行動を観察するのに有効であり，特定の行動に焦点をあてて被観察対象の範囲を広げておき対象行動が発生したらその行動に絞って観察する。この方法では行動場面との関連性が検討されるので，状況を多面的に理解しなければならない。

　観察結果を効率的に分析するには，それぞれの観察法にふさわしい方法を選ぶ必要がある。まず，対象の行動を逐一記述していく行動描写法は，前述の3つの観察方法のすべてで利用でき，日誌法ではこれが中心になり残りの方法では他の記録法と併用され副次的なものになる。全体の流れをつかみやすいが，資料の整理や数量化に困難が伴う。行動目録法はその場面で起こりそうな行動カテゴリーを作成しておき，単位時間や観察対象ごとにチェックしていくためチェックリスト法ともいう。図16-1に例として，援助行動を3つの観点から記録する方法を示した。評定尺度法は，質問紙法でも用いられ，観察した行動を数的あるいは記述的に段階づけしたものに割りあてる方法で，ある程度継続的に観察したうえで評定される。最終的な判断が主観にゆだねられるので，厳密さを欠く面がある。いずれにせよ観察者を事前に十分訓練するだけでなく，ビデオレコーダー等の記録機器を補助的に利用し，観察の精度を高めなければならない。

行動カテゴリー	時間	0'15"	0'30"	0'45"	1'00"	1'15"	1'30"	1'45"	2'00"
形態：分配		✓							
提供									
助力					✓	✓	✓		
慰安									
状況：開始					✓				
応諾			✓						
模倣									
条件：無報酬			✓						
社会的報酬							✓	✓	
明白な報酬									
脅迫									

図16-1　行動目録法の例－援助行動の場合－（Bar-Tal, O. et al., 1982 より作成）

(2)参加観察法

　参加観察法（participant observation）とは，活動のなかに研究者が自ら入っていき，直接対象とかかわり合いながら研究を進めていく方法である。この方法には，一定の距離を保って客観的データの収集に臨む自然的観察法とは一線を画し，被観察者の一員としての関係性のなかで，外からはみえにくい現象を内から理解しようとするものである。そのためには構成員の一員として認められる必要があり，長期にわたる継続的なかかわりが不可欠である。心理学の研究領域では，初期の言語獲得過程研究など，母親等つねにかかわりをもつものでなければ信頼性のあるデータを収集できないような分野もあり，この参加観察法が威力を発揮する。この場合は参加観察者はすでに集団の構成員であり，幼稚園などへ研究者が継続的に入って行なう参加者としての観察者とは参加の程度が異なる。教育現場では，もともとの成員の1人である教師が，持続的な交流のなかから幼児や児童，生徒を観察するという意味で，前者の状況に類似した場面といえるであろう。

(3)実験的観察法

　実験的観察法（experimental observation）は，あらかじめ目的とする行動が起こりやすい状況を設定し観察する。統制度の違いによりいくつかの水準が考えられ，たとえば場所だけというものから，対象，時間などを限定するものまであり，最も強い統制条件下では刺激を与えた効果の測定だけが観察によるといった場合もある。このように実験的観察法は自然的観察法と実験法の間に位置し，対象の行動を長く待機することなく，ある程度条件が統制されているので行動の生起の要因をつかみやすい。ただ，現実の姿との間にズレが生じる可能性を考慮する必要がある。

2. 実験法

　状況を統制し条件を変化させ，それに対応して特定の行動が変化すれば，原因と結果の関係を明確に解釈でき因果関係の確立が可能となる。実験法（experimental method）は，法則的関係を見いだすのに有用な研究法である。実験者が意図的・計画的に変化させる条件や被験者のもつ特性による条件，いわば原因に相当するものを独立変数といい，前者が刺激変数で与える刺激の種類，指導や訓練の方法の差異などがあり，後者は有機体変数で被験者の年齢，性別，知能や人格特性の水準などがある。また，独立変数による差異を明らかにする反応で，結果にあたるのが従属変数である。反応測度とほぼ同じ意味で，実際には実験計画によっておのずと決ってくることが多く，指導の種類が独立変数なら成績や達成までの日数が考えられる。これらの変数は他の研究方法でも設定される。

　実験法には，その他の利点として目的にみあう反応を生起させことができ，また，統制された事態で実施するため，同様の状況で実施すればくり返し同じ結果を得る再現可能性などがある。しかし，意図的に構成された事態であること，自らが被験者であるという認識をもつことから，反応に構えが生じ現実の生活場面から遊離したものになりがちである。さらに集団行動などの実験事態の統制がむずかしいような研究目的には，そぐわないといった短所も合わせもつ。

3. 調査法

(1)質問紙法

　質問紙法（questionnaire method）質問項目に対して，いくつかの選択肢や評定尺度等によって回答するものである。この方法はこれまであげた研究方法がその時点のことしか検討できないのに対して，過去，現在，未来さらには仮定の事項に対しても調べることができ，内面を直接取り扱うことができるという点が最大の特徴である。また，結果の処理が客観的に数量化ができ，集団を一度に実施することが可能で，短時間に効率的に資料を収集できるという長所をもつ。後に説明する縦断的研究では，長期間におよぶ労力を要するので特にその有効性が発揮される。

　質問紙の内容がすべてであり，回答方法，項目の選定，文章には細心の注意が必要で，いくつかの質問の総計からある特性を調べるといった場合には，次の検査法のような事前の予備調査など統計的な検討が必要である。質問紙を媒介にしているので質問の意図を誤解しても，対応できない場合が多い。また，社会的に

容認されやすい方向へ答えがかたよる可能性, すなわち社会的望ましさによる歪曲などの問題や質問に対して一貫して「はい」と答える傾向, すなわち黙従傾向といった問題がある。さらに, この方法を使用できない年齢層に対しては, 保護者や教師など身近な関係者が評定する場合があるが, その場合には日常的な観察に基づいて回答することになり, 二重の歪曲が関与する可能性がある。

(2)検査法

検査法 (test method) には, 知能検査, 学力検査, パーソナリティ検査, 適性検査など多くの種類がある。これらは, 予備調査による資料をもとに作成され, ほとんどは厳密な統計的な手順を経て標準化されており信頼性が高い。また, ふつうパーソナリティ検査は質問紙法によるパーソナリティ検査と分類され, 回答方法は類似しておりパーソナリティ全体またはある特性に絞って調べるものである。これらの検査法は, 単独で用いるより他の方法と併用したり, 実験法の独立変数を設定するために, パーソナリティ特性の高低といった水準分けに利用されたりする。集団のなかの位置, 個人の特徴などが明確にできるという利点がある。

(3)面接法

面接法 (interview method) とは, 調査者と調査対象とが直接かかわりをもち, 会話や質問のなかからいろいろな情報を収集したり相談する方法である。この方法は問いなおしにより誤解は避け得るし, 慣れれば社会的望ましさの影響も排除でき質問紙法のもつ問題点の多くが解消され, 偽りのない正確な反応を引き出すことができる。しかし, 時間的量的制限や数量化に問題があり, 長所とは相反するようであるが被面接者の防衛や見栄などが介入したり, 面接者との相性が悪いと反発をまねきかねない。それだけに面接者の技量が問われ, そのために面接者の養成には資質とともに訓練が要求される。面接法には事柄を問う世論調査のような形式的な面接と人柄を問うカウンセリングなどがあるが, 後者では特に面接者の能力にかかわる部分が大きい。なお, 面接法においては面接者と被面接者の間に信頼しあう関係の樹立, つまりラポールの成立が不可欠である。

4. 作品法

作品法 (sample of work) は, 子どもたちが作成した日記, 作文, 絵などを分析する方法である。教育現場では研究目的でなくとも, 教育活動のなかで児童, 生徒を理解する方法として最も頻繁に実施されている。教師は作品を成績や評価と結びつくような良否の側面からのみみるのではなく, 内面理解の一助となるよ

うな視点も必要である。

5．事例研究法

ある個人を一定期間，たとえば出生から現在にいたるまで，個人の生育歴や環境状況を中心にさまざまな角度から詳細に調べ，問題の成立要因や原因を解明する方法が事例研究法（case study method）である。臨床心理学の領域で多く採用されるので，必然的にその場合は治療を含むことになる。多面的に検討するためにこれまであげてきた研究法を駆使すると同時に，本人以外の両親などかかわりの深い関係者から情報を収集することもある。複数の担当者がチームを構成し，専門性に応じて，役割分担し進めていく。

2節　資料収集時期

1．横断的研究

横断的研究（cross-sectional method）とはある研究課題について集団間の年齢比較を行なうに際して，各年齢に対してほぼ同一の時期および方法で資料を集め比較し，おのおのの年齢層の特徴や差異を検討するものである。短かい期間に異なる年齢の多くの資料を収集できるので効率的ではあるが，年齢により被験者が違うので年齢とともに研究結果と同じような道筋をたどるとは限らず，安易な一般化はできない。反面，現在という観点から各年齢層の比較には効果的である。この方法はその時点での一般的傾向を測定しようとするものであり，集団重視の立場といえる。

近接した時期に生まれ成長の過程で，同じように重要なできごとを経験した個人の集合を意味することばとしてコーホート（cohort）という用語（たとえばベビーブーム世代）がある。比較する年齢が近いときには問題は少ないが，年齢差が大きい場合には，受けてきた環境的条件が異なる可能性があり，差異に年齢以外のコーホート差の要因が介在することがあり，考察には慎重にならなければならない。また，年齢間の社会的条件や個人的条件をできるだけ等質にしないと，年齢差なのかそれ以外の要因の影響なのか判断できない。

2．縦断的研究

縦断的研究（longitudinal method）は同一の研究対象を比較的長期間にわたって，一定の時間間隔をおいて継続的に調べていく方法である。特に発達研究は年齢に伴うさまざまな特性，機能の変化を研究することを主眼とするため，この

方法が中心的技法である。この方法の最大の利点は，個体を年齢関数的に追跡していくのでその間の経験や環境条件の影響を逐一勘案して考察でき，因果関係を明らかにできるところにあり，特に仮説検証的な研究で効果的である。したがって，集団のみならず個人の結果が詳細に浮きあがってくるので，広範囲な比較ができ正確な発達理解が可能となる。また，前述の横断的研究でのコーホート差の問題も克服できる。ただ，ここでも一般化は限定され他のコーホートにまであてはめることはできないので，時期をずらして他のコーホート集団に対して，同様の縦断的研究をしていくという系列的縦断法を採用すれば，資料の信頼性は高まる。

歴史的には心理学で発達領域が確立した1920年代には，発達基準の設定に精力が費やされたこともありゲゼル（Gesell, A.）を始め多くの縦断的研究が行なわれた。しかしながら，長年にわたり同一対象の資料を集めるには労力がかかり，またその間に種々の理由から欠損資料が生じたりすることもある。さらに今日のように学問の発展が急速になってくると，意義が希薄になったりすることもあり，短期間でいちおう終結するようなものが多くなっている。これまでに行なわれた長期間にわたるものでは，スキールズ（Skeels, H.M.）による知的障害児の知能発達などの研究は，20年以上継続して実施され現代心理学に貢献した。

途中での研究計画の変更や修正は，それまでの資料をむだにしかねないので避けるべきである。また，何度か同じようなことを調べるので研究する側および研究対象の両者を考慮し，必要最小限の内容にとどめるべきであり，当初の計画は綿密に練られたものでなければならない。社会環境の大きな変化があれば，年齢関数だけでの解釈は妥当性をもたなくなることもある。長期になると，研究方法についてもある程度限定されることが予想され，前述のように労力やデータの欠損の点から，何度も一定の時間にある場所に被験者が出向かなければならない方法は容易ではないし，いずれの年齢層に対しても同様の方法を使えるわけではない（たとえば幼児期に観察によって集めた方法を，青年期で踏襲することはできない）。また，知能検査などの検査法を用いた場合，反復して実施するのでそこにあらわれる練習効果も無視できない。

3．時代差法

以上の資料収集時期に関する代表的な2つの方法の他に，年齢的な変化よりむしろ時代による差異を検討するのに有利な方法がある。この時代差法（time-lag method）は一定の時間をおきその時点での同じ年齢，つまり異なるコーホートを調べるものである。近接する年度間での差は明確ではないが，一定の間隔をおくと差異が現われることもある。時代差法は発達加速現象の研究や，知能検査などの問題内容のその時代での適切性などをみきわめるときに特に有効である。

図16-2にこれまで概観した3つの方法について，比較した図を示した。

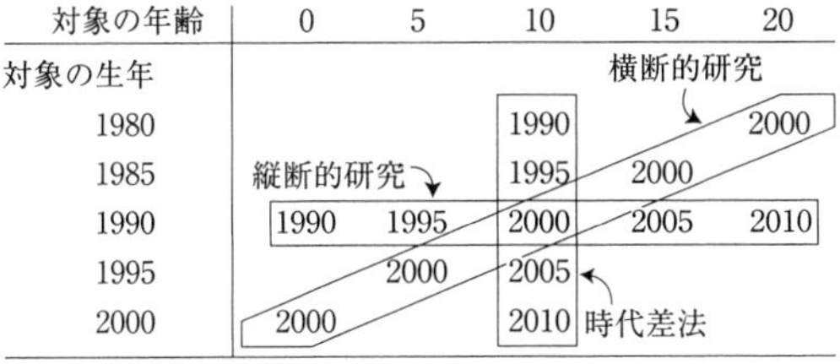

対象の年齢	0	5	10	15	20
対象の生年				横断的研究	
1980			1990		2000
1985		縦断的研究	1995	2000	
1990	1990	1995	2000	2005	2010
1995		2000	2005		
2000	2000		2010	時代差法	

横断的研究—2000年に各年齢集団を研究
縦断的研究—1990年生まれの年齢集団を5年毎に研究
時代差法—1980年生まれから5年毎の生まれ年の10歳児集団を研究
　　　　　コーホート分析ともいう

図16-2　横断的研究，縦断的研究および時代差法の比較

4．研究と教育現場

　教育の現場では，日々の実践のなかで上述のような研究方法を導入し客観的に子どもたちを対象として扱うことは困難であり，また，当然のことながら研究のみを目的としたことは，つつしむべきであろう。しかし，研究的な観点がなければ，教育活動の発展はのぞめないし，教師個人の向上心も失うことになりかねない。

　研究者と現場の教師とが共同で取り組む実践研究は，以前から期待されていたが，十分な成果をあげているとはいえない。その背景には，研究者の興味・関心と教師のそれとが必ずしも一致していないことや，学問の細分化など教育実践とかけ離れている場合が多いことなどが考えられる。また，教育活動の場に研究者を容易には受け入れることができないなど課題がある。さらに，教育の現場に安易に研究をもち込むことによる教育活動への弊害—プライバシーや倫理的な問題も含め—も少なくない。

　近年心理学と教育実践に関心をもつ研究者も多く，佐藤（1998）は「理論の実践化」，「実践の典型化」，「すぐれた実践の特権化」の3つの立場をあげており今後の展開が注目される。

【用語解説】

ラポール（rapport）：心理療法において，治療者とクライエントの間の親和的に相互に信頼し合う関係をいう。こうした暖かい情緒的関係が築かれていないと治療は順調に進まないので，特に開始時にはラポートの成立が必要不可欠である。

コーホート（chohort）：もとは数百人程度の軍団を意味することばであったが，近接した時期に生まれ同じような環境刺激を受け生活経験をした個人の集合を意味するようになった。世代が通常30年を一区切りにするのに対して，コーホートはより狭い年齢的塊を指す。

[理解を深めるための参考図書]

保坂　亨・中澤　潤(編著)　2000　心理学マニュアル面接法　北大路書房
海保博之・加藤　隆(編著)　1999　認知研究の技法　福村出版
鎌原雅彦・宮下一博・大野木裕明・中澤　潤(編著)　1998　心理学マニュアル質問紙法　北大路書房
中澤　潤・大野木裕明・南　博文(編著)　1997　心理学マニュアル観察法　北大路書房
大村彰道(編著)　2000　教育心理学研究の技法　福村出版
佐伯　胖・宮崎清孝・佐藤　学・石黒広昭　1998　心理学と教育実践の間で　東京大学出版会
下山晴彦(編著)　2000　臨床心理学研究の技法　福村出版
杉山憲司・堀毛一也(編著)　1999　性格研究の技法　福村出版
田島信元・西野泰広(編著)　2000　発達研究の技法　福村出版

2 教育統計

1節 基礎的な統計学

　教育の現場では，テストの成績に代表されるように，数値を扱うことが多くある。しかも，それらの数値をもとに，評価を行なうことが必要になってくる。このような数値を分析し，正しく評価を行なうためには，明確な基準が必要となり，そのために多くの場合に，統計学的な処理が必要になってくる。ここでは，教育上の問題を解決するのに，最低限必要とされる基礎的な統計学についてごく簡単に説明をする。

1．測定と尺度

　観察や調査により得られた結果を，客観的な数値としてとらえることを測定という。測定は通常，名義尺度，順序尺度，間隔尺度（距離尺度），比率尺度の四種類の尺度に区別される。名義尺度では，数値は単に群やカテゴリーの名前としての意味しかもたず，それらの分類のためだけに用いられる。順序尺度では，数値は順位の指定のみに用いられる。間隔尺度は，順位の概念に加えて値の間の間隔の概念が入ったものである。この間隔は尺度のどこでも等しくなければならないという特性がある。比率尺度は，絶対0点をもつ間隔尺度のことである。長さや重さなどの物理学的測定は，通常この尺度が用いられる。

2．度数分布および代表値と散布度

　得られた測定値は，その全体的傾向をつかむためには，表や図に描かれている方が見る側にとってはわかりやすいものである。そこで必要となるのが，度数分布表や分布図の作成である。これらの作成の際には，用いられた尺度が何であるかを知っている必要がある。それは，尺度の違いにより表や図の作成の仕方が異なるからである。特に間隔尺度の場合には，級間の数や級間の幅の決め方に気をつけなければならない。度数分布図としては，柱状図形（ヒストグラム，棒グラフ）と度数多角形（折れ線グラフ）が，一般的によく用いられる。

　代表値は，測定値の集まりの中心的位置を示す値のことであり，そのおもなものに算術平均，中央値，そして最頻値の3種類がある。算術平均は，測定値の総和をその総個数で割ったものであり，間隔尺度と比率尺度だけに用いられる。中

央値は，測定値を大きさの順に並べた際に，ちょうど中央にくる値のことであり，順序尺度と間隔尺度に用いられる。特に，順序尺度に適している。最頻値は，測定値の中で最も度数の多い値のことであり，順序尺度と間隔尺度はもちろんのこと，名義尺度にも用いられる。

　測定値の全体的傾向をつかむためには，代表値だけでは不十分であり，測定値間のばらつきにも着目する必要がある。このばらつきのことを散布度とよぶ。一般的には，範囲と標準偏差がよく用いられる。範囲とは，測定値の最大値から最小値を引いた差のことであり，計算が非常に簡便であるという利点がある。しかし，最大値と最小値だけを対象としているという問題がある。そこで，すべての測定値を対象にして定義しようとするものに標準偏差（SD：standard deviation）がある。計算式は次のように表わされる。

$$SD = \sqrt{\frac{\Sigma(X-\bar{X})^2}{N}}$$

N：測定値の個数
X：各測定値
$\bar{X}$：各測定値の平均

3．正規分布

　度数分布のなかで重要なものの1つに，正規分布とよばれるものがある。この正規分布曲線は図17-1に示すように，代表値を中心として左右対称で中央部の盛りあがった理論曲線である。

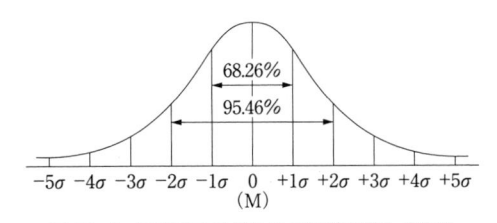

図17-1　正規分布曲線とその標準偏差との関係
（橋本，1981）

　教育に関する資料を取り扱うとき，その測定値の多くは，このような正規分布曲線を描くと考えられている。たとえば，身長・体重などは本来この型の分布をすることが知られている。また，知能分布も知能指数100の位置を中心にした正規分布に近い曲線であることが経験的に知られている。

　こうした正規分布の理論を適用することにより，平均とその標準偏差が与えら

れると，各測定値の分布全体における相対的位置を知ることが可能になる。教育現場でよく用いられる偏差値は，この性質を利用したものである。たとえば，ある生徒の学力偏差値を得たなら，彼が所属する生徒集団での相対的位置として，彼の学力を評価することが可能となるのである。

4．相関関係と相関係数

これまで説明してきたのは，おもに1つの変数（次元）についての測定値の傾向を表わす方法であった。ところが，実際の観察や測定の際には，2つ以上の変数を調べる場合が多い。たとえば，知能の程度と学業成績との関係を調べる場合などである。こうした2つの変数間の関係のことを相関関係とよび，その関係を数量的に表現したものが相関係数である。これは，＋1から－1までの小数で表わされ，＋1は完全な正の相関，－1は完全な負の相関，0は相関関係がないこと（無相関）を示している。

相関係数を算出するにあたっては，測定値が順序尺度の場合には，スピアマン（Spearman, C.E.）かケンドール（Kendall, L.M.）の順位相関係数の式が用いられる。ここでは，スピアマンの計算式を示しておく。

$$r = 1 - \frac{6\Sigma D^2}{n(n^2-1)} \quad \begin{array}{l} D：対応する順位の差 \\ n：対になっている順位の数 \end{array}$$

測定値が間隔尺度の場合には，順位相関係数を用いてもかまわないが，ピアスン（Pearson, K.）の相関係数を用いる方が適切である。計算式は次の通りである。

$$r = \frac{\Sigma(X-\bar{X})(Y-\bar{Y})}{\sqrt{\Sigma(X-\bar{X})^2 \cdot \Sigma(Y-\bar{Y})^2}}$$

5．統計的推定と検定の方法

たとえば，男女の学力差を調べるような場合，すべての男女を学力検査の対象とするのは不可能であり，当然ある限られた数の男女しか検査の対象にすることができないという現実的な問題が起こってくる。このように，限定された数の男女の学力差から，一般的な男女の学力差の有無を推測しようとする時に，統計的推定と検定の方法が必要となる。

(1)母集団と標本

上記の例で，抽出された限られた数の男女（検査対象）のことを標本という。

また，標本が属する集団全体を母集団という。

　限定された標本から母集団を推測するのであるから，標本は母集団の性質を忠実によく代表していなければならず，かたよりがあってはならない。この標本のかたよりを防ぐために，一般的には無作為抽出法がよく用いられる。

　こうした標本に基づいて求められた平均，分散，相関係数などを記述統計量という。また，実際に知りたいのは母集団の平均，分散，相関係数などであり，これを母数（パラメーター）という。

⑵統計的推定と検定

　統計的推定とは，限られた標本から得られた測定値に基づいて，その標本が属する母集団の性質を統計的操作によって推定することである。また，検定とは，母数に対してある仮説（たとえば，男女の母集団の学力間に差がないという仮説）をたてて，その仮説を統計的に調べることであり，統計的推定の基本的技法の１つである。

　一般に，検定によって仮説が正しいと主張する際に，その仮説が正しくないという，もともと棄却することを期待した仮説をたてる。すなわち，差があるにちがいないという仮説を検定するために，差がないという仮説をたてるのである。これを帰無仮説という。そして，この帰無仮説を棄却することにより，得られた結果が偶然に生じたのではなく，ある原因から必然的に生じたことを証明するのである。その際に，検定が誤りを犯してしまう確率のことを危険率（有意水準）といい，一般的には５％に設定される場合が多い。

　検定は，測定値の尺度，測定の条件，群構成などによって用いられるものが異なり，各検定法には一般にそれぞれ数種の計算公式がある。検定法は，大きくパラメトリック検定とノンパラメトリック検定とに分けられる。前者は，母集団の分布が正規型であることや，標本の分散が同等であることの仮定を含む場合の方法である。これには，一般に２つの平均値の差の検定に用いるｔ検定，３つ以上の平均値の差の検定に用いるＦ検定（分散分析）などが含まれる。これに対し，後者は母集団の分布型や分散に関する仮定を問題としない方法であり，計算が簡単で小さな標本データや歪んだ分布などの場合にも使用できる方法である。こちらには，x^2検定，メディアン検定，符号検定，Ｕ検定などが含まれる。ここに取りあげた検定以外にも，その他多く検定法がある。ここで説明するのはとうてい紙面が足りない。したがって，それらについては，専門書を参照されることを期

待する。

2節　パソコンによる分析（Excelを用いて）

　得られたデータを分析処理するためには，数値計算が必要となる。しかも，求める統計量を算出するには，それらを導き出す数式に数値を入力するというかなり面倒な作業を経なければならない。かつては，電卓を用いてかなりの時間をかけてそうした作業をしたものであった。しかし，最近のパソコンの普及さらにそれに付随するソフトウェアの進歩により，この作業がずいぶんとやさしくしかも短時間で行なえるようになってきた。教育の現場で，頻繁に統計的処理を必要とする者にとって，このように便利な道具を利用しない手はない。ここでは，そのパソコンを用いての分析の方法について簡単に述べる。

1．Excelの概要

　Excelは，表計算ソフトの最も代表的なものの1つであり，今日市販されているパソコンには初めからインストールされているものが圧倒的に多い。その機能としては，計算機能，グラフ機能，データベース機能の3つがあげられる。統計処理に必要な関数はすべて組み込まれているので，合計や平均はもとより，かなり複雑な計算までもすばやく行なうことができる。また，その計算処理されたデータの表に基づいて，さまざまなグラフを簡単に作成することができる。さらに，住所録などのデータベースを作成し，ある条件の下に特定のデータを検索することなども非常に容易にできるのである。

　Excelを起動させるとモニター画面上には，図17-2に示すように，左端の縦列には数字が，いちばん上の行にアルファベットが表記されている。このマトリックス上の横の並びを「行」といい，行番号を数値で表わし，縦の並びを「列」といい，列番号をアルファベットで表わしている。この行・列すなわち数字・ア

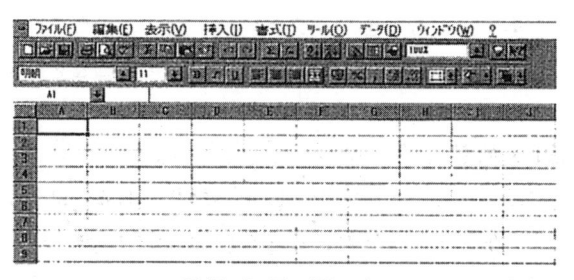

図17-2　ワークシート

ルファベットで囲まれた領域を「ワークシート」といい，1つひとつの最小の区画を「セル」という。セルはそれぞれの列と行に対応するアルファベットと番号で表記される。たとえば，左端の最上のセルはＡ１と表わされる。これをセル番地という。また，ワークシート上で反転表示されているセルがあるが，それをマウスポインタ（セルポインタ）という。マウスポインタは，マウスの矢印（カーソル）を任意のセルの上に置いて左クリックすることで移動できる（矢印キーでも可）。数値や記号，文字，数式の入力は，このマウスポインタが置かれているセルに対して行なわれる。

2．データファイルの作成

元のデータをワークシート上の集計表の形にまとめて入力する際に，データの形式が問題となる。この際に注意すべきことは，表17-1に示されているように，「行」に観測（被験者，被調査者，オブザベーション，ケース等），「列」に変量（調査項目，質問項目等）を配列することである。この配列であれば，ほとんどの統計処理に対応できるのである。また，分散分析を行なう場合には，表17-2にあるように，要因を1つの変量とみなし，各水準に適宜値を与えてデータ行列を用意すればよいのである。

表17-1 分散分析のデータ行列（2要因）

	要因1	要因2	従属変数
観測1	1	1	20
観測2	1	2	30
⋮	⋮	⋮	⋮
観測ns	3	1	34

表17-2 データ行列

	変量1	変量2	変量3	･･･	変量N
観測1	2	4	5	⋮	5
観測2	1	4	4	⋮	6
⋮	⋮	⋮	⋮		⋮
観測n	3	4	4	⋮	5

集計表は，通常1枚のワークシートに作成されている。Excelでは，このワークシートが何枚か集まったものをブックといい，通常この形で保存されるのである。また，このブックのようなひとまとまりのデータのことをファイルをいうのである。

3．データの編集・加工

ワークシートに読み込んだデータを，修正したり，あるいは分析の目的や手法にあわせて，編集・加工をしなければならないことがよくある。Excelでは，これらが非常に簡単に行なえるようになっている。たとえば，あるセルの値を変更

すると当然合計の値もそれにあわせて変更する必要が生じてくる。しかし，Excelでは，セルの値だけを変更すれば，自動的に合計の値も変更されるようになっている。これを再計算機能といい，Excelの優れた特徴の1つである。

さらに，データの並べ替え，検索，挿入と削除といった作業から，観測・変量の結合とか演算による新しい変量の作成といった加工作業までが簡単に行なえるようになっている

4．基礎的統計処理

Excelには，教育統計の処理レベルに必要な関数はすべてそろっている。関数ウィザードの分類項目の中に「統計」という項目があり，この中に関数だけでなく，基本的な検定までもが組み込まれている。さらに，メニューバーの中の「ツール」を開くと，サブメニューの中に「分析ツール」という項目があり，この中にもよく使われる検定が用意されている。ただし，この「分析ツール」は，インストールの際のオプション項目なので，薄い文字で表示されていて使用できない時には，再度メニューバーの「ツール」から「アドイン」を選択して，その後に表示されるリストの中の「分析ツール」のチェックボックスをクリックすると，「分析ツール」が使用できるようになる。

平均値，中央値，最大値，最小値，標準偏差といった基本的な統計量は，すべて統計関数を使うことによってそれらの値が得られる。それらの使い方は，すべて同じ要領である。ワークシート上の集計表以外の任意の空のセルにカーソルを置き，イコールキーに続いて関数名をキー入力し，括弧でデータ範囲を指定する

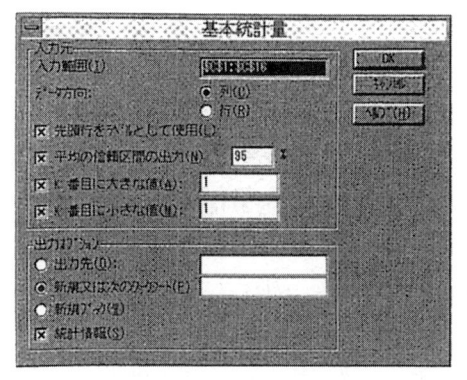

図17-3　分析ツール［基本統計量］ダイアログボックス

と，そのセルに計算結果の値が帰されてくる。このように，個々の関数を使用してそれぞれに統計量を得る事もできるのであるが，「分析ツール」を使えばもっと簡単に結果が得られるのである。「分析ツール」の中に，「基本統計量」という項目があるので，それを選択すると図17-3のようなダイアログボックスが現われる。そこで，データの入力範囲を指定すれば，瞬時に図17-4のような結果が別のワークシート上に表示される。このように「分析ツール」は，非常に便利にできており，こちらを使用するほうが労力を節約できる上に，誤りを犯す危険性が少ないと考えられる。

身長	
平均	160.60
標準誤差	2.13
中央値（メジアン）	160.00
最頻値（モード）	150.00
標準偏差	8.26
分散	68.26
尖度	-1.19
歪度	-0.18
範囲	25.00
最小	148.00
最大	173.00
合計	2409.00
標本数	15.00
最大値(1)	173.00
最小値(1)	148.00
信頼区間(95.%)	4.18

図17-4 分析ツール［基本統計量］の出力例

　この「分析ツール」には「基本統計量」の他にも，「相関係数」や「回帰分析」，さらには「カイ二乗検定」・「t検定」・「F検定」・「分散分析」といった各種の検定も用意されている。これらの使い方も基本的には，「基本統計量」の場合と同様で，各ダイアログボックスでデータの入力範囲を指定しさえすればよいのである。

　アンケート調査を実施した際には，そのデータの分析には，クロス集計表が必要となる。このクロス集計を行なうためには，メニューバーの「データ」の中にある「ピボットテーブル」というワークシートテーブルを用いる。これを選択すると，「データソースを選択してください」と聞いてくるので，「Excelのリスト／データベース」を選ぶ。次に，「ワークシート範囲を指定してください」と表示されるので，各列の先頭セルの変量名も含めてデータ範囲を指定する。そうすると次に，図17-5のようなクロス集計表のレイアウトが表示される。その画面の右側に変量名がボタン表示されているので，それらのいずれかのボタンを押したまま中央の表の「行」，「列」あるいは「データ」のところまでひきずってくるというドラッグ操作をする。すなわち，どのようなクロス集計をするのか指定するのである。それに続いて，レイアウトのデータのところに貼り付けたボタンをダブルクリックすると，「ピボットテーブルフィールド」が表示され，

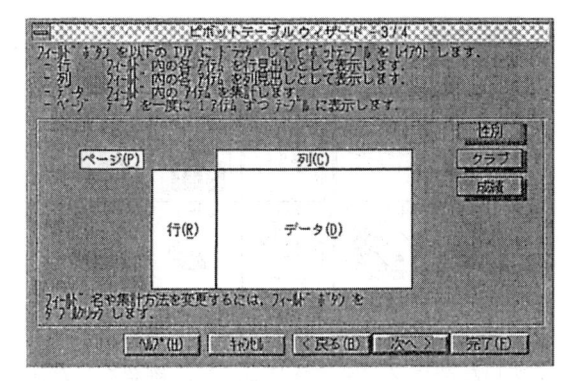

図17-5　ピボットテーブルウィザード／クロス集計表のレイアウト

集計方法を［合計，データの個数，平均，最大値，最小値，数値の個数，標準偏差，分散］の中から選択できるようになっているので，いずれかを選択すると，その選択に対応したクロス集計の結果を出力してくるのである。

5．グラフ作成

グラフの作成に関しても，Excelは多彩な機能を有している。教育や心理の分野でよく使われるグラフはすべて用意されている。

作成の手順としては，まず初めに，グラフに対応するデータの範囲を指定しておく。これは後でもできるのであるが，最初にしておいた方が望ましい。その後，メニューバーの「挿入」の中から「グラフ」を選択する。その下位メニューとして「埋め込みグラフ」と「新規グラフ」が表示される。前者は，もとの表と同じワークシート上にグラフを表示させるものであり，後者は，グラフを別のワークシート上に作成するためのものである。

次に，グラフの種類等の指定に移るが，そのために，図17-6のような「グラフウィザード」という，一種のガイダンスが表示される。これは，全部で5枚のダイアログボックスから成っている。1枚目では，ワークシート上のデータ範囲を指定する。ただし，最初に指定している場合には，そのまま次へ＞をクリックする。2枚目では，グラフの種類の選択をする。3枚目ではグラフの種類ごとに用意されているフォーマットを選択する。4枚目では，データ系列をプロットする方向の指定や，［項目軸ラベル］と［凡例の文字列］に使用するセル範囲の指定をする。5枚目では，［凡例の表示］をするかしないか，［タイトル］の入力，［項目軸］と［数値軸］の入力をするのである。これらのオプション指定をすま

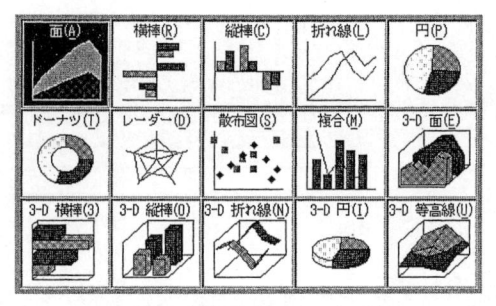

図17-6　グラフウィザード　2/5

すと，それらを反映したグラフが例示されるので，確認をした後に＜完了＞を選択すると，グラフウィザードが終了してグラフが表示されるのである。

【用語解説】
回帰（regression）：たとえば，ある人の身長から，その体重を予測することができる。これは，人の身長が高くなると体重も一般に重くなるという正の相関関係が存在するから可能なのである。このように，ある変数 X のそれぞれの値に対応するもう一方の変数 Y の平均的値を求めることが回帰である。この時，変数 Y の平均的値を一本の直線で表わす場合に，これを直線回帰といい，その直線を回帰直線という。そして，回帰直線は回帰方程式 $y=ax+b$ で表わされるが，この a の値は Y の X に対する回帰係数とよばれ，変数 X と変数 Y の相関係数とそれぞれの標準偏差から求められる。

分散分析（analysis of variance）：分散分析は3つ以上の平均値の差の検定に適用される検定法である。この分散分析では，測定値全体の変動を，実験変数の効果による変動（級間変動）と各水準内の偶然変動に基づく変動（級内変動）に分割される。各標本の母平均が等しいという帰無仮説のもとでは，実験変数の効果による変動と誤差による変動の期待値は，ともに同一の母分散の不偏推定値になることに基づき，F検定によって実験変数の効果（主効果および交互作用）を検定するのである。

因子分析（factor analysis）：因子分析は，いくつかの心理的特性（変数）間の相関関係の背後に潜む共通因子を抽出し，多変量のデータをできるだけ小数の共通因子に圧縮して表現するための数学的である。一般に変量に影響する要因を因子といい，2つ以上の変量に共通して影響する因子を共通因子，1つの変量だけに影響する因子を特殊因子と区別する。さらに，その計算の手順から，多変量間の相関より共通因子を求める因子の抽出と，その求めた共通因子を解釈のしやすい構造へと変換する因子軸の回転に分けられる。

［理解を深めるための参考図書］
長谷川勝也　1997　Excel 統計解析フォーム集　共立出版
稲葉久男　2000　例題30＋演習問題70でしっかり学ぶ Excel 標準テキスト　技術評論社
室　淳子・石村貞夫　1998　Excel でやさしく学ぶ統計解析　東京書籍

菅　民郎　1999　Excel で学ぶ統計解析入門　オーム社
柳井久江　1998　4 Steps エクセル統計　オーエムエス

引用・参考文献

■■■■■序章　教育における心理学

麻生　誠　1982　第4章　家庭一学校―社会をつなぐもの　磯貝芳郎(編)　子どもの社会心理学Ⅲ　社会　金子書房
Bronfenbrenner, U. 1979 *The Ecology of Human Development*. Cambridge: Harvard University Press. 磯貝芳郎・福富　護(訳)　1996　人間発達の生態学　川島書店
Hall, G.S. 1883 *The Contents of children's Minds*, Princeton Review.
Hall, G.S. 1904 *Adolescence : Its Psychology, and its Relations to Physiology, Anthropology, Sociology, Sex, Crime, Religion, and Education*, 2 vols, Appleton.
今津孝次郎　1987　第3章　生活　原野広太郎・小嶋秀夫・宮本美沙子・無藤　隆・高橋惠子・湯川良三(編)　児童心理学の進歩　Vol.XXVI　金子書房
磯貝芳郎　1982　現代社会における子どもの生活と文化　磯貝芳郎(編)　子どもの社会心理学Ⅲ　金子書房
岩脇三良　1996　教育心理学への招待―児童・生徒への理解を深めるために―　梅本堯夫・大山　正(監修)　新心理学ライブラリ11　サイエンス社
久世妙子・内藤　徹・内田照彦(編著)　1994　現代の子ども―児童学・保育学を学ぶ―　福村出版
Liebert, R.M., Wicks-Nelson, R. and Kail, R. V. 1986 *Developmental Psychology*, 4th ed. Prentice-Hall.
Meumann, E. 1907 *Vorlesungen zur Einfuhrung in die experimentelle Padagogik und ihre psychologischen Grundlagen*, 2 Bde.
水野恵一　1985　人間性の探求　人間性心理学大系　第1巻　大日本図書
麦島文夫　1981　ブルーナーの教育心理学からの引退宣言　東　洋・他企画　講座現代の心理学1　心とは何か　第5章　心理学の役割　小学館
村田孝次　1990　児童発達心理学　培風館
大場幸夫　1983　環境の意義　岡田正章・平井信義(編)　保育学大事典　第1巻　第2章　保育の環境1　第一法規
Thorndike, E.L. 1903 *Educational psychology : The original nature of man*. Teachers College, Columbia University.
矢部喜夫・落合正行　1992　発達心理学の方法　梅本堯夫・大山　正(監修)　新心理学ライブラリ5　発達心理学への招待　サイエンス社

■■■■■1章　発達の概念

東　洋・柏木恵子・ヘス, R.D. 1981　母親の態度・行動と子どもの知的発達―日米比較研究―，東京大学出版会
Baltes, P.B. 1987 Theoretical propositions of life-span developmental psychology : On the dynamics between growth and decline. *Developmental Psychology*, 23,611-626
Bruner, J.S. 1961 *The process of education*. Massachusetts: Harvard University Press. 鈴木祥蔵・佐藤三郎(訳)　1963　教育の過程　岩波書店
Cole, M. & Scribner, S. 1974 *Culture and Thought : A Psycological Introduction*. Wiley. 若井邦夫(訳)　1982　文化と思想―認知心理学考ересー　サイエンス社
Erikson, E.H., Erikson, M.J. & Kivnik, H.Q. 1986 *Vital involvement in old age*. New York: W.W. Norton & Company. 朝長正徳・朝長梨枝子(訳)　1990　老年期―生き生きとしたかかわりあい　みすず書房
藤永　保・斎賀久敬・春日　喬・内田伸子　1987　人間発達と初期環境　有斐閣
Gesell, A.L. & Thompson, H. 1929 Learning and growth in identical infant twins: An experimental study by the method of co-twin contorol. *Genetic Psycological Monograph*, 6,1-124
Jensen, A.R. 1968 Social class, race, and genetics : Implications for education. *American Educational Research Journal*, 5,1-41. 東　洋 1969　知的行動とその発達　桂　広介・園原太郎・波多野完治・山下俊郎・依田　新(監)　児童心理学講座4　認識と思考　金子書房　Pp.1-22.
Lorentz, K. 1935 Der Kumpan in der Umwelt des Vogels : Die Artgenosse als auslösendes Moment sozialer Verhaltungsweisen. *J.Ornithologie*, 83,137-213
Lorentz, K. 1957 Companionship in bird life : Fellow member of the species as releasers of social behavior. In C.H. Schiller (Ed.) *Instinctive behavior*. New York : Intern. Univ. Press.
椎名篤子　1993　親になるほど難しいことはない　上出弘之(監)　講談社
Vygotsky, L.S. 1934 *Thought and language*. New York: Wiley. 柴田義松(訳)　1962　思考と言語(上)　明治図書

■■■■■2章　発達過程

荒井　良　1989　胎児の環境としての母胎　岩波書店
Bringuier, J-C. 1977 *Conversations libres avec Jean Piaget*. Robert Laffont. 大浜幾久子(訳)　1985　ピアジェ晩年に語る　国土社
Darley, J.M., Glucksberg, S., Kain, L.J. & Kinchla, R.A. 1981 Adolescence, adulthood, and aging. In Darley, J.M., Glucksberg, S., Kain, L.J. & Kinchla, R.A. (Ed.), *second edition Psychology*. New Jersey : Prentice-hall, INC. 380-407.
Erikson, E.H. 1950 *Childhood and society*. New York: W.W.Norton. 仁科弥生(訳)　1977　幼児と社会Ⅰ・

Ⅱ　みすず書房
Erikson, E.H.　1959　Identity and the life cycle. *Psychological issues Vol.I No.1 Monograph 1.*, International Universities Press, Inc. New York　小此木啓吾(訳編)　1973　自我同一性　誠信書房
Erikson, E.H.　1964　*Insight and Responsibility.* New York, W.W.Norton.　鑪　幹八郎(訳)　1972　洞察と責任　誠信書房
Erikson, E.H.　1968　*Identity : Youth and Crisis.* New York：W.W.Norton.　岩瀬庸理(訳)　1973　アイデンティティ―青年と危機―　金沢文庫
Erikson, E.H.　1982　*The life Cycle Completed : A REVIEW.* New York：W.W.Norton. 村瀬孝雄・近藤邦夫 (訳)　1989　ライフサイクル　その完結　みすず書房
服部祥子　1985　親と子―アメリカ・ソ連・日本―　新潮社
服部祥子　1989　子どもが育つみちすじ　朱鷺書房
Havighurst, R.J.　1953　*Developmental tasks and education.* New York：Longmans Green.　児玉憲然・飯塚祐子(訳)　1997　ハヴィガーストの発達課題と教育　川島書店
今泉信人　1994　青年・成人期の発達　今泉信人・南　博文(編著)　教育・保育双書6　発達心理学　北大路書房　Pp.43-64.
神谷美恵子　1974　こころの旅　日本評論社
加知ひろ子　1994　会話者の導入が施設入所高齢者の精神的健康におよぼす効果　老年期に高齢者が心身ともに健康な生活を維持していくための条件に関する研究報告書、長寿社会開発センター　Pp.221-254.
加知ひろ子　1995　会話者の導入が言語的交流の少ない高齢者の精神的健康におよぼす効果　日本心理学会第59回大会発表論文集, 297.
加知ひろ子　1996　言語的交流が少ない高齢者への2年間の会話者導入の効果―I.K.の場合―　日本発達心理学会第7回大会発表論文集, 263.
河井酔茗(著作代表)　1958　現代詩集　現代日本文学全集89　筑摩書房
Langone, J.　1991　*Growing older.* Little, Brown and Company (Inc)., Boston, Massachusetts. 井上剛輔(監訳・解説)　安次嶺佳子(訳)　1992　エイジング―老いについて私たちが知っておくべきこと―ほるぷ出版
三島唯義　1981　ピアジェ　晩年の思想　行路社
Neimark, E.D.　1975　Intellectual development during adolescence. In F.D. Hrowitz (Ed.), *Review of child development research.*（vol.4）Chicago：University of Chicago Press
Newman, B.M. & Newman, P.R.　1984　*Development through life ― A Psychosocial Approach ―* Third Edition. Dorsey　福富　護(訳)　1988　新版生涯発達心理学　川島書店
岡澤祥訓　1990　運動機能の変遷　山内光哉(編)発達心理学　下―青年・成人・老年期―　ナカニシヤ出版　Pp.48-52.
大日向雅美　1977　母性意識の発達に関する研究(1)―3つの世代間の差異について　日本心理学会第41回大会発表論文集, 694.
Piaget, J.　1936　*La nasissance de l'intelligence chez l'enfant.* Newchatel：Dlachaux et Niestle. 谷村　覚・浜田寿美男(訳)　1978　知能の誕生　ミネルヴァ書房
Piaget, J.　1947　*La psychologie de l'intelligence.* Paris：armard Colin. 波多野完治・滝沢武久(訳)　1960　知能の心理学　みすず書房・
Piaget, J.　1964　*Six etudes de psychologie.* Geneve：Gonthier. 滝沢武久(訳)　思考の心理学　みすず書房
Piaget, J.　1972　Intellectual evolution from adolescence to adulthood. *Human Development,* **15,** 1-12.
Portmann, A.　1951　*Biologicshe Fragmente zu einer Lehre von Menschen.* 高木正孝(訳)　1960　人間はどこまで動物か　岩波書店
鑪　幹八郎　1977　精神分析と発達心理学　村井潤一(編)　発達の理論　ミネルヴァ書房　Pp.147-213.
鑪　幹八郎　1986　エリクソン, E.H. 村井潤一(編)　発達の理論をきずく　別冊発達4　ミネルヴァ書房　Pp.193-215.
都留　宏　1981　発達的人間論―樹から下りたサルの運命　有斐閣
牛島義友　1954　青年心理学　光文社
渡辺秀敏　1967　科学的思考と論理的思考　講座現代思考心理学4　明治図書
Watson, J.B.　1930　*Behaviorism* (Rev. Ed.) Norton.　安田一郎(訳)　1968　行動主義の心理学　河出書房
■■■■■3章　知覚と記憶の発達
Bower, T.G.R.　1974　*Development in infancy.* San Francisco：W.H. Freeman.
Brown, A.L. Bransford, J.D., Ferrara, R.A. & Campione, J.C.　1983　Learning, Remembering and understanding. In P.H. Mussen (Ed.), Handbook of psychology：*Cognitive development.* Vol.III. New York：Wiley.
Campos, J.,Langer, A. & Krowitz, A.　1970　Cadiac responses on the visual cliff in prelocomotor infants. *Science,* **170,** 196-197.
Elkind, D., Koegkler, R.R. & Go, E.　1964　Studies Inperceputual development. Ⅲ：Part - whole perception. *Child development,* **35,** 81-90.
Fants, R.L.　1961　The origins of form perception. *Scientific American,* **204,** 66-72.

Flavell, J.H.,Beach, D.R. & Chinsky, J.M. 1966 Spontaneous verbal rehersal in a memory task as a function of age. *Child Development*, 37,283-299.
Gibson, E.J. & Walk, R.D. 1960 The "visual cliff". *Scientific American*, 202,2-9.
勝井　晃　1971　方向認知に関する発達的研究　風間書房
正高信男　1993　0歳児がことばを獲得するとき　中央公論社

■■■■■ 4章　知能とことばの発達

赤木愛和　1987　日本の子どもの知能は高いか　こころの科学, 17,78-82.　日本評論社
Baltes, P.B. 1987 Theoretical propositions of life-span developmental psychology: On the dynamics between growth and decline. *Developmental Psychology*, 23,611-626.
Bayley, N. 1968 Behavioral correlates of mental growth: Birth to 36 years. *American Psychologist*, 23,1-17.
Binet, A. & Simon, T. 1916 *The development of intelligence in children*. Baltimore, MD: William & Wilkins.
Binet, A. & Simon, T. 1982 中野善達・大沢直子(訳)　知能の発達と評価：知能検査の誕生　福村出版
Bouchard, T.J.Jr. & McGue, M. 1981 Familial studies of intelligence: A review. *Science*, 212,1055-1059.
Cattell, R.B. 1963 Theory of fluid and crystallized intelligence: A critical experiment. *Journal of Educational Psychology*, 54,1-22.
Francois, G.R. 1990 *The lifespan* (3 rd ed.). Belmont, CA: Wadsworth.
藤本浩一　1999　8章　成人期　山本利和(編)発達心理学　培風館　Pp.155-162.
Gardner, H. 1983 *Frames of mind*. New York: Basic Books.
Gould, S.J. 1996 *The mismeasure of man (Revised and ex-panded)* New York: W.W. Norton & Company. 鈴木善次・森脇靖子(訳)1998　人間の測りまちがい(増補改訂版)　河出書房新社
Guilford, J.P. 1967 *The nature of human intelligence*. New York: McGraw-Hill.
井上健治　1987　秀才と鈍才は生まれつきか　こころの科学, 17,73-77　日本評論社
上武正二・原野千寿(編)　1969　知能の心理学　新光閣書院
Luria, A.R. 1957　松野　豊・関口　昇(訳)　1969　言語と精神発達　明治図書
Madden, D.J., Pierce, T.W. & Allen, P.A. 1992 *Psychology and aging*, 7,594-601.
中森正純　1990　第6章　第3節　知能・その他の測定　内藤　徹・成田錠一(編)　要説教育心理学　北大路書房　Pp.201-218.
大久保　愛　1981　子育ての言語学　三省堂
大村正男・安藤公平・妻倉昌太郎　1974　こころの科学　駿河台出版社　80-106.
Piaget, J. 1947 *La psychologie de l'intelligence*. Paris: armard Colin. 波多野完治・滝沢武久(訳)　1960　知能の心理学　みすず書房・
Piaget, J. 1954　大伴　茂(訳)　1970　児童の自己中心性　同文書院
Piaget, J. 1964 *Six etudes de psychologie*. Geneve: Gonthier. 滝沢武久(訳)　思考の心理学　みすず書房
Rice, F.P. 1995 *Human development* (2 nd ed.). Englewood Cliffs, NJ: Prentice Hall.
Siegler, R.S. 1992 The other Alfred Binet. *Developmental Psychology*, 28,179-190.
Spearman, C.E. 1927 *The abilities of man: Their nature and measurement*. New York: Macmillan.
Sternberg, R.J. & Wagner, R.K. 1986 *Practical intelligence: Nature and origins of competence in the everyday world*. Cambridge, England: Cambridge University Press.
Thurstone, L.L. 1938 Primary mental abilities. *Psychometric monographs*. No.1. Chicago, IL: University of Chicago Press.
Vygotsky, L. S. 1934 *Though and language*. New York: wiley. 柴田義松(訳)　1967　思考と言語　明治図書

■■■■■ 5章　パーソナリティの発達

Allport, G.W. 1937 *Personality: A psychological interpretation*. New York: Holt, Rinehart & Winston.
安藤寿康　1992　人間行動遺伝学と教育　教育心理学研究, 40,96-107.
安藤寿康　1998　心の遺伝をめぐる11の誤解　佐藤達哉(編)性格のための心理学　現代のエスプリ372　至文堂　203-212
青柳　肇・杉山憲司(編)　1996　パーソナリティ形成の心理学　福村出版
Benjamin. J., Li,L., Patterson, C., Greenberg, B.D., Murphy, D.L. & Hamer. D.H. 1996 Polution and familial association between the D4 dopamine receptor gene and measure of novelty seeking. *Nature Genetics*, 12,81-84
Buss, A.H. & Plomin, R. 1984 *Temparament: Early developing personality traits*. Hillsdale, N.J.: Erlbaum.
Eysenk, H.J. 1952 *The scientific study of personality*. London: Routledge Kegan Paul.
福武書店教育研究所　1995　学級担任と子どもたち　モノグラフ・小学生ナウ　vol.14-6.
Hartshorne, H. & May, M.A. 1928 *Studies in the nature of character, I: Studies in deceit*. New York: Macmillan.
Healy, W., Bronner, A.F. & Bowers, A.M. 1930 *The structure and meaning of psychoanalysis*. New York: Knopf.

肥田野 直 1983 人格における特性論 飯田 真・笠原 嘉・河合隼雄・佐治守夫・中井久夫(編) 精神の科学2 パーソナリティ 岩波書店 Pp.133-167.
稲越孝雄 1980 人格理解の立場 山根 薫(編) 人格の診断 日本文化科学社 Pp.25-59.
柏木繁男 1997 性格評価と表現 有斐閣
Krahé, B. 1992 *Personality and social psychology : Towards a synthesis*. London : Sage Publication. 堀毛一也(編訳) 1996 社会的状況とパーソナリティ 北大路書房
Maccoby, E.E. & Martin, J.A. 1983 Socialization in the context of the family : Parent‐child interaction. In P.H. Mussen (Ed.) *Handbook of child psychology*. Vol.4. New York : Wiley.
Mischel, W. 1968 *Personality and assessment*, New York, Wiley. 詫摩武俊(監訳) パーソナリティの理論 1992 誠信書房
Monte, C.F. 1977 *Beneath the mask : An introduction to theories of personality*. New York : Praeger.
Norman, W.T. 1967 *2800 personality trait descriptors : Normative operating characteristics for a university population*. Ann Arbor, MI : University of Michigan, Department of Psychology.
佐藤達哉(編) 1998 性格のための心理学 現代のエスプリ372 至文堂
Stagner, R. 1974 *Psychology of personality*. New York : McGrow-Hill.
鈴木乙史 1998 性格の恒常性と変化 詫摩武俊(監) 性格心理学ハンドブック 福村出版 Pp.180-188.
詫摩武俊(編) 1998 性格 日本評論社(こころの科学セレクション)
Temoshok, D. & Dreher, H. 1992 *The Type C connection : The behavioral links to cancer and your health*. 大野 裕(監訳) 岩本 彰・本郷豊子(訳) がん性格―タイプC症候群― 1997 創元社
徳田安俊 1974 交友関係での社会化 斉藤耕二・菊池章夫(編著) ハンドブック社会化の心理学 川島書店 Pp.95-110.
豊原恒夫 1965 職業適性 講談社
辻 平治郎・藤島 寛・辻 斉・夏野良司・向山泰代・山田尚子・森田義宏・秦 一士 1997 パーソナリティの特性論と5因子 心理学評論, 40,239-259
依田 明 1990 きょうだいの研究 大日本図書

■■■■■6章 社会性の発達
Damon, W. & Hart, D. 1988 山路弘起 1997 自己の発達 井上健治・久保ゆかり(編) 子どもの社会的発達 東京大学出版会
福富 譲 1983 性の発達心理学 福村出版
繁多 進 1991 社会性の発達とは 繁多 進・青柳 肇・田島信元・矢澤圭介(編) 社会性の発達心理学 福村出版 Pp.9-16.
河上亮一 1999 学校崩壊 草思社
Kohlberg, L. 1969 Stage and sequence : The cognitive‐developmental approach to socialization. In D.Goslin (Ed.) *Handbook of socialization theory and research*. Chicago : Rand McNally. 荒木紀幸 1978 コールバーグの認知発達理論 山内光哉(編) 学習と教授の心理学第2版 九州大学出版会
Lamb, M.E. 1976 松田 惺 1978 乳幼児期の親子関係 柏木恵子・松田 惺・宮本美沙子・久世敏雄・三輪弘道 親子関係の心理 有斐閣
Mussen, P. & Eisenberg‐Berg, N. 1977 *Roots of caring,sharing,and helping : The development of prosocial behavior in children*. San Francisco : Freeman. 菊池章夫(訳) 1980 思いやりの発達心理 金子書房
荻野美沙子 1997 コミュニケーションの発達 井上健治・久保ゆかり(編) 子どもの社会的発達 東京大学出版会 Pp.185-204.
Rin, D.B. 1978 *The father : His role in child development*. Belmont, CA. : Wadsworth. 今泉信人・黒川正流・生和秀敏・浜名外喜男・吉森 護(訳) 1981 父親―その役割と子どもの発達― 北大路書房
清水 聡 1994 発達―こころの成長と変化 金澤忠博・佐藤浩一・清水 聡・武田庄平・中村 真・持田昌二(共) こころをさぐる9つの扉 学術図書出版社 P.126.
依田 明 1990 きょうだいの研究 大日本図書.
吉森 護・浜名外喜男・深田博己 1983 社会性の発達 山本多喜司(編) 児童心理学図説 Pp.168-184.

■■■■■7章 学習の成立過程と理論
Allport, G.W. 1937 *Personality*. New York : Holt, Rinehart & Winston.
Bandura, A., Ross, D. & Ross, S.A. 1961 Transmission of aggression through imitation of aggressive models. *Journal of Abnormal and Social Psychology*, **63**,575-582.
Bandura, A., Ross, D. & Ross, S.A. 1963 Imitation of film‐mediated aggressive models. *Journanl of Abnormal and Social Psycholigy*, **66**,3-11.
Blodgett, H.C. 1929 The effect of the introduction of reward upon the maze perfomance test of rats. *University of California Psychology*, **4**,113-134.
Bower, G.H. & Hilgard, E.R. 1981 *Theories of learning theory*, 5 th ed. Prentice‐Hall, Inc., Englewood Cliffs, New Jersey, U.S.A. 学習の理論 上・下 1988 梅本堯夫(監訳) 培風館
Bruner, J.S. 1960 *The process of education*. Cambridge : Harvard Univ. Press. 鈴木祥三・佐藤三郎(訳)

1963 教育の過程 岩波書店
Dweck, C.S. & Reppucci, N.D. 1973 Learned helplessness and reinforcement responsibility in children. Journal of Personality and Social Psychology, **25**,109-116.
Harlow, H.F. 1949 The fomation of learning set. *Psychological Review*, **56**,51-65.
Köhler, W. 1917 *Intelligenzprufungen an Menschenaffen*. Berlin: Springer. 宮 孝一(訳) 1962 類人猿の知恵試験 岩波書店
Maslow, A.H. 1954 *Motivation and personality*. Harper & Row, Pbulisher, Inc.
Murray, H.A. 1938 *Exploration in personality*. New York: Oxford University Press.
Osgood, C.E. 1949 The similarity paradox in human learning: A resolution. *Psychological Review*, **56**,132-143.
Pavlov, I.P. 1927 *Conditioned reflexes*. Translated by Anrep, G.V., Oxford University Press.
Seligman, M.E.P. & Maier, S.F. 1967 Failure to escape traumatic shock. *Journal of Experimental Psychology*, **74**,1-9.
Skinner, B.F. 1938 *The behavior of organism*. New York: Appleton- Century-Crofts.
Thorndike, E.L. 1898 Animal intelligence: An experimental study of the associative process in animals. *Psychological Monographs*, **2**, No.8.
Tolman, E.C. 1932 *Purposive behavior in animals and men*. New York: Appleton-Century-Crofts.
Tolman, E.C. & Honzik, C.H. 1930 Introduction and removal of reward, and maze perfomance in rats. *University of California Publications in Psychology*, **4**,257-275.
Watson, J.B. & Rayner, R. 1920 Conditioned emotional reactions. *Journal of Experimental Psychology*, **3**, 1-14.
White, R.W. 1959 Motivation reconsidered: The concept of competence. *Psychological Review*, **66**,297-333.
Yerkes, R.M. & Dodson, J.D. 1908 The relation of strength of stimulus to rapidity of habit - formation. *Journal of Comparative and Neurological Psychology*, **18**,458-482.
Yerkes, R.M. & Morglis, S. 1909 The method of Pavlov in animal psychology. *Psychological Bulletin*, **6**, 257-273.

■■■■■ 8章 学習指導
東 洋 1994 日本人のしつけと教育 東京大学出版会
Cronbach, L.J. 1967 How can instruction be adapted to individual differences? In R.M.Gagne (Ed.) *Learning and Individual Difrences*.Merrill.
井上正明 1986 教育評価の実際と指導 池田貞美(編) 教育実践心理学 北大路書房
梶田叡一 1982 生き生きとした学校教育を創る 有斐閣
川上昭吾・多度秀継 1987 理科学習における先行オーガナイザーの効果 第一報—中学校1学年, 花のつくりの学習において 日本教科教育学会誌 第12巻, 75-80.
水越敏行 1977 発見学習入門 明治図書
持留英世・森 敏昭 1980 学習 福岡教育大学心理学研究室(編) 教育心理学図説 北大路書房
奈須正裕 1997 授業づくりの手立てをめぐって—方法論 鹿毛雅治・奈須正裕(編) 学ぶこと教えること 北大路書房
岡林桂生 1987 学習の展開 川床靖子・大山俊男(編) 教育心理学入門 八千代出版
Snow, R.E.,Tiffin, J. & Seibert, W. 1965 Individual differences and instruction film effect. *Journal of Educatnal Pschology*, **56**,315-326.

■■■■■ 9章 教育工学と情報教育
Dale, E. 1964 *Audiovisual methods in teaching*. New York: Holt, Rinehart, and Winston.
八田武志 1987 教育心理学 培風館
今栄国晴(編) 1992 教育の情報化と認知科学—教育の方法と技術の革新 福村出版
近藤大生 1980 教育機器と学習指導 北尾倫彦・木下繁弥(編) 教科の教授—学習の理論と方法— 第一法規
子安増生 1987 幼児にもわかるコンピュータ教育 福村出版
久世敏雄 1988 教育の心理 名古屋大学出版会
文部省 1990 情報教育に関する手引き ぎょうせい
名古屋市視聴覚研究会(編) 1990 やってみよう視聴覚教育 学宝社
大淵憲一・石田雅人 1989 学習指導の心理学 ぎょうせい
大野木裕明・森田英嗣・田中博之 1991 教育の方法と技術を探る ナカニシヤ出版
坂元 昂 1985 日本における教育の場でのコンピューター使用の現状 三宅なおみ(編) 教室にマイコンをもちこむ前に 新曜社
坂元 昂 1998 学校教育とマルチメディア 日本教育心理学会第40回総会準備委員会企画シンポジウム
滝沢武久・東 洋(編) 1991 教授・学習の行動科学 (応用心理学講座 9) 福村出版
田中博之 1991 学習指導の方法 大野木裕明・森口英嗣・田中博之 教育の方法と技術を探る ナカニシヤ出版
丹野真智俊 1986 教育工学の展開 池田貞美(編) 教育実践心理学 北大路書房
内田伸子・臼井 博・藤崎春代 1991 乳幼児の心理学 有斐閣 Pp.206-236

引用・参考文献　　243

内田伸子　1991　幼児心理学への招待　梅本堯夫・大山　正(監修)　新心理学ライブラリ2　サイエンス社
柳井　修・林幹男・古城和子編著　1998　教育心理学の探求　ナカニシヤ出版

■■■■■10章　学習の評価と測定
赤木愛和　1981　「学力」教育心理学小事典　有斐閣
浜名外喜男・蘭　千壽・古城和敬　1988　教師がかわれば子どもも変わる　―望ましいピグマリオン教育のポイント―　北大路書房
橋本重治　1979　新・教育評価法総説(上)　金子書房
橋本重治　1981　教育評価の意義と特質　辰野千寿・高野清純・加藤隆勝・福沢周亮(編)　実践教育心理学5　測定と評価の心理　教育出版　Pp.1-22
梶田叡一　1995　教育評価―学びと育ちの確かめ―　財団法人放送大学教育振興会
鈴木秀幸　1998　新教育課程における評価の改善　指導と評価4・5・6・7月号

■■■■■11章　学習環境としての学級集団
Aronson, E., Blaney, N.T., Sikes, J., Stephan, C. & Snapp, M.　1975　Busing and racial tension : The jigsaw route to learning and liking. *Psychology Today*, 8,43-59.
蘭　千壽　1980　学級集団の社会心理学　-Jigsaw学習法を中心として-　九州大学教育学部紀要(教育心理学部門) 25,25-33.
中日新聞　1999　広がる学級崩壊　中日サンデー版　-世界と日本　大図解シリーズ-　No.370　中日新聞社
市川　昌　1986　弱いものいじめの深層をさぐる　深谷和子(編)いじめ―家庭と学校のはざまで―　現代のエスプリ No.228. 至文堂　19-33.
Lewin, K., Lippitt, R. & White, R.K.　1939　Patterns of aggressive behavior in experimentally created "social climates". *Journal of Social Psychology*, **10**,271-299.
松山安雄　1963　学級における社会的地位と行動特性の研究　大阪学芸大学紀要(教育科学), **5**,12-24.
松浦　宏　1970 学習指導の方法　中西信夫・富本桂郎・広井　甫(編)　学校心理学　明治図書出版　Pp.28-36.
三隅二不二・吉崎静夫・篠原しのぶ　1977　教師のリーダーシップ行動測定尺度の作成とその妥当性の研究　教育心理学研究, 25,13-22.
森田洋司　1986　いじめの四層構造理論　深谷和子(編)いじめ　―家庭と学校のはざまで―　現代のエスプリ No.228. 至文堂　57-67.
長島貞夫　1967　児童社会心理学　―性格の社会的形成―　牧書店
小川一夫　1979　学級集団理解の方法　小川一夫(編)学級経営の心理学　北大路書房　Pp.99-110.
塩田芳久・石田裕久　1987　教育における応用集団力学　佐々木　薫・永田良昭(編)　集団行動の心理学　有斐閣　Pp.338-350.
高橋　超　1980　学級集団とその指導　堀ノ内　敏・岩井勇児(編著)教育心理学　福村出版　Pp.130-152.
田中熊次郎　1967　ソシオメトリーの理論と実際　明治図書
田中熊次郎　1975　新訂児童集団心理学　明治図書

■■■■■12章　学校教育相談
藤本光孝　1998　生徒指導・教育臨床　河合伊六・松山安雄(編著)　現代教育心理学図説　北大路書房　Pp.133-142.
石川　元(編)　1990　家族療法と行動療法　現代のエスプリ272(3)　至文堂
川瀬正裕・松本真理子・松本英夫　1996　心とかかわる臨床心理　ナカニシヤ出版　Pp.12-13.
北島貞一　1987　だれでも、いつでも、どこでもできる教育相談　井上裕吉・北島貞一(編)　生徒の心を豊かにする教育相談　明治図書　Pp.7-31.
古賀靖之　1992　教育相談のための行動アセスメント　中山　巖(編著)　教育相談の心理ハンドブック　北大路書房　Pp.134-141
桑原知子　1999　教室で生かすカウンセリング・マインド　日本評論社
前田重治　1981　心理臨床―精神科臨床と心理臨床家　星和書店
文部省　1981　生徒指導の手引(改訂版)　大蔵省印刷局
文部省　1990　学校における教育相談の考え方・進め方(中学校・高等学校編)　大蔵省印刷局
文部省　1991　小学校における教育相談の進め方　大蔵省印刷局
森谷寛之・杉浦京子(編)　1999　コラージュ療法　現代のエスプリ386(9)　至文堂
村瀬嘉代子　1987　カウンセリング・マインド　児童心理 41(8)　金子書房　47-49.
中沢次郎　1978　学校教育相談の理論　松原達哉(編)　学校教育相談　日本文化科学社　Pp.1-30.
中山次郎　1992　学校における教育相談　中山　巖(編著)　教育相談の心理ハンドブック　北大路書房　Pp.2-12.
佐治守夫　1968　心理療法㈠　井村恒郎・懸田克躬・島崎敏樹・村上　仁(編)　心理療法　異常心理学講座3　みすず書房
園田順一・高山　巖　1978　子どもの臨床行動療法　川島書店
田中信利　1998　教育の場におけるカウンセリング　鈴木康平・山内隆久(編著)　教育心理学　北大路書房　Pp.176-187.
氏原　寛・東山紘久(編)　1993　カウンセリングの理論と技法　別刷発達16　ミネルヴァ書房
氏原　寛・東山紘久(編)　1994　カウンセリング事例集　別刷発達17　ミネルヴァ書房

梅崎 哲 1998 生徒指導・教育臨床 河合伊六・松山安雄(編著) 現代教育心理学図説 北大路書房 Pp.121-132.
内山照彦 1992 心理検査の理解 中山 巖(編著) 教育相談の心理ハンドブック 北大路書房 Pp.42-57.
内山喜久雄 1980 行動臨床心理学 岩崎学術出版
台 利夫・増野 肇(監修)長谷川行雄・磯田雄二郎・成沢博子・高良 聖 1986 心理劇の実際 金剛出版
山下 勲 1971 パーソナリティと適応 河合伊六(編) 教室の教育心理学 Pp.65-84.

■■■■■ 13章 教育臨床
学校臨床心理士ワーキンググループ・日本心理臨床学会・財団法人日本臨床心理士資格認定協会・日本臨床心理士会(発行) 1997 学校校臨床心理士(スクールカウンセラー)の活動と展開
石隈利紀 1994 学校カウンセリングにおける四種類の援助サービス 国分康孝(編) こころの科学58 学校カウンセリング 日本評論社 17-21
ジャック・コリノー 1997 不思議の国の学校教育 外から見た日本の学校教育 第一法規
河上亮一 1999 学校崩壊 草思社
国分康孝 1981 エンカウンター 心とこころのふれあい 誠信書房
文部省 1999 生徒指導上の諸問題の現状について http://www.monbu.go.jp/special/kodomo/00000022/
文部省 2000 平成12年度学校基本調査報告(初等中等教育機関 専修学校・各種学校編) 大蔵省印刷局
内藤 徹・成田錠一(編著) 1998 要説教育心理学 北大路書房 Pp.32-49.
岡田康伸・田畑 治・東山紘久 1992 臨床心理学3 心理療法 河合隼雄(編) 創元社
岡堂哲雄 1998 スクールカウンセリング 学校心理臨床の実際 新曜社
岡堂哲雄・平尾美生子 1995 スクール・カウンセリング要請と理念 現代のエスプリ別冊 至文堂
岡堂哲雄・平尾美生子 1995 スクールカウンセリング技法と実際 現代のエスプリ別冊 至文堂
大野精一 1997 学校教育相談一具体化の試み 月刊学校教育相談 ほんの森出版
大塚義孝(編) 1996 スクールカウンセラーの実際 日本評論社
大塚義孝・滝口俊子(編) 河合隼雄・大塚義孝・村山正治(監) 1998 臨床心理士のスクールカウンセリング① その沿革とコーディネーター 誠信書房
杉村省吾 1997 臨床心理士報第9巻第1号16 財団法人日本臨床心理士資格認定協会(編・発行)
竹島園枝 1998 「黒船」スクールカウンセラーのもたらしたもの 本校スクールカウンセラー活用の取り組みより 河合隼雄・大塚義孝・村山正治(監) 倉光 修(編) 臨床心理士のスクールカウンセリング②その活動とネットワーク
渡辺三枝子 1994 隣接分野との異同および関係①心理療法 国分康孝(編) こころの科学58 学校カウンセリング 日本評論社 Pp.20-21

■■■■■ 14章 適応障害の理解と対応
会田元明・内野康人之・横山 明 1996 子どもとむかいあうための教育心理学概論 ミネルヴァ書房
安藤延男・村田豊久(共編) 1989 これからのメンタルヘルス ナカニシヤ出版
荒木紀幸(編著) 1987 わたしがわかる あなたがわかる心理学 ナカニシヤ出版
井上 肇・佐藤修策・笹野完二(編) 1988 臨床心理学 ナカニシヤ出版
岩井勇児(編著) 1991 発達と学習の心理 福村出版
小林正幸 1999 学校不適応問題にどうかかわるか 宮本忠雄・山下 格・風祭 元(監修) 鍋田恭孝(編) 学校不適応とひきこもり こころの科学87 日本評論社 27-31
佐治守夫 1968 心理療法(一) 井村恒郎・懸田克躬・島崎敏樹・村上 仁(編) 心理療法 異常心理学講座3 みすず書房
佐久間勝彦 1999 学級崩壊を越える授業―子どもの熱い期待にこたえる 教育出版 Pp.26-44.
高木俊一郎 1986 小児精神医学 東京同文書院
高橋省己 1978 子どもの精神衛生 日本文化科学社
坪郷 ため 1978 その他の非社会的行動の具体的問題とその指導 秋山俊夫(編) 乳幼児の臨床心理 北大路書房 Pp.169-185
鑪幹八郎・名島潤慈(編) 1983 心理臨床家の手引 誠信書房
内田照彦 1983 乳幼児の不適応と発達障害 鹿野輝三・白岩義夫・内藤 徹 (編) ナカニシヤ出版 Pp.151-159.
内田照彦 1988 子どもの心理臨床 日本家政学会(編) 子どもの発達と家庭生活 家政学シリーズ5 朝倉書店 Pp.166-195
内田照彦 1990 適応のしくみ 内藤 徹・成田錠一(編著) 要説教育心理学 北大路書房 Pp.136-150.
内田照彦 1994 子どもの発達上の問題 久世妙子・内藤 徹・内田照彦(編著) 現代の子ども―児童学・保育学を学ぶ― 福村出版 Pp.41-58

■■■■■ 15章 心身障害の理解と対応
American Psychiatric Association 1994 *Diagnostic and statistical manual of mental disorders.* 4 th ed. Washington, DC: APA.
福祉士養成講座編集委員会(編) 1991 老人・障害者の心理 福祉士養成講座編集委員会(編) 改訂介護福祉士養成講座第7巻 中央法規

石部元雄，柳本雄次(編著)　1998　障害学入門　福村出版
小林重雄，大野裕史(編著)　1988　自閉症　内山喜久雄(監修)　情緒障害児叢書第2巻　黎明書房
黒田裕子　1992　クオリティ・オブ・ライフ(QOL)その概念的な側面　看護研究　**108**,98-106.
茂木俊彦　1990　障害児と教育　岩波書店
茂木俊彦　1995　新・障害児教育入門　旬報社
松本　了　1998　これからの障害者観—本人中心主義　教育と医学　**46**,976-983.
田中農夫男(編著)　1994　心身障害児の心理と指導　福村出版
田中恒夫　1966　言語障害治療学　医学書院
山口　薫・宮崎直男(編)　1983　学級担任のための心身障害児の理解と指導　教育出版
柳本雄次　1998　肢体不自由児(者)の特性と指導　石部元雄，柳本雄次(編著)　障害学入門　福村出版　Pp.85-94.
全国特殊学校長会(編著)　1998　盲・聾・養護学校における介護等体験ガイドブックフィリア　教育新社

■■■■■別章—1　研究方法

Bar-Tal, D.,Raviv, A. & Goldberg, M.　1982　Helping behavior among preschool children: An obsevational study. *Child Development*, **53**,396-402.
鎌原雅彦・宮下一博・大野木裕明・中澤　潤　1998　心理学マニュアル　質問紙法　北大路書房
中澤　潤・大野木裕明・南　博文　1997　心理学マニュアル　観察法　北大路書房
佐伯　胖・宮崎清孝・佐藤　学・石黒広昭　1998　心理学と教育実践の間で　東京大学出版会
佐藤　学　1998　教師の実践的思考の中の心理学　佐伯　胖・宮崎清孝・佐藤　学・石黒広昭(著)　心理学と教育実践の間で　東京大学出版会　Pp.9-55.
塩見邦雄・千原孝司・岸本陽一　1991　心理検査法　ナカニシヤ出版
利島　保・生和秀敏　1993　心理学のための実験マニュアル　北大路書房

■■■■■別章—2　教育統計

遠藤健児　1996　Excel, SAS, SPSSによる統計入門　培風館
橋本重治　1981　新・教育評価法概説　金子書房
肥田野　直・瀬谷正敏・大川信明　1961　心理教育統計学　培風館
生沢雅夫　1975　心理学のための統計入門　ミネルヴァ書房
岩原信九郎　1965　新訂版　教育と心理のための推計学　日本文化科学社
岩原信九郎　1964　新しい教育・心理統計　ノンパラメトリック法　日本文化科学社

■人名索引■■■

●A
東　洋　114
Allport, G. W.　68, 71, 72, 108
安藤寿康　76, 77
蘭　千寿　155
Aronson, E.　156
麻生　誠　7
Ausubel, D. P.　10, 79, 118
Axline, V. M.　190

●B
Baltes, P. B.　59
Bandura, A.　9, 76, 101
Bar-Tal, D.　220
Benjamin, J.　77
Binet, A.　9, 56
Blodgett, H. C.　103
Bloom, B. S.　119
Bowlby, J.　86
Bronfenbrenner, U.　5
Brown, A. L.　52
Bruner, J. S.　10, 17, 104
Bühler, C.　24
Buss, A. H.　76

●C
Campos, J.　45
Cattel, R. B.　72, 74
Cattell, R. B.　53
Cole, M.　13
Cronbach, L. J.　121
Crowder, N. A.　116

●D
Dale, E.　127
Damon, W.　90
Dilthey, W.　70
Dweck, C. S.　109

●E
Elkind, D.　47
Erikson, E. H.　12, 24, 75, 77
Eysenck, H. J.　176
Eysenk, H. J.　69, 72

●F
Fantz, H. L.　44
Flavell, J. H.　50
Francois, G. R.　58
Freud, A.　190
Freud, S.　10, 18, 19, 24, 69, 74, 75, 176, 194
Friedman, M.　71
藤永　保　16
福富　譲　92

●G
Galenus　68

Galperin, P. Y.　10
Galton, F.　9
Gardner, H.　55
Gesell, A.　224
Gesell, A. L.　15
Gibson, E. J.　45
Guilforod, J. P.　53, 72

●H
Hall, G. S.　9
繁多　進　85
Hartshorne, H.　81
Havighurst, R. J.　24
Herbart, J. F.　8
肥田野　直　73
Hippokrates　68
Hollingworth, L. S.　79
Hunt, J. M.　9

●I
今津孝次郎　7
今栄国晴　124
井上健治　61
井上正明　115
石隈利紀　184

●J
Jensen, A. R.　9, 14
Jung, C. G.　69, 73, 75

●K
梶田叡一　120
柏木繁男　82
川上昭吾　119
川瀬正裕　167
Kendall, L. M.　229
北島貞一　164
Klein, M.　190
Kohlberg, L.　91
Köhler, W.　102
近藤大生　128
子安増生　126
Kretschmer, E.　69

●L
Lewin, K.　75, 81, 154
Liebert, R. M.　5
Lorenz, K.　15, 21
Luria, A. R.　66

●M
Maccoby, E. E.　78
前田重治　174, 176
正高信男　43, 44
Maslow, A. H.　76, 107
松本　了　213
松浦　宏　150
松山安誰　153
Meumann, E.　9
Mischel　81

人名索引 247

三隅二不二　155
水越敏行　117
茂木俊彦　207
文部省　164,165,166
Moreno, J. L.　152
森田洋司　157,158
持留英世　116
村瀬嘉代子　164
村田孝次　5
Murray, H. A.　107
Mussen, P.　92

● N
長島貞夫　154
中山　巌　164,165
中沢次郎　162
奈須正裕　114
Neimark, E. D.　33
Norman, W. T.　74

● O
小川一夫　152
荻野美沙子　92
岡澤祥訓　27
大場幸夫　6
大日向雅美　28
大村正男　57
大野木裕明　124
大塚義孝　181
Osgood, C. E.　111

● P
Pavlov, I. P.　98
Pearson, K.　229
Piaget, J.　10,18,20,21,23,28,65
Portmann, A.　25

● R
Rogers, C. R.　10,76,163,182
Rosenman, R. H.　71

● S
坂元　昂　125,127
佐久間勝彦　201
佐藤　学　225
Schaefer, E. S.　78
Seligman, M. E. P.　108
Sheldon, W. H.　69
椎名篤子　16
塩田芳久　156
Siegler, R. S.　58
Simon, Th.　56
Skeels, H. M.　224
Skinner, B. F.　9,100,116
Snow, R. F.　121
Spearman, C. E.　53,229
Spranger, E.　70
Stagner, R.　68
Stern, W.　14,56

Sternberg, R. J.　55
Stratz, C. H.　23
鈴木乙史　80
Symonds, P. M.　78

● T
高木俊一郎　197,203
高橋　超　153
田中博之　124
田中熊次郎　150,151
田中恒夫　213
丹野真智俊　125
鑪幹八郎　35,37
Temoshok, D.　71
Terman, L.　56
Thomas, A.　81
Thorndike, E. L.　9,100,131
Thurstone, L. L.　53
徳田安俊　79
Tolman, E. C.　103,112
豊原恒夫　83
辻　平治郎　74
Tupes, E. C.　74

● U
牛島義友　24

● V
Vygotsky, L. S.　17,65

● W
渡辺英敏　32
渡辺三枝子　182
Watson, J. B.　9,18,97
Werner, H.　46
Wertheimer, M.　102
White, R. W.　108
Wundt, W.　9

● Y
山下　勲　175
柳本雄次　210
柳井　修　127
依田　明　79,88

■事項索引■■■

●あ
IQ　56
愛着（アタッチメント）　77,86
愛着行動　86
アイデンティティの確立　89
アセスメント　184
遊び仲間　89
アニミズム　31
安全基地　87

●い
いじめ　156
一語文　64
1次的要求　191
一卵性双生児　60
一斉学習　155
一斉授業　114
一般知能因子　53
イド　193
インターネット　127

●う
ウェクスラー式知能検査　58,59,61
内集団－外集団的態度　152
内田・クレペリン精神作業検査　82
産声　62
運動の保存　32

●え
衛星離脱　79
映像リテラシー　128
Excel　231
エクソ・システム　5
エコシステム　6
S因子　53
F検定　230
M機能　155,159

●お
横断的研究　223,224
OHP　127
大きさの恒常性　47
オープンスペース　120
オープンプラン　120
奥行き知覚　45
教え込み型（instruction model）　114
音声模倣　63

●か
外因性適応障害　200
絵画統覚検査　82
絵画フラストレーションテスト　82
外言　65
介護等体験　208
x^2検定　230

下位集団　152
ガイダンス　167
開発的カウンセリング　186
外発的動機づけ　108
カウンセラー　162,174
カウンセリング　162,163,168,173,182
カウンセリング・マインド　164,182,201
可逆性　31
学業進捗児（オーバーアチーバー）　142
学業不振児（アンダーアチーバー）　142
学習最適期　16
学習性の絶望感　108
学習の構え　103
学習理論　176
拡大　66
学力偏差値　141
過剰学習　109
仮説演繹的推理　32
家族療法　203
価値類型説　70
学級規範　151
学級社会距離尺度　152,159
学級崩壊　158
学校基本調査　178
学校ストレス　201
学校臨床心理士　181
葛藤　192
感覚－運動期　20
感覚・運動期　29
間隔尺度　227
感覚と運動の協応　46
感覚の統合　46
環境閾値説　14
観察学習　9,101
感情受容　163
感情の反射　163
感情の明確化　164
関数ウィザード　233
完全習得学習（マスタリーラーニング）　120,138
寛容効果　147

●き
記憶　48
記憶方略　50
危険率（有意水準）　230
気質　68
機能・形態障害　206
機能的自律性　108
基本的信頼　35
基本的生活習慣の不適応問題　198
基本統計量　234
帰無仮説　230
客体としての自己　90
ギャングエイジ　89
QOL　207,214

吸啜反射　43
教育機器　124
教育ゲーム　126
教育工学　124
教育指数　141
教育心理学　8
教育相談　162,182
教育測定運動　131
教育的諸資源　124
教育哲学　8
教育年齢　141
教育評価　2
教育メディア　127
教育目標　8
教育臨床　180
共感的受容的態度　164
共感的理解　163,164
教師カウンセラー　181
教師期待効果　147
教授理論　10
京大NX知能検査　58
きょうだい関係　78,87
共鳴動作　46
均衡化　21
●く
具体的操作期　20,31
クライエント　162
クライエント（来談者）中心療法　163
グラフウィザード　235
くり返し　164
グループエンカウンター　186
クロス集計表　234
訓育的指導的姿勢　164
訓練　175
●け
形式的操作期　20,32
形式的操作による思考　33
形成的評価　120,137,148
傾聴的態度　162
K式発達検査　58
ゲシュタルト心理学　10
ゲス・フー・テスト　152,159
結果の知識　110
結晶性知能　55,59
原因帰属　109
言語学習　98
言語障害　205,213
言語性検査　59
言語の不適応問題　198
検査法　222
原初模倣　46
●こ
5因子人格検査　74
工学機器　127

効果的学習　2
効果の法則　100
公式集団（フォーマル・グループ）　149
向社会的行動　92
向上目標　133
口唇期　19
向性説　69
構成的エンカウンター　190
行動観察法　171
行動主義　9,13,18
行動描写法　219
行動評定法　171
行動変容　9
行動見本法　218
行動目録法　219
行動療法　175,176
行動理論　103,176
行動論的カウンセリング　174
行動論的立場　170
校内暴力　179
光背効果　147
肛門期　19
コーホート　223,224
刻印づけ　15,21
個人内評価　136
古典的条件づけ　98
子どもの環境の理解　5
子ども理解の方略　4
個別式知能検査　58
コミュニケーション能力　92
コラージュ療法　176
孤立児　156
コンサルテーション　183,186,202
コンピテンス　108
コンピュータ・リテラシー　128
コンフリクト　192
コンフリクトの基本型　204
●さ
再生　49
再生法　139
再認　49
再認テスト　139
最頻値　227
サイン学習説　103
作品法　222
参加観察法　220
3極理論　55
算術平均　227
●し
G因子　53
CAI　125,126
CMI　125
シェーピング　101
シェマ（図式）　20

250　事項索引

自我　193
視覚障害　205,208
視覚的好み　44
自我同一性の確立　37
自我同一性理論　75
自我防衛機制　194
時間見本法　218
ジグソー学習　156
試行錯誤学習　100
自己実現論　76
自己中心性　21,31
自己中心的言語　65
支持　175
指示的カウンセリング　174
指示的療法　175
自然的観察法　139,218
自然的行動観察法　171
時代差法　224
肢体不自由　205,210
視聴覚教育　127
実験的観察法　220
実験法　221
実念論　31
質問紙法　221
指導性　154
指導要録　142
自閉症　212
滲み込み型（osmosis model）　114
社会化　85
社会化のエイジェント（agent）　86
社会性　85
社会性の学習　98
社会的学習理論　9,76
社会的言語　65
社会的コンピテンス　89
社会的自立　93
社会的動機　107
社会的不利　206
集団エゴイズム　152
集団規範　151
集団凝集性　151
集団生活への不適応問題　199
縦断的研究　223
集中学習　110
授業理論（教授理論）　104
主体としての自己　90
守秘義務　181
シュミレーション　126
受容的態度　163
受理面接　167,202
順序尺度　227
純粋性　163
障害児教育　205
生涯発達　12

生涯発達心理学　5
小集団学習　156
成就指数　141
成就値　141
情緒障害　205,212
情緒的問題　197
情動学習　97
情報機器　127
初期経験　15
初語　63
事例研究法　223
心因性適応障害　200
新行動主義　9
人工論　31
心身障害　205
身体がんろう癖の不適応問題　198
身体的問題　196
診断的評価　137
信頼性　140,148
心理学　2
心理学的診断　167,169
心理・教育アセスメント　185
心理劇　175
心理検査法　171,172
心理社会的危機　34
心理的処遇法　168,173
心理的誘因　191
心理的離乳　79
心理療法　163,168,173,182
心理療法の基本的要因　176
進路指導部　166

●す
スーパーバイザー　183
スクールカウンセラー　174,180
スクールカウンセラー活用調査研究委託事業　181
スタンフォード・ビネー知能検査　56
ストレス　200,201,204
ストレス反応　201
スライド　127

●せ
生育歴　170
生活　7
生活年齢　56
正規分布　228
生産的思考　102
精神障害の問題　199
精神・性的発達理論　18
精神年齢　56
精神分析　175
精神分析学　10
精神分析的カウンセリング　174
精神分析療法　174,176
生態学的理解　5
生態系　6

事項索引　251

生徒指導　165,166
生徒指導上の諸問題の現状　179
生徒指導部　166
性の型づけ（sex typing）　92
正の転移　111
生物的動機　106
生理的早産　25
絶対評価　136
折衷主義　183
折衷的カウンセリング　174
セル　232
前概念　30
前概念（象徴）的思考　30
前概念（象徴）的思考期　30
先行オーガナイザー　119
潜在学習　103
全習法　110
漸成原理　75
前操作期　20,30
専門相談機関　176
●そ
総括的評価　138
相関係数　229
総合的な学習　132
相互作用説　13,14
相対評価　136
相当学年　141
相貌的知覚　46
相補性　31
ソシオメトリック構造　152
ソシオメトリック・テスト　152
祖父母との関係　87
祖父母の教育力　88
●た
体型説　69
体験目標　133
対象の永続性　30,49
胎生　25
耐性　196
体制化　51
第二次性徴　27
タイプA　71
タイプC　71
タイプB　71
代理強化　101
多因子説　53
達成目標　133
脱中心化　21,31
妥当性　140,148
WISC　58
WAIS　58
WPPSI　58
男根期　19
探索行動　86

団体式知能検査　58
●ち
知育偏重　3
地位役割構造　153
知覚運動学習　97
逐次接近法　101
知的障害　205,211
知能検査　56
知能指数　56
知能偏差値　56
中央値　227
チュートリアル　126
聴覚障害　205,209
超自我　193
調節　21,29
重複障害　210,214
直接的カウンセリング　185
直観的思考　30
直観的思考期　30
●つ
通級学級　205
通信簿　142
●て
t検定　230
適応　191
適応機制　193
適応障害　191,204
適応障害のタイプ　196
適応のしくみ　191
適性処遇交互作用　121,138
テレビ　127
●と
同一性　31
投影法　75,82
同化　20,29
動機づけ　106
動機の階層　107
道具的条件づけ　100
統合教育　207
動作性検査　59
洞察　175
洞察説　102
統制的観察法　139
統計的行動観察法　171
到達度評価　136,148
道徳性　91
特殊因子　53
特殊学級　205
特殊教育　205
特性5因子論　74
特性論　71,72
度数分布　227
ドリル・演習　126

●な
内因性適応障害　200
内言　65
内発的動機　106
泣き声　62
ナナメ関係　88
慣れ　48
喃語　63
●に
2因子説　53
二語文　64
2次的要求　191
日誌法　218,219
乳幼児精神発達質問紙　58
認知地図　103
認知理論　10
●ね
ネットワーク　190
●の
能力障害　206
ノーマライゼーション　206,214
ノンパラメトリック検定　230
●は
バズ学習　156
発見学習　105,117
発達　12
発達加速現象　8,27
発達課題　22,24
発達過程　4
発達心理学　4
発達段階　22
発達の概念　4
発達の個人差　13
発達の最近接領域　17
発達の相互関連性　13
発達の方向性と順序性　12
発達の要因　13
発達理解　2
パラメトリック検定　230
反社会的行動　199
汎性欲説　75
反復練習　109
●ひ
PM理論　155,159
P機能　155,159
ピグマリオン効果　147
非公式集団（インフォーマル・グループ）　149
非構成的エンカウンター　190
非指示的（来談者中心）カウンセリング　10,174
非社会的行動　199
ビデオ　127
ビネー尺度　56
表計算ソフト　231
表現　175

病弱　205,211
標準化　140
標準偏差　228
評定尺度法　219
標本　229
比率尺度　227
●ふ
ファシリテーター　190
輻輳説　14
符号検定　230
父子関係　87
不適応行動　169
不適応児等への支援　3
不登校　178
負の転移　111
部分と全体の統合　48
フラストレーション　192
プログラム学習　101,116
分散学習　110
分習法　110
文章完成テスト　82
分析ツール　233
分離教育　207
●へ
偏差値知能指数　56
●ほ
方位知覚　48
暴力行為　179
ポートフォリオ評価　145
保健厚生部　166
母子関係　87
母集団　229
母数（パラメーター）　230
ホスピタリズム（hospitalism）　21
保存　20,29
保存概念　30
●ま
マイクロ・システム　5
マクロ・システム　5
マターナル・デプリベーション（母性剥奪）　21,78
●む
無作為抽出法　230
無条件の積極的関心　163
●め
名義尺度　227
メゾ・システム　5
メタ記憶　52
メディア　127,129
メディア・リテラシー　128
メディアン検定　230
面接法　171,172,222
●も
盲学校　205
目的的行動主義　103

事項索引　253

モーズレイ人格目録　73
物の永続性　20
モラトリアム　38
●や
ヤーキーズ・ダッドソンの法則　108
●ゆ
有意味化　51
有意味受容学習　118
有意味受容学習説　10
遊戯療法　174, 175, 203
U検定　230
●よ
養護学校　205
抑圧　194
欲求不満　192
●ら
来談者中心療法　174, 175
ラポール　162
●り
リエゾン機能　187
リーダーシップ　154
リテラシー　127
リハーサル　50, 51
リビドー　24, 69, 75
流動性知能　55, 59
臨界期　15
臨床心理士　180
●る
類型論　68, 73
●れ
レディネス　15, 26, 106
レディネステスト　132
●ろ
聾学校　205
ロールシャッハテスト　82
●わ
ワークシート　232

【編著者紹介】

内田照彦（うちだ・てるひこ）
　　　　　岐阜女子大学名誉教授
　主　著　心理学要論（共著）　福村出版　1985年
　　　　　子どもの発達と家庭生活（共著）　朝倉書店　1988年
　　　　　要説教育心理学（共著）　北大路書房　1990年
　　　　　教育相談の心理ハンドブック（共著）　北大路書房　1992年
　　　　　現代の子ども（共編著）　福村出版　1994年

増田公男（ますだ・きみお）
　　　　　金城学院大学人間科学部教授（学校心理士）
　主　著　要説教育心理学（共著）　北大路書房　1990年
　　　　　発達心理学からの展望　子どもの心の育ち方（共著）　北大路書房　1994年
　　　　　ニューメディア時代の子どもたち（共著）　有斐閣　1994年
　　　　　性格心理学ハンドブック（共著）　福村出版　1998年
　　　　　青年心理学事典（共著）　福村出版　2000年

要説　発達・学習・教育臨床の心理学

2000年11月10日　初版第1刷発行
2023年 2月20日　初版第12刷発行

定価はカバーに表示
してあります。

編著者　　内 田 照 彦
　　　　　増 田 公 男

発 行 所　　㈱北大路書房

〒603-8303　京都市北区紫野十二坊町12-8
　　　　　　電　話　(075) 431-0361(代)
　　　　　　FAX　　(075) 431-9393
　　　　　　振　替　01050-4-2083

©2000　印刷／製本　亜細亜印刷㈱
検印省略　落丁・乱丁本はお取り替えいたします

ISBN978-4-7628-2199-8　　　　Printed in Japan

・ JCOPY 〈㈳出版者著作権管理機構　委託出版物〉
本書の無断複写は著作権法上での例外を除き禁じられています。
複写される場合は，そのつど事前に，㈳出版者著作権管理機構
（電話 03-5244-5088, FAX 03-5244-5089, e-mail: info@jcopy.or.jp）
の許諾を得てください。